张西平 主编

U0785367

国际汉语教育史研究

第3辑

INTERNATIONAL EDUCATION HISTORY OF CHINESE LANGUAGE

商务印书馆
创于1897 The Commercial Press

北京外国语大学“双一流建设项目”
北京中外文化交流研究基地
资助项目

《国际汉语教育史研究》编委会

目　　录

世界汉语学史理论

东西互鉴研究

音韵研究

文字研究

词汇研究

语法研究

教学研究

方言地理学：近现代日本汉语学史“跨界”理论意识*

李无未
（厦门大学中文系）

摘　要：欧洲语言地理学对日本语言学研究意识的影响深远。日本方言地理学在1945年之前的发展，是不平衡的，从研究的实际效果来看，存在着政治“方言地理学”与科学“方言地理学”两种学术思潮。政治性较强的“方言地理学”，有所谓的柳田国男方言周圈论与东条操方言区划论。而实际性研究的小林好日与藤原与一“方言地理学”独树一帜。就汉语方言研究来看，有小川尚义方言地理意识——《韵镜》与闽南话语音对应模式，贺登崧、香坂顺一与石山福治——汉语方言地理学理论与实践成绩突出。

关键词：方言地理学　方言周圈论与方言区划论　小林好日与藤原与一　小川尚义、香坂顺一与石山福治　“跨界”理论意识

一、欧洲语言地理学对日本语言学研究意识的影响

日本的方言地理学是日本语言地理学的一个重要组成部分。日本语言地理学（日文称言语地理学）是19世纪末从欧洲输入进来的。东条操《方言研究小史》说：“新村出是上田万年的弟子，写过一篇文章，叫《上田先生与方言调查》。在这篇文章中，新村出回忆在东京大学听上田万年学术讲演以及上田万年讲方言课时，用很长时间介绍德国学者パウル（Paul）《言语史原理》①方言分化论情况，涉及了语言地理学的内容。”②后来新村出、保科孝一等调查方言、认识方言，自觉不自觉地实践パウル（Paul）的理论。1901年，八杉贞利编译的《言语史纲要》，即《言语史原理》的梗概本出版。パウル

* 本文为国家社科基金重点项目“东亚《韵镜》学史文献发掘与研究”（项目编号：20AYY017）和国家社科基金冷门绝学研究专项学术团队项目“东亚汉语音韵学史文献发掘与研究”（项目编号：21VJXT014）成果之一。

① パウル（H. Paul）《言語史原理》（1880），福本喜之助訳，講談社，1965年，第7—8页。

② 東条操《方言研究小史》，国語学会編《方言学概説》，武藏野書院，1962年，第3—29页。

(Paul)《言语史原理》成为语言地理学理论进入日本的起始。

《言语史原理》第二章"语言的分裂"谈到语言应该解决的有机的自然类推问题。还论及语言变化与分化、未能成为相互从属关系之个体，没有适当的系图可以比喻，以及"方言之差异，所能看到达到渐次阶段——突出本来特质状态——语言的分离——人工语与文学语：无限增大方言差异"问题。这当中，"邻接地域之交通和相互影响，产生差异，以及这之后发生变化"之论述，①是典型的语言地理学内容，突出了地理要素对促使方言分裂所发挥的极大作用。此书对上田万年及其弟子的方言地理学意识观念的影响，并不亚于甲柏连孜的《语言学》(1891)与《汉文经纬》(1881)。难怪东条操论日本的方言学起始，要从パウル(Paul)《言语史原理》对上田万年及其弟子的影响谈起。

石黑鲁平谈"语言研究史"，专门列"パウル(Paul)以后至现代"一节称赞他体现新的语言学革命精神。又说到，上田万年教授通过精读此书，传播其学术思想意识，使日本语言学界理论意识学术水平大为提升，进入到了一个新的境界。语言学理论意识为之大变。② 可见此书对日本主流语言学界影响之大。

语言地理学的兴起是从人们认识到比较语言学理论的解释能力有限开始的。小林好日说："比较语言学免不了资料不够齐全的问题。各个时间段资料是否丰富参差不齐，缺欠明显。研究结果，太抽象，无限复杂的语言事实，无法论证，只能用理论去比附。而新兴的语言地理学者，在实实在在的人类生活中捕捉到特别直观的语言，随机应变，以柔性的方法，使比较语言学焕发了新的生机。语言地理学把词语从一个个地点中捕捉到，在自然环境中研究起源。词语有了自己的地理条件，而明确了这个地理条件，就弄明白了它的历史。解释词语空间分布，又取决于词语生死时代，再构拟其形成。其意义在于，语言地理学就像语言地质学一样，成了语言层位学。"③

柴田武对比较语言学与语言地理学的区别有所论述：比较语言学是依据过去到现在诸语言之比较，揭示其近亲缘关系的"系谱"之学，是语言史研究的一种方法。目的是找到诸语言之间严格的音韵对应关系(音韵法则)，当然"不许有例外"。基于此，推定分裂之语言本来的祖语状态。因此，蕴含着语言是一个"自然有机体"的思想。而语言地理学与之相反，其音韵法则，语言变体，即语言整体应该发生变化，这才应该是规则的。由其投影可见，地理分布并非是同一模样的。德意志的 Georg Wenker 是一位信奉音韵法则的学者，他通过制作德意志语言地理图发现，各区域方言音韵分布模样，都是相

---

① パウル(H. Paul)《言語史原理》(1880)，福本喜之助訳，講談社，1965年，第36—40页。

② 石黒魯平《国語教育の基礎としての言語学》，明治図書，1929年，第47页。

③ 小林好日《東北方言の言語地理学の解釈》，《国語学の諸問題》，岩波書店，1941年，第460—504页。

异的。[①] E.コセリウ对欧洲语言地理学发展、演变及其涉及的主要问题进行了概括介绍。[②] 我们可以从这里得到语言地理学的基本知识。很自然,欧洲语言地理学对日本语言学研究意识的影响很大。应用于方言学研究,形成了多个学术流派,其中最具影响力的是著名的方言地理学理论流派。日本方言地理学在1945年之前的发展,是不平衡的。从研究的实际效果来看,存在着政治"方言地理学"与科学"方言地理学"两种学术思潮。

二、日本政治"方言地理学"

(一)方言周圈论与方言区划论

1. 柳田国男"方言周圈论"

东条操《日本方言学》第二章"国语方言区划"有过介绍:

> 柳田氏昭和二年发表的《蜗牛考》,把かたつむり(蜗牛)俚言从语言地理学角度加以处理,其结果,构成了"方言周圈"理论,给予学界以很大的刺激和影响。在日本方言研究中,被许多日本学者认为这属于"究极"的典范,受到他们的极力推崇,后续效仿者很多。所谓的"方言周圈",就是语言的中心地产生新语,而表现同一事项的古语,却向着周边扩散,其过程,反复运动不息。古语层在新语产生的中心地周边渐渐形成如轮之圈,此即"方言周圈"。这个理论主张外层词语是过去产生的古语。从而,语言从中心地放射,同一圈内相同古旧俚言由此可能被发现,由此说明,东北(奥羽)和西南(九州)之地俚言一致。另一方面,如"区划论"东西方言唯一的"境界线"对立之说被批评为"想象之说"。法国语言地理学兴起以来,根据俚言分布的多样性而否定"方言区划"之说,柳田氏就是其中的代表性人物。[③]

柳田国男"方言周圈论",是一种与东条操"方言区划论"对立的方言地理学理论。其《蜗牛考》"初版序"言:"前年东条氏尝试调查静冈县各村的方言,加上看见近来在岛村知章君、佐藤清明君等汇集的《动植物名汇》,明白了,词语在相邻的村和村之

---

① 柴田武《方言論》,平凡社,1988年,第67—68页。

② E.コセリウ《言語地理学入門》(1956),柴田武、W.グロータース訳,三修社,1981年。

③ 東条操《日本方言学》,吉川弘文館,1954年,第28—30页。

间，更体现显著的异同特点，在日本绝不稀罕。把府县作为一个采集区域，而制成其方言集，能否保持正确先不论，十分详细地记述各郡郡志，果然能代表各个区域语言的变化吗？”[①]可见，柳田国男“有破有立”，否定东条操理论是为了树立自己的理论。

《蜗牛考》“隐喻”意识非常明确，内容主要包括：语言时代差别与地域差别、四个事实（方言量、方言领域、方言境界、方言复合）、方言出现迟速、连续覆盖：扩张与退缩区域、童词与新语发生、有关蜗牛的两个误解、方言转讹的诱因、语感推移、命名从兴趣开始、上代人的谬误、从单纯到复杂、语音分化、讹语与方言、东北和西南、都府生活与语言、物名与知识、方言周圈论、蜗牛异名分布表[②]（分系列表与说明）。关键在于“方言周圈论”理论创建上。他自己以蜗牛新语替换旧语速度，将旧语由中心排挤到边缘为例，说明研究方言词语辨别“新旧叠加层次”的困难特点。他以人成长用语为例，幼儿学语与成人所受汉字教育而学习的新汉字词为例，说明新旧相隔，变化很大。其“隐喻”意识，不言自明，汉字“拖延”了日本文明发展进程，“汉字废止论”阴影笼罩其中。方言研究和日本政治巧妙地结合起来。

“方言周圈论”带动了一些日本学者对中心语言文明“扩散”问题的研究，打破了旧有的语言文明中心秩序，认定新的日本语言文明，尤其是“脱亚入欧”后的日本语言文明，是先进的语言文明，开始处于东亚语言文明的核心地带，而原有的中华语言文明属于旧有语言文明，是落后甚至是衰朽的语言文明，则一定是退居东亚语言文明周边的“轮之圈”。以日本为中心的“超级日本语系”则为这种“语言文明中心移动说”的变化带来了新的注解，建构了新的“语言解释学理论”，也符合日本“大东亚共荣圈语言”政治原则。柳田国男《改订版之序》反思自己的研究：是一种推理与想象，40年后再去调查，发现许多“相反证据”。推及日本语与异民族，即日本侵略他国后推广日语的影响结果，没有考虑到其他民族接受日语时语言态度所起的“反作用”问题，即拒绝同化，要求妥协。所以，他说自己的研究是“不审”，没有方言之学。[③]

2. 东条操创立“方言区划论”

柴田武说：“‘方言区划’这个术语使用最早见于东条操（1884—1966）《国语方言区划》（1926）中，但不见具体的定义。《国语学辞典》（1955）则比较明确，说是对国语方言具体情况作一定的区域划分，其区划，就是方言区划。”[④]东条操“方言区划”也以音韵、

---

① 柳田国男《蜗牛考》（1926），《柳田国男集》第十八卷，筑摩書房，1969年，第7页。

② 同上，第103—109页。

③ 同上，第3—6页。

④ 柴田武《方言区画とは何か》，日本方言研究会編《日本の方言区画》，東京堂，1964年，第5—22页。

文法、语汇为基准,也注意“境界线”。“方言区划”本质上是历时的,如同文学史分期一样,如此,“方言区划”历史的区域划分就会带有时代特征。[①] 隐含着明显的意图,“方言区划”研究,渗透进了方言政治意识,对“方言区划”历史的研究给予了更多的想象空间,这成为建立“超级日本语系”一个重要契机。金田一春彦认为,东条操的“方言区划”理论,具有“比较语言学”的性格和意图,而与语言地理学相距甚远。东条操认为:“日本语属于孤立的语言,似乎没有姊妹语,仅仅和琉球语是姊妹语。观察日本语,必须和其他的语言进行比较。按照西洋的比较语言学理论,论及日本语系统,日本语与朝鲜语、满语、蒙古语的关系是必须要考虑的内容。而比较语言关系的过程中,‘方言区划’就成为一个主观性很强的操作系统。”[②]东条操(1926)附录《大日本方言地图》(育英书院),就把日本语分为内地与琉球两大类方言。不少学者认为,琉球方言内部差异关系比较复杂,其中,南琉球方言属于南岛语系语言,与日本语不是同一系属语言,更何谈是其方言一个区域？很显然,“超级日本语系”理论指导下的日本方言研究的结果,不是真实的日本方言区划情况。

东条操曾对自己研究日本方言地理学历史有一个简要回顾,折射出当时方言地理学领域“超级日本语系”理论萌生、形成、发展的历程。东条操说:

> 明治以后方言研究,我所思考的至少经历了三座大山(时期):第一座大山,明治三十五年(1902)以后,以国语调查委员会为中心对全国的方言进行调查。从明治四十三年(1910)秋天开始,我作为调查嘱托参与了。第二座大山,是昭和三年(1928)以后,在东西两地大学穿针引线,为了方言研究而成立学会。这个时代,以东京方言学会为中心,创办并发行发表研究成果的机关杂志《方言》。我和新村(出)、柳田(国男)、桥本(进吉)诸位先生参与有关事项的规划、运作。第三座大山,是昭和二十三年(1948),以设立的国立国语研究所为核心基地而进行地方语的研究。从建所以来到去年,当评议员,与之关系密切。[③]

安田敏朗认为,日本方言研究与日本国家政治发展变化形势是相适应的。[④] 安田敏朗解释说:“与第一座山(时期)相当时期,日本国民国家扩张轮廓已经十分明确,有步骤地实施对外扩张战略,即占领中国台湾、对朝鲜加速‘保护国化’、插足中国‘满洲’事

---

① 東条操《方言と方言学》,春陽堂書店,1938年。

② 東条操《方言研究小史》,国語学会編《方言学概説》,武藏野書院,1962年,第40—42页。

③ 杉本つとむ《方言はどう探究されたか》,桜楓社,1979年。

④ 安田敏朗《〈国语〉と〈方言〉のあいだ:言語構築の政治学》,人文書院,1999年,第17—18页。

务，国民国家‘帝国’之膨胀野心昭然若揭。与第二座大山（时期）相当时期，20世纪30年代，柳田国男（1875—1962）‘方言周圈论’、东条操‘方言区划论’成形，‘方言’研究与‘民俗’研究关联，十分兴盛。20世纪30年代初日本政府建立（伪）‘满洲国’，在中国大陆树立傀儡政权，整备一个作为实体的‘帝国’。柳田国男民俗研究，‘方言’研究也包括在内，称之为‘新国学’，成了日本的‘再发现’。而此时的东条操，以‘方言区划’为理论，纠合各地‘方言’为一个整体，设定‘日本语’。当时在日本统治的区域内，盛行对内地与外域称之为‘标准语’的‘日本语’。这个‘日本语’，是以‘帝国’日本为‘内核’而‘再造’的国民国家日本的‘语言’，‘超级日本语’的‘伪造’性质一目了然。而与第三座大山（时期）相当时期，日本战败，即所谓终战时期。作为一个‘新生’国民国家日本登场，‘方言’研究才步入正轨。”①

（二）政治“方言地理学研究”与东亚文明移动论

和比较语言学、人类学、民族学、民俗学结合，衍生出新的方言地理学研究模式。“超级语系”之政治方言地理学在日本近现代汉语语言学史上，以“大东亚共荣圈语言学”为标签的著作不少，1940年以后，愈演愈烈，最终出现以“大东亚语言学”为名称之总括性理论架构著作，乾辉雄《大东亚言语论》（1944）就是如此。《大东亚言语论》认为，大东亚语言之间“构造”有相同之处，是历史与现实相互影响的结果。从前是中国语言影响了日本等周边语言，而此时，则是日本语言影响了中国语等周边语言。他认为：“大东亚共荣圈内存在着三大‘共通语’：日本语、中国语、玛拉伊语，但最终日本语将成为‘共通语’，其他语言都是日本语的‘方言’。这是一个‘超级日本语系’模式，并认定，这也是东亚文明移动而带来的自然结果。”②他是一个典型的柳田国男“方言周圈论”理论意识的实践者。

三、小林好日与藤原与一“方言地理学”

德川宗贤（1993）提到，小林好日于1934年到东北大学赴任，就把日本东北区域方言当作一个フィ-ルド（专门学术领域）来研究，1938年到1941年，为完成《东北・方言》课题，实施260多个项目，对2000多个地点进行调查，调查地点密度之高，令人惊奇。如此，构成了非常完备的第一手方言资料。重视点与点之间对比，是其特色。连带着研

---

① 安田敏朗《〈国语〉と〈方言〉のあいだ：言語構築の政治学》，人文書院，1999年，第142—144页。

② 乾輝雄《大東亞言語論》，富山房，1944年，第249页。

究语形变化、意义变化、新语产生、语源论,特别是同音冲突、类音牵引等问题,在此基础上,编写方言分布地图,引起了国内外学者的注意,成为当时最为出色的方言学著作。[①]小林好日著作主要有《国语学诸问题》(岩波书店,1941)、《方言语汇学的研究》(岩波书店,1950)等。德川宗贤认为,小林好日这种充满理论意识而又扎扎实实的方言地理学研究,与柳田国男的“方言周圈论”以及东条操的“方言区划论”刚好形成对比,独树一帜。

小林好日之外,德川宗贤认为,应该提到东条操在广岛文理科大学的学生藤原与一(1909—2007,广岛大学教授)。他虽然是东条操的学生,但在研究思路上,与老师大相径庭。他关于方言分布的研究有《广岛、爱媛两县方言分布图》(1942)、《伊豫大三岛北部方言集》(中央公论社,1943,柳田国男编《全国方言集》)。

德川宗贤提到,藤原与一的理论体系是很庞大的,涉及共时方言学(记述方言学)、通时方言学(方言地理学)、高次共时方言学(综合方言学)、事象方言地理学、方言分派地理学(系脉论)。[②] 藤原与一《方言研究法》(东京堂,1964)比较有代表性,体系新颖而具有相当大的创造性。

四、小川尚义汉语方言地理意识:《韵镜》与闽南话语音对应模式[③]

日本汉语方言地理学研究比较成功的是上田万年的学生小川尚义(1869—1947)。小川尚义听过上田万年的语言史及方言学等课程,当然读过パウル(Paul)《言语史原理》一书。后来他又参与组织日本国语学研究会。在上田万年指导下,他对中国台湾的汉语方言及原住民语言进行了非常详尽的调查。中国台湾有一些学者比如李壬癸、洪惟仁极力推崇小川尚义研究。严格说来,小川尚义不过是上田万年学术“布局”的一部分而已。上田万年与伊泽修二共同推动了中国台湾汉语方言及原住民语言研究计划。

(一)小川尚义汉语方言分区理论与其地理类型意识

1.小川尚义之前以及同时代日本学者汉语方言分区理论。金井保三(1901)认为,

---

① 德川宗賢《方言地理学の展開》,ひつじ書房,1993年,第26—27页。

② 同上,第28—29页。

③ 本部分曾发表于《东京大学中文纪要》第22辑,2019年,特此说明。

中国语可分为：文话、官话、土话三类。文话通行于上流社会，而土话主要指上海语、广东语、厦门语。官话为西方官话、南方官话、北方官话。[①] 与小川尚义几乎同时代的后藤朝太郎，对汉语方言的分区与地理分布论述得更为详细，在他的书中，第六章讲浙江方言，比如上海方言、宁波方言、温州方言；第七章讲福建方言，比如福州方言、厦门方言、汕头方言；第八章讲广东方言，比如广州方言、客家方言。[②]

2. 小川尚义汉语方言分区与地理分布理论。小川尚义汉语方言分区理论则更为明确，以中国台湾方言地理分布为研究目标，兼顾中国大陆的汉语方言地理及人口分布情况探讨。在《日台大辞典·绪言》第一章"有关中国台湾的语言"中，小川尚义认为，中国台湾的语言，按照"通例"区分，差别很大，主要有漳州语、泉州语、广东语、蕃语四种。这当中漳州语、泉州语、广东语属于支那语族，蕃语是南洋语，即属于所谓アレイ·ポリネシヤ(波利尼西亚)语系。蕃语又有生蕃语、熟蕃语之别。他对中国汉语方言分类主要依据的是モョルレンドルフ(Möllendorff)《中国传教事工年报》(1896)将汉语方言分为四大类学，[③]但也不是完全照搬，对个别方言的名称术语也有所修订和补充。在说明南部福建话时，小川尚义兼顾方言所在地理位置与语音特征，他说：厦门在地理上，处于泉州和漳州之间，而它的语音特征也是一样，兼顾了二者的特点，所以成为厦门"语族"的代表。

为了说明这个问题，他还画了《台湾语言分布图》。关于这个图，洪惟仁、项梦冰等有论述，评价甚高，认为是东亚最早的汉语方言地图之一，是东亚汉语方言研究走向新的道路的标志性成果之一。[④]

李方桂在1937年发表了《中国的语言和方言》一文，被认为是中国最早研究中国境内语言和汉语方言分类的重要论文之一。梅祖麟针对李方桂《中国的语言与方言》一文中所提出的汉藏语系分为汉语、侗台语族、苗瑶语族、藏缅语族四类的观点，补充李方桂之前一些欧美学者比如甲柏连孜、康拉迪等对相关问题的看法，借以表明，李方桂汉藏语系分类思想的形成，是前有所承，或"英雄所见略同"的。[⑤]

后藤朝太郎有关中国境内语言的地理分布，以及对汉语和藏语关系的看法，与甲柏

---

① 金井保三《支那語》，《哲学館漢学専修科漢学講義》，哲学館，1901年。

② 後藤朝太郎《現代支那語学》，《帝国百科全書》(第177编)，博文館，1908年。

③ P. G. von Möllendorff, On the Foreign Languages Spoken in China and the Classification of the Chinese Dialects, *CHINA MISSION HAND-BOOK*, American Presbyterian Mission Press, 1896年。见游汝杰《西洋传教士汉语方言学著作书目考述》，黑龙江教育出版社，2002年，第25页。

④ 洪惟仁《台湾方言之旅》，台北前卫出版社，1992年；项梦冰等《汉语方言地理学——入门与实践》，中国文史出版社，2005年。

⑤ 梅祖麟《康拉迪(1864—1925)与汉藏语系的建立》，《汉藏语学报》第4期，商务印书馆，2010年。

连孜等欧洲学者的观点非常接近。与小川尚义的论述,可以说是互为补充,应该被看作是当时日本学者研究中国语言和方言具有代表性的观点。

(二)小川尚义以厦门话为突破口而研究闽南话语音特征方式

小川尚义闽南话语音研究的整体性特点是,抓住其内部的差异,寻求语音特征加以辨析,在研究过程中,凸显闽南方言语音内部和外部的关系。由此可见,其研究思路是有针对性的。以厦门话为突破口而成为主攻方向。研究方式是:一是研究厦门话特征,就要观察它和中国语方言的"语形"关系;二是泉州话和漳州话的关系。

1. 小川尚义厦门话语音特征研究理论基础。无论是小川尚义的老师上田万年,还是上田万年的学生后藤朝太郎,以及金泽庄三郎,深受当时欧洲比较语言学理论与方法的浸染。上田万年曾在德国师从甲柏连孜,回国后,他极力向他的学生们推荐甲柏连孜的汉语文言语法名著《汉文经纬》(1881),并作为研究日语和汉语的主要参考书。

后藤朝太郎在发表《现代中国语学》之前,曾与金泽庄三郎合作翻译并发表了德裔英国学者マクス、ミューラ-(马克斯·穆勒,Friedrich Max Müller,1823—1900)所著《言语学》一书。《言语学》在上册第二章"语言发达而诸种学说之矛盾"中设置了"中国语的变化"一节谈"十"这个词的语音变化和意义的关系,认为表现了"单缀语"的特点,并结合藏语加以说明,认定汉语藏语属同源关系,具有可比性。[①] 上册第四章设置"中国语语法"一节谈汉语名词的"格"问题,同时,也涉及汉语形容词、副词"格"问题。比如汉语名词的"格"分为主格、属格、与格、多格、地格、作格。[②] 可见,后藤朝太郎《现代中国语学》不仅仅是甲柏连孜《汉文经纬》的学术承袭者,很可能与马克思·穆勒《言语学》比较语言学理论关系也十分密切,所以,探求其学术理论来源,也应该注意后藤朝太郎《现代中国语学》和马克思·穆勒《言语学》相承关系问题。

小川尚义向上田万年学习,不可避免地受欧洲比较语言学、日本语言学的影响。林初梅在《小川尚义论文集》"序文"中说:"台湾日治时期研究的论文,大多欠缺与同一时期日本'内地'学界比较的观点,因此,有关小川的先行研究虽多,我心中却浮现不少疑问,例如,当时日本'内地'学界如何定位小川的研究成果? 还有,小川和日本'内地'之间的交集如何?"[③]等等,都是没有解决的问题。郑晓峰提到,林初梅的专论,最重要的推论有两点:一是小川尚义求学期间,受外籍老师 Karl Florenz 的影响远大于上田万

---

① マクス・ミューラ-《言語学》上,金沢庄三郎、後藤朝太郎訳,博文館,1907年,第66—67页。

② 同上,第144—147页。

③ 林初梅《小川尚義論文集》,三元社,2012年,第9页。

年；二是小川尚义进行中国台湾原住民语言研究时日本本土的学术背景。[①] 小川尚义的学术源流在日本，是可以肯定的。林初梅没有谈到，小川尚义在东京大学还上过张滋昉与宫岛大八的中国语课，这也是其从事中国语研究的因素之一。

2. 小川尚义厦门话语音特征研究理论特点。小川尚义研究厦门话语音特征，和中国各种方言语音比较，语音理论基础是《韵镜》。其比较的中国各种方言语音主要是上海话、南京话、汕头话、北京话、福州话、温州话、客家话、广州话、宁波话的语音，以及安南、朝鲜语音。

3. 小川尚义厦门话语音特征研究着眼点。(1)语头音特征。包括唇音、舌尖音、舌尖里音、舌面音、舌根音、喉头音。比如论述唇音[p]，说它在《韵镜》中属于帮母。厦门话大多作[p]，但也有少量的作[p']，送气。(2)语尾音的特征。唇音([p][m])、舌尖音([t][n])、舌根音([k][ng])。(3)韵的特征。用106韵平声29韵研究。(4)音调的特征。认为厦门、漳州7个声调，泉州音声调与它们有细微区别。

(三)小川尚义关注闽南话读书音语音特征与《韵镜》中古音"拟音"关系

小川尚义说《韵镜》表现了中国古老的语音，在语音类别的辨析上十分精密，但我们进一步要问：《韵镜》表现了中国古老的语音是指汉语中古音，还是汉语近代音，抑或是上古音？就洪惟仁等来看，小川尚义这里指的是《韵镜》汉语中古音。但又有一个问题出现了，即小川尚义研究的闽南话读书音语音特征一定等同于《韵镜》汉语中古音吗？

小川尚义以《韵镜》中古三十六字母为研究基础，在确定《韵镜》中古音声母系统上是有独到见解的。即，小川尚义将三十六字母中的"照组"一分为二，即所谓"照二组""照三组"，[②]这确是他研究《韵镜》汉语中古音的一个亮点。清人陈澧《切韵考》系联《广韵》反切上字，分为"庄初崇生"与"章昌船书禅"两组，表明，他们的音类是对立的，所以是两套声母。小川尚义是否看过陈澧《切韵考》不得而知，但"英雄所见略同"确是事实。这是与许多日本学者研究《韵镜》汉语中古音不同的地方。就是《韵镜》汉语韵母系统的特征。用"平水韵"的106韵平声29韵研究，确定了《韵镜》中古音性质是没有问题的。但问题的关键是，闽南话读书音语音特征一定和这个《韵镜》汉语中古音特征相吻合吗？

闽方言特色鲜明，具有其他方言所不可替代的汉语语音史价值，这是毫无疑问的，许多学者进行了有益的探索。比如张光宇总结美国学者罗杰瑞的学术贡献时说，罗杰瑞在汉语史上的主要贡献可分两方面来看：其一是提出建议，重新检视高本汉的基本假

---

① 郑晓峰《评林初梅编〈小川尚義論文集(復刻版)：日本統治時代における台湾諸言語研究〉》，《台湾语文研究》2012年第7卷第2期，第131—135页。

② 小川尚义《日台大辭典》，1907年，第26—35页。

设,例如,韵图不是透视《切韵》的唯一凭借;其二是尝试重建古闽语,把高本汉所说的闽语例外揭示出来。[①] 张琨从闽方言的复杂性出发,运用比较的方法进行研究。[②] 闽方言最大的特色是文白异读的分歧现象,闽南方言最为显著,这是比较闽方言特征时最大的困难。张琨主要从声母、韵母、声调三个方面比较《戚林八音》(闽东)、《建州八音》(闽北)、厦门(闽南)、潮阳(闽南)等四种闽方言的异同,力图建立闽方言不同的音韵层次,来作为进一步开展闽方言比较研究的基础。他认为,利用《切韵》音韵类别作为研究的"间架"来掌握闽方言的音韵历史,尽管免不了有些例外现象难以解释,但大体还是有规律可循的。完全放弃《切韵》这个语音理论体系,则根本无法驾驭这些方言材料了。[③] 与前文相比,这篇文章更为重视闽方言文献的历史比较作用,同时,通过比较闽方言内部"文白异读"的差别,就更加突出了《切韵》音系在研究闽方言复杂语音系统上所具有的无可替代的理论框架价值。杨秀芳抓住闽南语文白系统的特征,并阐明影响其存在的各种音韵条件,对文白混杂所产生的种种问题进行合理的解释。[④] 当代一些年轻学者的研究也值得注意,比如杜佳伦运用内部分析、方言比较与音韵系统检视等方法,探究闽语的历史层次分布、各方言的层次叠置与音变现象的交互影响,以建立闽语各方言的历史层次对应关系,在明辨各历史层次的系统特色后,进而推论各层次的历史时间或地域来源。[⑤]

小川尚义用《韵镜》中古音对应闽南话读书音语音特征煞费苦心,但因为闽南话读书音语音历史层次的复杂性,很难整齐划一,去完全对应《韵镜》中古语音特征,这就带来了"对应"过程中"异质"要素"当道",而难以严格厘清对象关系的突出问题,并没有达到实际应用的良好效果,因此,小川尚义用《韵镜》音对应闽南话读书音语音特征的做法,还只是一个理想化的模式而已。一些学者强调小川尚义《韵镜》中古音与闽南话读书音对应研究已经取得公认成果。[⑥] 但按照张琨等学者的研究结果,恰恰不是这样,由此,洪惟仁等学者的结论是不是该重新考虑了?

(四)小川尚义《韵镜》中古音与闽南话读书音对应"拟音"模式

小川尚义为了说明《韵镜》中古音与闽南话读书音的对应性,还引用了诸如上海话、

---

① 张光宇《罗杰瑞教授与汉语史研究》,《语言研究》2014年第2期,第115—127页。

② 张琨《论比较闽方言》,见《历史语言研究所集刊》第55本第3分卷,1984年,第415—458页。

③ 张琨《再论比较闽方言》,见《历史语言研究所集刊》第60本第4分卷,1989年,第829—875页。

④ 杨秀芳《闽南语文白系统的研究》,台湾大学中文系博士学位论文,1982年。

⑤ 杜佳伦《闽语历史层次分析与相关音变探讨》,中西书局,2014年。

⑥ 洪惟仁《小川尚义与高本汉汉语语音研究的比较——兼论小川尚义在汉语研究史上应有的地位》,见《台湾史研究》,1994年。

南京话、汕头话、北京话、福州话、温州话、客家话、广州话、宁波话的语音，以及安南、朝鲜语音，但出于比较目的的“拟音”，和《韵镜》中古音与闽南话读书音对应“拟音”有何关系呢？

从语音的时代特征上讲，这些语音的历史层次不同，或单一，或叠加，如果是以中古音研究视野看待，是不是过于冗余？小川尚义在具体的论述中，并没有严格的语音对应意识，只是解释其中的语音差异结果，这和高本汉的理论与方法是不同的。高本汉列举了33种方言，目的是构拟汉语中古音，因此，每一个方言语音材料都派上了用场，并且一对一地讲其对应关系，和汉语语音史“谱系树”理论建设直接挂钩，由此看来，小川尚义还缺乏整体性规划，历史语言学理论意识并不清楚，这也是其研究的致命缺憾之一。

1. 小川尚义《韵镜》中古音与闽南话读书音对应“拟音”模式。和高本汉汉语中古音构拟相比较，洪惟仁肯定了小川尚义《韵镜》中古音与闽南话读书音对应“拟音”模式。小川尚义汉语中古音构拟具体记录在《日台大辞典》(1907)“绪言”第三章第二项第一款《南部福建语特征》中。洪惟仁解释说，小川尚义是“为呈显闽南语在汉语方言中的特征而作现代汉语方言及域外汉字音的比较，为了理解今音的分歧，作了中古音拟测”。“对小川尚义来说，汉语方言或域外汉字音研究或中古音拟测，不过是闽南语研究的基础，闽南语研究才是他的目的，闽南语以外的汉字音比较是闽南语研究的手段。小川尚义并未解释为什么要作中古拟测，但从全文看来，显然目的只是让读者了解现代汉字音的分歧原委而已，拟音不是小川文的目的。”①

关于研究方法，洪惟仁解释说，小川尚义“以中古音类为纲，举例罗列闽南语以下各种汉语方言、域外汉字音，制成汉字方音对照表与古今音对应表，为便于理解现代音之分歧，做了中古音声母、韵尾等辅音部分的拟测”②。“拟测”既然成为小川尚义汉语中古音研究方法，那么这个“拟测”的具体文献所指是什么呢？洪惟仁引用了小川尚义一段话，“研究南部福建语在音韵上的特征，势须比较中国各种语音，今此等比较之基础，以《韵镜》为主……”③，由此，洪惟仁解释说，“也就是采用《韵镜》的音韵系统为纲，然后‘声母’‘韵尾’‘韵母’‘声调’四部分，依《韵镜》之音类，举例罗列闽南语以下各种汉语方言、域外汉字音，制成汉字音对照表，最后总结制成古今音对应表。为呈显现代音之特

---

① 洪惟仁《小川尚义与高本汉汉语语音研究的比较——兼论小川尚义在汉语研究史上应有的地位》，见《台湾史研究》，1994年。

② 同上。

③ 小川尚义《日台大辞典》，1907年，绪论，第6页。

征,于中古声母、韵尾等辅音部分做了拟测”①。小川尚义“拟测”以《韵镜》为主是可以肯定的,为何小川尚义“拟测”以《韵镜》为主?洪惟仁引用了小川尚义的原话加以说明:“……今此等比较之基础,以《韵镜》为主,盖《韵镜》之音虽未必表示中国语之最古音,但其音韵之种别颇为精密,在比较上最为方便……”②

小川尚义的“拟音”以《韵镜》为主,但也存在一些缺憾,洪惟仁也有所总结,比如:“不过就研究方法的严谨性而言,小川尚义显然不及高本汉,小川没有一套精密的标音符号系统,也没有亲自做过广泛的汉语方言调查,小川用的是精密性不够的罗马字。他的方言资料除了闽南语之外全部采用他人的资料。”“拟音说明非常简单。”③具体的,小川尚义在《绪论》中说是:“中国各种语言之中,上海、南京、汕头之音取之于 Williams(卫三畏廉士甫)氏辞书(《汉英韵府》,1874),福州、客人、广州、温州、宁波、朝鲜、安南诸音取之于 Giles 氏辞书(《华英大辞典》,1892),但厦门音依编者之缀字法。”④

洪惟仁认为,小川尚义采用《韵镜》作为中古音基础,比高本汉高明,⑤由此展开了小川尚义与高本汉中古音构拟的“比较”,认定小川尚义的“拟音”与高本汉类似,有“超过高本汉的地方”。⑥

但小川尚义《韵镜》中古音与闽南话读书音对应“拟音”模式理论依据为何却没有说明,这就让人产生了疑问,即小川尚义《韵镜》中古音与闽南话读书音对应“拟音”模式按照什么样的方法进行的?是他自己的独立发明呢,还是与别人有关系,另有来源呢?如果是他自己的独立发明,得出他有比高本汉“高明”地方的结论似乎就能够成立,但如果不是,是不是这个成绩应该既归属于别人而又包括小川尚义呢?这是评估小川尚义《韵镜》中古音与闽南话读书音对应“构拟”成果的关键。澄清小川尚义《韵镜》中古音与闽南话读书音对应“拟音”模式的“继承”或“发展”的“因果关系”显得尤为必要,也是深入研究小川尚义《韵镜》中古音与闽南话读书音对应“拟音”模式的紧迫任务。

2.小川尚义之前学者对《韵镜》中古音的“构拟”理论与方法。小川尚义《韵镜》中古音与闽南话读书音对应“拟音”模式与日本汉语音韵学界《韵镜》中古音拟音传

---

① 洪惟仁《小川尚义与高本汉汉语语音研究的比较——兼论小川尚义在汉语研究史上应有的地位》,见《台湾史研究》,1994年。

② 小川尚义《日台大辞典》,1907年,绪论,第6页。

③ 洪惟仁《小川尚义与高本汉汉语语音研究的比较——兼论小川尚义在汉语研究史上应有的地位》,见《台湾史研究》,1994年。

④ 小川尚义《日台大辞典》,1907年,绪论,第9页。

⑤ 洪惟仁《小川尚义与高本汉汉语语音研究的比较——兼论小川尚义在汉语研究史上应有的地位》,见《台湾史研究》,1994年。

⑥ 同上。

统相关，并不是他的独创，而是他继承和发展许多学者研究的结果。大岛正健在1898年（比小川尚义早9年）研究《韵镜》，[1]在理论与方法上独树一帜。把《韵镜》音、梵汉对音、"现实"的官话、江南音、福州音、厦门音、广东音进行对比。具体的描写，用罗马字母标音。过去用罗马字母标音取其近似，现在力求精确。诸家记法不同，选择最恰当的使用。按照这个原则，比如Baorudaogien的《福州方言集》，开始记p、t、k，后来记b、d、g。Macikugalien的《厦门方言集》也屡见改变。《韵镜》音，用梵汉对译的同时，也参照和汉对音，即以经过审订而可靠的《古事记》《日本记》《万叶集》音为依据，当时主要的可引用的成果是楫取鱼彦《古言梯》、石冢龙磨《古言清浊考》、春登上人《万叶用字格》，而不是太田全斋《汉吴音图》（1815）等"虚拟语音"资料。比如"音之部"，对涉及的《韵镜》声母进行了拟音。帮滂並明分别是p、p、b、m。其中次清拟作送气音。在"韵之部"，对涉及的《韵镜》韵母进行了构拟，并考虑到了开合口、内外转以及等位因素，贯穿了一定的历史比较的理论意识。如此对《韵镜》音所做的比较研究，在《韵镜》音19世纪研究史上还是不多见的，具有重要的理论方法论意义。

猪狩幸之助《汉文典》附录《〈韵镜〉解释》"三十六字母条"[2]在解释"三十六字母来源"时，用了《音韵日月灯》的说法，即李唐之际舍利创立悉昙字母，后来，守温和尚增加了"娘床帮滂微奉"六母。在列了"悉昙体文以及遍口表"之后，对三十六字母用罗马字进行了"拟音"。稍晚于小川尚义的日本学者，比如对《韵镜》中古音"拟音"，最为突出的是佐藤仁之助《速成应用汉学捷径》（1910）和大岛正健《韵镜音韵考》（1912），他们与大岛正健、猪狩幸之助《韵镜》中古音构拟理论与方法基本相同，只不过在语音对应关系的说明上更为成熟而已。

（五）小川尚义《韵镜》中古音与闽南话读书音对应"拟音"模式

小川尚义与大岛正健、猪狩幸之助、佐藤仁之助《韵镜》中古音构拟理论与方法如出一辙，只不过研究的语音对象发生了一些变化，由日本汉音、吴音或者《韵镜》中古音变成了闽南话读书音。另外，在考察视野上，更加注重方言地理的"共时"差异因素，而不是历时发展变化因素，这就使得他的研究语言地理类型意识更加浓郁，这是应该肯定的。

---

① 大島正健《漢音吳音と支那音との比較》，《国学院雜誌》第5卷第2号，1898年。
② 猪狩幸之助《韻鏡の解釈》"三十六字母条"，《漢文典》附録，金港堂，1898年。

五、贺登崧、香坂顺一、石山福治:汉语方言地理学理论与实践

(一)贺登崧汉语方言地理学

比利时学者贺登崧《汉语方言地理学》①是作者在中国北方部分地区,比如大同、宣化亲自调查汉语方言而总结的一套理论与方法,在日本汉语语言学界影响较大。

1951年,贺登崧去了日本,主持编制了6卷本《日本言语地图》。石汝杰说他在日本国语方言学界影响力很大,这可以从日本学者德川宗贤(1993)的论述中得到印证。德川宗贤说,1955年以后,日本语言地理学的发展,受W. A. グロータース(Willem A. Grootaers)影响很大。《日本言语地图》是日本全国规模最大的调查,2400个地点,300面分布地图,由日本国立国语研究所主导。② 德川宗贤(1993)第二部第五章、第六章,又分别列了藤原与一与福岛邦道的批评意见。③ 第四部第四章,又以“从《日本言语地图》看方言东西对立概观”为题,进行了评述。④ 可见,《日本言语地图》也是备受争议与瞩目的。

(二)香坂顺一汉语方言地理学

香坂顺一《北京语对照广东语研究》是应用语言地理学理论研究汉语方言地理学的重要论著之一。

《北京语对照广东语研究》之“广东语概说”。第一章“在中国语中广东语之地位”。⑤ 作者认为,西方人对北方方言研究有所忽略,中国学者对南方方言有所忽略,综合性的、集大成的中国方言研究还没有见到。他介绍了方言研究分类成果:一是P. G. von Möllendorff的分类 *China Mission Hand-Book*(1896):官话、苏州话、上海话、宁波话、福州话、厦门话、汕头话、客家话、广东话、南海话。香坂顺一认为,这当中,苏州话、上海话、宁波话之间,以及汕头话、广东话、南海话之间类似点很多。另外,官话分布在北部、西部、中部三个大的区域。具体来看,北部官话分布在满洲、河北、山西、陕西、

---

① 贺登崧《汉语方言地理学》,石汝杰、岩田礼译,上海教育出版社,2003年。

② 德川宗賢《方言地理学の展開》,ひつじ書房,1993年,第31页。

③ 同上,第221—242页。

④ 同上,第530—566页。

⑤ 香坂顺一《北京语对照广东语研究》,东都书籍株式会社台北支店,1943年,第3—9页。

河南、甘肃、山东各省；西部官话分布在贵州、云南、广西三省；中部官话分布在江西、安徽以及属于浙江省的杭州一带。官话通行的区域占全国范围内的五分之四。既然苏州话、上海话、宁波话成为一类，在官话中，又包含着四川、汉口、南京官话，这些也应该给予一个类的地位。二是何仲英的分类：黄河以北（河北、山东、山西）是一类，唐虞之遗音，入声消失是特征；河南（开封以西到湖北一带）为一系，夏音发生地，武昌汉阳之音醇中之醇；陕西自成一系，汉唐旧都，残留中原遗风，明晰简洁；湖南自成一系，古之楚声；福建、广东成为一类，有入声，达到了九声程度；开封以东，山东之曹、沇沂到江淮，有四声，近于标准语；江南之苏州松江太仓常州，及浙江之嘉兴湖州宁波绍兴为一系，宁波绍兴比较复杂，大体为沿海居民之一方代表；四川自成一系；云南贵州广西属边僻之地，本来流行蛮语，明初沐英输入中原语言，明末李自成带进北方军，北方语言渐渐开始通行。三是章太炎的分类：从河朔到塞北、直隶、山东、山西及河南彰德卫辉怀庆为一种；陕西自成一系；河南开封以西，汝宁、南防等及湖北之沿江而下，迄江苏镇江为一种；湖南自成一种；福建自成一种（包括浙江之温州、台州、处州）；广东自成一种；开封以东，山东沂曹到江淮间为一种；江南之苏州松江常州，浙江之嘉兴湖州宁波绍兴为一种；徽州、宁国为一种（浙江衢州金华严州及江西广信饶州属于此类）；四川云南贵州广西合为一种。四是黎锦熙的分类。五是王力的分类。香坂顺一认为王力《中国音韵学》分类比较合理，就依据王力的分类。第二章“广东方言成立”。① 作者同意林语堂关于中国方言成立两大要素的说法：民族的迁移与异族杂居。引用徐松石《粤江流域人民史》（中华书局，1938）的观点，把两粤与中原关系历史分为六期。广东之地通行中原方言，而北方由于异民族入侵，动摇了原有基础，发生变化，成为北京语。第三章“广东语种类及势力范围”。② 关于广东语分类，香坂顺一综合中国学者王力与日本学者福屋正男《日粤会话》分类，以声调为基准，分为广州系、四邑系、桂平系、浔梧系、准广州系五种。第四章“广东语与其他方言比较”；③第五章“广东语与北京语比较”；④第六章“广东语的特征”；⑤第七章“广东语中的隐语歇后语谐谑语”。⑥

发音篇。第一章“北京语发音概说”。⑦ 其一，北京语元音种类和发音法。北京语元音种类：单元音、复元音、附声元音、声化元音、结合元音。发音法，分为主要元音发音

① 香坂顺一《北京语对照广东语研究》，东都书籍株式会社台北支店，1943年，第9—14页。
② 同上，第15—18页。
③ 同上，第19—37页。
④ 同上，第37—105页。
⑤ 同上，第105—115页。
⑥ 同上，第115—130页。
⑦ 同上，第131—152页。

法与元音结合发音法。其二，北京语辅音种类与发音法。辅音的种类：双唇音、唇齿音、舌尖音、舌后音、舌根音、舌前音、卷舌音、舌齿音。发音方法还涉及送气与不送气音。其三，北京语的拼音。作者称，由两个音合成一个音就是拼音，有辅音＋单元音、辅音＋复元音、辅音＋附声元音。其四，四声。涉及四声种类、读法及符号问题。其五，声音变化。比如四声变化、字音变化、意义不同之四声变化。其六，重读。即今天所说的重音。有词类重读、语句重读两种。第二章"广东语发音概说"。[①] 其一，广东语元音种类和发音法。广东语元音种类：单元音、复元音、附声元音、入声韵。发音法，分为主要元音发音法与元音结合发音法。其二，广东语辅音种类与发音法。辅音的种类：双唇音、唇齿音、舌尖音、舌后音、舌前音、声带摩擦音、舌齿音。其三，广东语的拼音。作者称，广东语和北京语相同，遵守辅音＋元音的原则，但入声韵比较特别，与北京音不同。比如[hat][tok][tsap]。[②] 其四，关于声调。香坂顺一列举了许多学者的研究成果，比如福屋正男《日粤会话》，分九声，与西洋人看法一致。山下升《广东语讲座》，分为十声，包括变声一声。福大公司编《日粤会话读本》，分为六声。总督府文教局学务部编《日粤会话》分六声。影山魏《速成广东语》、江山《广东语会话》、杨良《实用广东语会话》，都是无声。这不知道有何意图。香坂顺一认为，广东语之声，原声九种，变声三种（包括入声变声两种），计十二种，所以，无声、六声、九声、十声是没有道理的。广东话原声九种是：高调类——平声（上平）、上声（上上）、去声（上去）、入声（上入）；中调类——入声（中入）；低调类——平声（下平）、上声（下上）、去声（下去）、入声（下入）。其变声：变平声或超平、变上声（变上）、变入声（变入）。至于各声调发音法和标记，也都有详细说明。其五，声音变化。分三项说明：声调变化、字音变化、字音和声调协调变化。

基础篇。[③] 八十课，以语法为主，词法与句法兼顾。纯粹句法的比如：主语述语宾语等；[④]有许多句法是结合词类分析进行，比如人称代名词与主语述语、指示代名词和主语述语补足语、要求他动词之宾语、"拧黎（广东话）、拿来（北京话）"和宾语的关系。更多的是具体的方言词及惯用格式研究。

简易会话。第一课到第六十课，[⑤]每一课没有题目，但由简单到复杂，步步深入。

分类会话。[⑥] 其分类为：天气、时候、时间、学校、学话、阅报、写信、电话、电报、送

---

① 香坂顺一《北京语对照广东语研究》，东都书籍株式会社台北支店，1943年，第153—171页。

② 同上，第157—158页。

③ 同上，第172—339页。

④ 同上，第180页。

⑤ 同上，第342—416页。

⑥ 同上，第477—638页。

礼、介绍、久违、初见、会客、买东西、订货、买菜、买袜、衣裳、听戏、理发、旅行、修理等。

商业会话。[1] 其分类为:资本、招股、开张、广告、讲价、考较、送货、行市、办货、货样、催货、提货、拆货、佣金、押款、引荐、算账、还账等。

在当时诸多广州话著作中,香坂顺一的研究是最为出色的。抛弃军国主义意识,吸取各家成果,择善而从,提出新见,描写细致而科学,无出其右。

(三)石山福治汉语方言地理分布意识

最具明确汉语方言地理分布意识的当数石山福治《支那语大辞典》(1933),后由国书刊行会出版,改名为《中国语大辞典》(1974)再版。石山福治称,此书编撰始于1912年,其足迹遍于河北、北京、天津、辽宁、吉林、黑龙江等北方地区。所以,所收方言词语分布于这些地方,真实记录了当时的方言词语、词形、词义、语音,很明显,贯彻了方言地理学思想,成为今天学者研究一百年前北方官话方言地理分布实况的重要文献之一。

---

① 香坂顺一《北京语对照广东语研究》,东都书籍株式会社台北支店,1943年,第639—686页。

从东西互鉴看佛经翻译对汉语音韵研究之影响*

王嘉宜　王继红

（北京外国语大学中国语言文学学院）

摘　要：佛教东传，反切、字母和等韵之学的诞生皆得益于梵文的拼音学理；汉语音值的构拟则借助了梵汉对音材料；集声韵、训诂、文字为一体的佛教音义书，对于研究汉语音韵、训诂之要籍都大有裨益。汉语的四声及近体诗律也与梵语有着密切的关系，从汉语史的角度论，汉译佛典是研究从东汉至宋代各时期汉语发展演变的重要资料。无论是19世纪末西方汉语学家群体对于汉译佛典文献的关注，还是20世纪初贯穿"中西学脉"的梁启超、陈寅恪等有着西学背景的东方学者对于佛教文献的研究，无不推动着汉语的巨大发展。本文以佛经翻译对汉语音韵学的影响为视角，探讨汉译佛典对于汉语语音发展史的重要意义。

关键词：汉译佛典　音韵　影响　陈寅恪

一、前言

东汉末年，佛教东渐，中印文化相遇，梵汉语言接触并对汉语产生影响。[①] "作为汉语有史以来第一次系统欧化，即古代印度语言和文化对汉语和汉文化深刻影响的直接产物，佛教混合汉语同时又是研究佛教对汉语及汉文化影响的第一手资料的价值"需要得到重视。[②] 佛教的传入与佛经的翻译，不但给汉语带来了新的语言文字表达方式，也促使相关人士思考汉语与佛经原典语言的差异，并且思考汉语语音、词汇和语法的特点。

---

* 本文为教育部哲社后期资助项目"基于梵汉平行语料库的《金刚经》语言与翻译研究"（项目编号：17JHQ052）阶段性成果。论文写作过程中，钟雪珂博士给出许多中肯的建议，谨致谢忱。

① 佛经原典语言问题非常复杂，此处的"梵"指梵语和犍陀罗等古代语言。

② 朱庆之《佛教混合汉语初论》，见《佛教汉语研究》，商务印书馆，2009年，第4页。

东西方文明的交流与对话，确实不断产生着推动人类文明进步的精神力量。但就像张西平教授所指出的，由于“东方与西方，现代与传统”二元对峙的思维方式，亚洲失去了它应有的价值。比方说，如果我们想真正搞清中国近500年的历史，不了解荷兰东印度公司、英国东印度公司的文献，仅仅靠中文文献和记载远远不够。[①] 印度佛经原典语言多为印欧语系语言，因此，中西文化互动的研究不可一味局限于以西方为主体，而忽视印度佛教文化对中国的影响。[②] 在东西互鉴的视角下重新书写中国翻译史与汉语史主要讨论两个问题：第一，中古以来，佛经翻译活动对汉语音韵研究的影响；第二，近代，特别是19世纪末以来，有着西学背景的海外汉学家、留学归国的中国学者，如何借助佛教文献推进汉语音韵研究。

二、华梵僧人佛经翻译与汉语音韵分析意识的觉醒

“印度佛教在中土的传播基本上与印度佛经的汉译相伴随。今天可见最早有纪年的汉译经典是月支僧人支谶在东汉桓帝建和元年（公元147年）翻译的《阿閦佛国经》，如果把支谶和安世高的时代作为比较正式的佛经汉译的开始（实际可能要更早一些），这一工作大致持续了一千年的时间，直到宋代中期，部分由于佛教在祖国印度的式微，佛经翻译才算基本结束。”[③]佛教文献语言，[④]特别是汉译佛经语言与其他中土文献语言有明显的差别。梁启超在谈起汉译佛典的特殊性时说：“吾辈读佛典，无论何人，初展卷必生一异感，觉其文体与他书迥然殊异。”[⑤]造成这种“异感”的是佛典源头语与目的语间的差异。梵语与汉语无论是语音还是文法上都存在着巨大差异，这给汉译佛典的翻译造成了困难。尽管佛教传入后，已有一些人对梵语略知一二，但真正掌握梵语并能独立译经的汉僧仍是少数，多数中国僧人仍停留在启蒙学习阶段，即通过学习悉昙来了解掌握梵文字母的发音及拼写规则。

“悉昙”是梵文 Siddham 的音译，指的是公元约600—1200年间书写梵语的字母。《悉昙章》是古印度以悉昙字母写成的语言启蒙教材。《悉昙章》在东汉时期随佛教传入中国。唐代僧人智广为方便后人学习悉昙及《悉昙章》，编写《悉昙字记》一书，对悉昙字

---

① 详见张西平《辉煌的亚洲文明，互动的东西方——从长时段和文化上重新思考亚洲的一些根本问题》，《北京日报》2019年2月11日。

② 王邦维《“西化”还是“中国化”：从佛教的历史看中外文化的交流与互动》，《民间文化论坛》2016年第5期，第32页。

③ 朱庆之《佛教混合汉语初论》，《语言学论丛》第24辑，商务印书馆，2001年。

④ 佛教文献语言从广义的角度讲，主要包含三类文献：汉译佛经，中土人士的佛教撰述，佛教文学作品。

⑤ 梁启超《佛学研究十八篇》，岳麓书社，2009年，第167页。1936年初版。

母的形、音、义及拼合法进行梳理记录，是汉僧学习梵语的启蒙教材。

在语言学习过程中，一些译僧逐渐意识到了汉梵两种语言差异，产生语言对比意识，利用梵语语音学知识对汉语音韵问题进行分析，直接影响了我国音韵学的诞生和发展。反切、字母、等韵学等的出现，是我国僧人早期利用科学研究方法对汉语语音进行分析的成果。

（一）反切的使用

反切的使用与经由佛经翻译所导致的语言接触有关。反切是我国古代的注音方法，上字取声，下字取韵和调，上字与被切字的声母相同，下字与被切字的韵母（包括介音）和声调相同，上下拼合就是被切字的读音。有关反切的起源问题一直是学界争论不休的热点问题，张渭毅将其大致归纳为两派：一派主张反切创自中国本土，为华夏所固有；另一派主张反切传自西域，是在梵文拼音文字的启发下由中国学者创造的。二者可分别称作“本土派”和“外来派”。①

本土派的学者对于反切的发明人存在着较多分歧，这也直接影响了他们对于反切出现时间的确定。古今大批学者均遵从唐代陆德明《经典释文》的说法，称孙炎是反切的始创者。一些学者则认为汉末的服虔、应劭等人已经开始使用反切，如安然（日僧）和章太炎。② 此外，还有一些学者认为在东汉之初即有汉儒创制了反切，更有甚者将先秦时期的合音字当作反切的雏形。如傅定淼从史料和汉语合音的角度探讨反切的起源问题，即得出“反切注音法的源头是上古汉语合音，反切的产生纯粹出于中国文化”的观点。③

另一方面，外来派的学者则认为反切来源于西域，更准确地说来源于悉昙，即使是傅定淼在其论文中也不得不承认“梵文或其他西域文字拼音学原理……对反切方法的推广起了一种外部的推动作用”。他们一般首先列举《隋书·经籍志》的记载：“自后汉佛法行于中国，又得西域胡书，能以十四字贯一切音，文省而义广，谓之婆罗门书，与八体、六文之义殊别。”④何九盈曾明确指出：“汉末人既已懂得胡书，‘能以十四字贯一切音’，就不难悟出反切的道理来。”⑤僧人在学习悉昙的过程中不自觉地会对汉语的双声

① 张渭毅《论反切起源问题》，《菏泽学院学报》2008年第1期，第106页。

② 张渭毅《论反切起源问题》列举了张守节、王应麟、江永、戴震、钱大昕、段玉裁、何焯、邵晋涵、洪亮吉、陈澧、黄侃等学者。

③ 傅定淼《梵文拼音原理传入与反切起源关系新探》，《汉字文化》2001年第1期。

④ 长孙无忌等撰《隋书·经籍志·卷一》，王云五主编《丛书集成初编》（影印本），商务印书馆，1939年。

⑤ 何九盈《中国古代语言学史》，商务印书馆，2013年，第139页。1985年。

叠韵进行分析。谭世宝也赞成此说，认为《切字要法》中的“切字”实质上是把汉字的字音分为声和韵，而这一方法是汉语切韵之学的最早记录，其来源可以追溯至汉末传入的悉昙学。此外，谭世宝又对悉昙学如何影响汉语音韵学的发展过程进行了论述，认为华僧在参与佛经对音翻译及研读过程中，掌握了悉昙学字母的切音与反音法的原理，并在此基础上加以创造性的发展，形成用汉字进行语音拼合注音的反切法，悉昙学导致了“汉梵文字比较研究理论基础的确立与发展”。①

李新魁指出，“反切的创生是多方面的因素起作用的”，其产生应当经历了一个较长的过程，“一是有汉语本身分解音节方法的知识的长期积累，另一个是有梵学传入后拼音知识不断流传的契机，两方面的因素结合起来，在汉代末年，便出现了这种注音方法”。② 张渭毅在对已有观点和论述进行反省后，也得出类似的观点，指出以往关于反切起源的说法都带有片面性，并进一步区分出内外因，认为反切的产生源于“汉语固有的特点”，这是“内因”；但是如果没有“佛教徒们译经时所传入的拼音法”作为“外因”促使古人“自觉地分析汉语的声母和韵母”，反切则难以产生。③

（二）字母的发明

“字母”一词最早出现在梁僧伽婆罗的《文殊师利问经字母品》中，但其含义与汉语音韵学中的“字母”却是大相径庭。④ 慧琳《一切经音义》的序言中说道：“十二音是翻梵字之声势也，旧云十四音误也。又有三十四字名为字母，每字以十二音翻之，遂成四百八字，共相乘转，成一十八章，名曰悉谈。”这里的“字母”已与传统音韵学中的“字母”概念相一致，即声母代表字。

有关字母的起源，一些学者认为字母的发明与梵语悉昙有关。如罗常培认为：“惟象教东来，始自后汉。释子迻译梵筴，兼理‘声明’，影响所及，遂启反切之法。降及唐末，沙门守温复归纳《切韵》反切，增损梵藏体文，定为华音三十字母。”⑤赵荫棠说：“三十六字母是中国声韵史上一件了不得的事，但我们设若要追求它的源头，应该从悉昙家梵汉对音数起。”⑥周广荣将《守温韵学残卷》与南朝谢灵运《十四音训叙》中的梵文二十五辅音字母进行比较，发现守温字母中各组字母的名称是受到悉昙梵文二十五字母的

---

① 谭世宝《悉昙学与汉字音学新论》，中华书局，2009年，第215页。
② 李新魁《汉语等韵学》，中华书局，1983年，第87页。
③ 张渭毅《论反切起源问题》，《菏泽学院学报》2008年第1期，第106页。
④ 周广荣《梵语〈悉昙章〉与等韵学的形成》，《古汉语研究》2001年第4期，第22页。
⑤ 罗常培《汉语音韵学导论》，中华书局，1980年，第10页。
⑥ 赵荫棠《等韵源流》，商务印书馆，1957年，第7页。

影响而产生的。“虽然二者在名目上差别很大，但到中唐时期，澄观已将梵文二十五字之名定为牙、齿、舌、喉、唇五声，这与守温字母的名称已基本相同。”[①]无论是敦煌残卷中的三十字母，还是其后的三十六字母，在创制之初都受到了汉译佛典及《悉昙章》的影响。

（三）等韵图的出现

一般认为等韵图产生于唐朝末年。韵图的编排以分析韵书音系（反切）为目的，“以声为经、以韵为纬”，使得每个汉语音节各要素（声、韵、调、等、呼）均呈现于图表之中，简明易懂、一目了然。它的出现，“表明我们祖先的语音学知识达到了相当突出的高度”。[②]

学界大多认为等韵图的产生是受到了悉昙的影响。张建木明确指出，唐代开始产生的等韵图表“根据切韵的音系分析声、韵和中介元音等音素……这个办法导源于悉昙章”。此外，他还专门就等韵书中所用术语来梳理其与佛教的渊源，指出：“《韵镜》和《七音略》都有四十三转，这个‘转’字即出于佛家。慧皎《高僧传》卷十三说：‘天竺方俗，凡歌咏（法言）皆称为呗。至于此土，咏经则称为转读，歌赞则号为梵呗。’[③]”最后得出结论：“如果没有佛家的影响”，音韵学范围内审音最为精细的“等韵之学”是不会产生的。[④]

赵荫棠同样认为等韵图受到悉昙章的启发而产生，因为等韵图上声右韵的排列之法与悉昙章是相同的。此外，魏晋时期“梵文空气”十分浓厚，已经出现了学习和了解悉昙的人，悉昙在当时的社会受到了高度重视，这为等韵图的产生创造了条件。罗常培说：“等韵摄图，模仿自悉昙。故释子以参禅为‘大悟门’，以唱韵为‘小悟门’，辗转相传，因有‘切韵射标’之法。”[⑤]周祖谟对罗常培有关“转”的含义做了进一步阐述，指出：“等韵图中‘转’字的来源，也是出自讲悉昙字母诸书的。而它最初得名的原义，乃是‘乘转’之意。”[⑥]李新魁也写道：“韵图之兴，确以佛教东来为媒介传入我国，在佛教徒中间流传播诵有关。等韵上所用的字母，是在梵文字母的启发下创造出来的。”[⑦]其实不仅“转”和字母，一些学者还指出“摄”“呼”等术语也同样源于悉昙。

---

① 周广荣《梵语〈悉昙章〉与等韵学的形成》，《古汉语研究》2001 年第 4 期，第 22 页。
② 李新魁《汉语等韵学》，中华书局，1983 年，第 9 页。
③ （梁）释慧皎撰《高僧传》，汤用彤校注，中华书局，1992 年，第 497 页。
④ 张建木《佛教对于中国音韵学的影响》，《中国语文》1956 年第 11 期。
⑤ 罗常培《汉语音学导论》，中华书局，1980 年，第 88 页。
⑥ 周祖谟《宋人等韵图中“转”字的来源》，《问学集》，中华书局，1981 年，第 508 页。
⑦ 李新魁《汉语等韵学》，中华书局，1983 年，第 46 页。

俞敏在《等韵溯源》中虽然同意赵荫棠提出的"等韵是对于悉昙的模仿"这一观点，但却反对悉昙"对于汉族人审音有大功"。他指出悉昙盛行于唐朝，"上代翻译，梵汉不定，真言对注，梵唐粗定"。[①] 这一时期，为了分析唐音与梵音的对音关系，准确翻译密宗咒语密义，等韵学应运而生。罗常培、周祖谟、饶宗颐等学者也都讨论过悉昙与等韵学间的关系。

悉昙理论传入日本后，对日本的汉语音韵研究也产生了巨大影响，"悉昙学的日本化是日本学者研究汉语音韵学的独创"[②]。不仅如此，《韵镜》作为现存最早的韵图之一，在我国本土早已佚失，却在日本得以保存，并在江户时期形成了专门的"《韵镜》学"。日本江户时期"《韵镜》学"文献同样大多出自释门，体现出与悉昙的密切关系。

三、中国本土僧人的佛经解读与佛经音义书的出现

自佛教传入中国，汉译佛典得到充分发展，为更好地解释和研究译经，一些华僧开始对其中的音、义进行注释，出现了佛经音义书。

荷兰汉学家许理和在《佛教征服中国》中曾写道，魏晋南北朝时期，佛教已经在上流社会和士大夫阶层中盛行，而佛教盛行的特征之一就是对梵语的关注。据《高僧传》记载，谢灵运曾以佛经中诸字与众音异旨为材料，编了《十四音训叙》。[③] 此外，较早的佛经音义还有北齐道慧的《一切经音》等。到了隋唐时期，佛经音义书逐渐多起来，尤其是在唐代佛学大发展期，佛经音义书达到了极盛，如慧琳《一切经音义》、玄应《一切经音义》、可洪《新集藏经音义随函录》、慧苑《新译大方广佛华严经音义》等等。此外，宋代也出现了诸多佛经音义书，主要有希麟《续一切经音义》、法云《翻译名义集》、惟净《新译经音义》、处观《绍兴大藏经音》等等，其中又以玄应、慧琳、希麟的三部音义书为代表，对于中国宗教、历史、语言、文化等方面的研究都具有重要的价值。

佛教音义之书广征博引，搜罗甚富，虽是以字为单位，未能形成严格的梵汉对音材料，但它将音韵、文字、训诂汇为一体，蕴含着诸多与汉语音韵有关的宝贵信息，不仅对佛教经典字音字义的阐释具有重要的价值，而且其中保存的大量久已失传的古代字韵和文史典籍，又为研究汉语方音、中古音系等汉语音韵乃至汉语史带来了丰富的珍贵资料。

---

① 俞敏《俞敏语言学论文集》，商务印书馆，1999年，第261页。

② 李无未《日本汉语音韵学史》，商务印书馆，2011年，第5页。

③ 《高僧传》卷七："陈郡谢灵运笃好佛理，殊俗之音多所达解，乃咨叡以经中诸字并众音异旨，于是著《十四音训叙》，条列梵汉，昭然可了，使文字有据焉。"详见（梁）释慧皎撰《高僧传》，汤用彤校注，中华书局，1992年，第260页。

四、西方汉学家的梵汉对音研究与古代汉语音值的构拟

《中国大百科全书·语言文字卷》对“梵汉对音”的解释为:“用汉字对译梵文音。……利用梵汉对音材料,通过梵文的读音来了解汉字的读音,是汉语音韵研究方法的一种。”①梵汉对音材料可以从时空的角度进行纵横两个方面的发掘整理,用以印证或建构古音音系、拟测古音音值、探索历史方音等方面的研究。

西方汉学家较早发掘出梵汉对音材料的价值并加以利用研究,罗常培提到:“对于佛典译名的华梵对音的研究,西洋学者很早就注意到了。像雷慕沙、卜尔诺夫、儒莲、艾德尔、高本汉前后都有所探讨。”②

1857年,英国汉学家艾约瑟的《汉语官话语法》(*A Grammar of the Chinese Colloquial Language Commonly Called the Mandarin Dialect*)利用汉梵对音以及日本、高丽等流传的中国古音材料,拟定了三十六字母的发音。1874年,艾约瑟又发表《文字发明时汉语的状况》(*The State of the Chinese Language at the Time of the Invention of Writing*)一文,指出在玄奘的译经时代,平声没有阴阳之分,此后的1 200年间,五分之四的浊音声母和三分之二的入声也逐渐从汉语中消失。可见在19世纪末已经有西方汉学家开始利用梵汉对音材料进行汉语音韵研究了。③

1915年,瑞典汉学家高本汉在《中国音韵学研究》(*Etudes sur la phonologie chinoise*)第一卷第一章“关于古音知识的书本上材料”中,明确提到了梵汉对音材料在汉语音韵研究中的价值,他将有关汉语音系研究的材料分为三类,第一类即“外国语言里翻译中国字的对音跟中国语言里翻译外国字的对音(如梵文的字、中亚细亚语言的字)”④。

1920年,法国汉学家马伯乐在《唐代长安方言考》(*Le dialecte de Tch'ang-ngan sous les T'ang*)⑤中利用唐代不空的汉译梵咒材料进行梵汉对音研究,发现了唐代长安

---

① 《中国大百科全书·语言文字卷》,中国大百科全书出版社,1988年。

② 罗常培认为,在高本汉和他之前的汉学家,对于梵汉对音材料的研究,只是注意到了其拼法,还没有直接应用对音来考订中国古音的,“就是高本汉也不过拿他考订《切韵》音的结果把前人对于华译梵音的拼法加以改订罢了”,直到马伯乐和钢和泰,才开始真正利用梵汉对音材料进行汉语音值研究。详见罗常培《知彻澄娘音值考》,见《罗常培文集·第七卷》,山东教育出版社,2008年,第121页。

③ 艾约瑟《汉语官话语法》,上海墨海书馆,1857年;艾约瑟《文字发明时汉语的状况》,《国际东方学者大会第二次会刊》,1876年。

④ 高本汉《中国音韵学研究》,商务印书馆,2003年,第15页。

⑤ 马伯乐《唐代长安方言考》,聂鸿音译,中华书局,2005年。

音鼻音声母字兼对梵文鼻音和浊塞音，提出汉语鼻音声母包含鼻音和浊塞音两个成分的见解。

1923年，俄国印度学家钢和泰发表《音译梵书与中国古音》(*The Phonetic Transcription of Sanskrit Works and Ancient Chinese Pronunciation*)①一文，将宋法天的梵汉对音材料与高本汉拟测的《切韵》音系相比照，说明梵汉对音材料对汉语史研究具有重要价值。中国学者汪荣宝于同年发表了《歌戈鱼虞模古读考》一文，他以日语中的吴音、汉音和佛经对音资料考证古音，构拟出了宋代以前歌戈韵和鱼虞模韵的主要元音。钢和泰和汪荣宝的论文引起了学界有关对音材料与音韵研究的广泛讨论，其中赞同派包括林语堂、钱玄同，反对派则有章太炎、徐震等。这场围绕用新材料、新方法进行古音研究的辩论，显示出了梵汉对音材料作为一种新音韵资料对汉语音韵研究的价值，同时也为我国学者的进一步深入研究开辟了一条新路，具有里程碑式的意义。

1930年，我国学者如罗常培、李方桂、唐钺等，相继开始在不同程度上利用对音材料研究古汉语语音问题。如罗常培利用梵汉对音、藏汉对音、现代方音、韵图等方面进行论证，并搜集统计155个含有舌音的梵语词，提出“知、彻、澄分别与梵文卷舌音 ṭ、ṭh、ḍ 相当，属于舌尖后音”的观点。② 这一观点与高本汉为知彻澄所拟的舌尖前音形成对比，二者都对学界产生了重要影响。1933年，罗常培又发表了《唐五代西北方音》一文，利用《大乘中宗见解》汉藏对音残卷、汉译《阿弥陀经》藏文译音残卷和《金刚经》藏文译音残卷等汉藏对音和译音资料对西北地区的方音进行断代描写，为敦煌文献的整理研究提供了重要资料。③

五、中国学者的“无问东西”及其对汉学家研究的改进

20世纪初期，汪荣宝在受到西方汉学家影响后利用梵汉对音材料的研究，正式拉开了中国学者以“东西互鉴”之视角研究汉语音韵的序幕，而其后以罗常培为代表的一批学者，则对这种新视角进一步拓展，他们将域外新材料与我国传统音韵学相结合，填补了我国学界利用汉译佛典语料研究汉语音韵的空白，开启了我国音韵研究的新范式。此外，与罗常培处于同一时期的陈寅恪等学者，他们本身受到过传统语文学研究训练，并深受西方学术熏陶，留学归国后，他们将西方先进学术思想与传统治学方法相结合，

---

① 钢和泰《音译梵书与中国古音》，胡适译，收入《胡适全集》第42卷，安徽教育出版社，2003年，第630页。

② 罗常培《知彻澄娘音值考》，《历史语言研究所辑刊》第三本第一分，1931年。

③ 朱庆之《佛典与汉语音韵研究——20世纪国内佛教汉语研究回顾之一》，见《汉语史研究集刊》(第二辑)，巴蜀书社，1999年，第302—320页。

开始对影响汉语历史发展轨迹的诸多问题进行探究。

陈寅恪曾在美国哈佛大学和德国柏林大学留学，接受了有关梵文、巴利文和印度学的系统训练，并游学于欧洲多所名校，奠定了学术基础。归国后，陈寅恪受聘于清华大学，秉持“用现代的科学方法整理国故”的基本观念，批判吸收中西方研究成果和方法，并充分利用新方法新材料，解读了多语种文献资料，为历史、宗教和文化研究做出贡献。陈寅恪还曾与钢和泰一起，研读梵文佛教文本，进行梵、藏、汉文本佛典《大宝积经》《妙法莲华经》的对勘和比较研究。陈寅恪“并无意于成为一名职业的语言学家，虽然很长时间内语言研究，特别是历史语言学曾被人当作语文学的代名词，但他并不特别擅长于做‘审音勘同’一类的历史语言学的学术研究”①。但他通过两种不同语言的文本对比，关照两种文化、宗教的互动与交流，梳理彼此间的传承与嬗变关系，力图通过其研究，向西方学界展示我国语文学之奥义，建立不同于西方研究的学术天地，我国学者沈卫荣称之为“一种十分典型的从语言到文本，再到历史和文化的语文学研究路径”②。

1934年，陈寅恪发表《四声三问》一文，对汉语的四声起源问题进行探讨，认为汉语的四声是依据及摹拟中国当日转读佛经之三声，而转读佛经之三声又出于印度古时声明论之三声：“据天竺围陀之声明论，其所谓声（svara）者，适与中国四声之所谓声者相类似。即指声之高低言，英语所谓 pitch accent 者是也。围陀声明论依其声之高低，分别为三：一曰 udātta，二曰 svarita，三曰 anudātta。佛教输入中国，其教徒转读经典时，此三声之分别当亦随之输入。……中国语之入声皆附 k、p、t 等辅音之缀尾，可视为一特殊种类，而最易与其他之声分别。平、上、去则其声响高低距离之间虽然有分别，但应分别为若干数之声，殊不易定。故中国文士依据及摹拟当日转读佛经之声，分别定为平、上、去之三声。合入声共计之，适成四声。”③可见，陈寅恪认为，汉语四声是受到了佛经转读的影响。

陈寅恪的这一学说对学界产生了重要影响，不少学者在谈及我国永明体及声律说等问题时都同意陈寅恪的观点，如游国恩、刘大杰、罗根泽等人。这一论点确有可循之处，据史料记载，魏晋南北朝时期，佛经翻译工作得到了统治阶层的支持，译师也得到了很好的资助和礼遇，他们常常聚集于都城，并与士大夫阶层交往甚密，其中就包括了沈约、谢朓、王融等人。这些本土的知识精英与来自西域的梵僧译师讨论佛典，接触到了梵语的语音系统。据记载，“司徒竟陵文宣王梦于佛前咏维摩一契，便觉韵声流好，著工

① 沈卫荣《陈寅恪与语文学》，《北京大学学报》（哲学社会科学版）2020年第4期。

② 同上。

③ 陈寅恪《四声三问》，《清华学报》1934年。

恒日。明日即集京师善声沙门龙光、普智、新安、道兴、多宝、慧忍、天保、超胜及僧辩等，集第作声”①，早在魏晋南北朝时期，以沈约、谢灵运为代表的“竟陵八友”等文人士大夫群体已经开始将梵文诗律中的概念运用到汉语诗歌创作中，通过文学沙龙和诗词集会，引导着同时代的文人对佛教的关注及创作潮流，最终在佛经及梵语的影响下，创造出了以四声为基础的新型诗律。

并非所有学者都支持陈寅恪的观点，如郭绍虞就对佛经转读的意义提出疑问，他认为“陈氏谓平上去三声实依据及摹拟中国当日佛经转读之三声固极有理，但只能说是受佛经的启发才完成这个文字音韵学的新发明”②。俞敏《后汉三国梵汉对音谱》中谈到，根据僧律中禁止“外书音声”的规定，围陀之声明论乃婆罗门诵经之法，作为外书音声，是不能拿来念经的，“说汉人研究语音受声明影响没毛病。说汉人分四声是‘摹拟’和‘依据’声明可太胡闹了。汉人语言里本有四声，受了声明影响，从理性上认识了这个现象，并且给它起了名字，这才是实事”③。

饶宗颐也对陈寅恪之说提出了三点疑问：除了与俞敏相同的观点，认为围陀声明论是婆罗门诵法，不得讽诵佛经外，他还提出了：一是汉语的四声说并非源自对围陀声明论的借鉴，而是对悉昙梵文的吸收。“围陀声明论即波你尼仙所著《文法书》，在天竺早已散佚，在中国也未见传译，其抑扬混合三声的诵法早已失传。之所以为后人知晓是现代学者如吕澂、金克木研究古代天竺文献的发现。”④二是四声的兴起并非始于永明。饶宗颐指出，佛教在传教时，本不用梵语，是用巴利语或原始东部语言；佛教盛行后，其经典则是梵语与俗语杂糅的混合梵语写成，因此，“印度本土此种变相之佛教诵音，与围陀三声有无关系，已难明了。若乎汉土佛徒转读之方，在吠陀诵法失传已久之六朝时代，此三声究竟如何，更无从拟议；遂取与平上去比况，诚难令人首肯”⑤。

美国汉学家梅维恒与华裔语言学家梅祖麟对近体诗律与梵文诗律的关系进行讨论，并深入分析了沈约的“四声八病”，认为汉语诗律中的“四声八病”之“病”来源于梵文诗学中的 doṣa(瑕疵、污点、病)；梵文的长短音在诗律中被称为“轻重音”，这是汉语诗律平仄的前生；梵文诗律中 slokā(颂)的东传，其四音步八音节的特点为汉语的审音之士带来了音律的概念，并影响汉语近体诗具有以四句为单位、平仄字数相当且多变的特点。梅维恒、梅祖麟从陈寅恪关注的“四声”问题进入了汉语诗律的形成问题，他们所提

---

① (梁)释慧皎撰《高僧传》，汤用彤校注，中华书局，1992年，第287页。

② 郭绍虞《永明声律说》《声律说考辨》《文笔说考辨》，见《照隅室古典文学论集》，上海古籍出版社，1983年。

③ 俞敏《后汉三国梵汉对音谱》，见《俞敏语言学论文集》，商务印书馆，1999年。

④ 饶宗颐《印度波你尼仙之围陀三声论略——四声外来说平议》，见《梵学集》，上海古籍出版社，1993年。

⑤ 同上。

出的“近体诗律是对梵文诗律的模仿”这一观点也并非与陈寅恪的观点截然不同，但他们在此基础上扩展提出“中国的声律发明者了解梵语诗律与诗学方面的哪些知识，这种知识又是以何方式促成了汉语声律的产生”①的问题。

此外，还有诸多学者分别从四声与悉昙之关系、四声与江南新声杂曲、四声与传统文化中的“四象”理论之关系、四声的发明者及创始时间等方面都提出了不同的看法，也引发了对永明声病理论、四声与五音之关系等诸多问题的探讨，产生了丰硕的成果。

陈寅恪《四声三问》的发表，虽有诸多待商榷之处，却是孤明先发，功不可没，他将罗常培等学者在东西互动视野下的汉语音韵研究进一步扩展，即从音值、音系的构拟研究扩展到了对汉语声律来源的关注，其三问三答，“以其特别关注中国文化史中中外交流的背景，牵入佛教及印度元素，而使历来有关‘四声说’的解释根本扭转了方向”②，而这种跨文化、跨领域的结合与我国学者全球化的视野密切相关，正是由于他们的无问东西，充分发挥海外学科训练优势，为我国汉语音韵研究开辟了一条新路。

六、近百年来中国音韵学者对汉译佛典的全面发掘

新中国成立后，我国学者在陈寅恪等先贤学者研究基础上，使用梵汉对勘等新方法，音韵学的诸多方面都得到了深化细致的研究。

例如对佛经音义书的研究。对于佛教音义书的语言研究主要集中在对音义书的声、韵系统的考据，并利用其中的梵汉对音材料进行反切、方音、中古音构拟等方面的研究。如周法高《从玄应音义考察唐初的语音》，他将玄应音与《切韵》音做对比，并对玄应音义中的方言区域进行讨论，认为玄应与《切韵》大体都是根据当时长安士大夫阶级的读书音而拟定的。此外，周法高还发表有《玄应反切考》《玄应反切再论》《玄应反切字表》等文章，对明藏本及高丽本中玄应音义的反切及声韵系统进行考证。王力《玄应〈一切经音义〉反切考》对玄应反切的声韵系统进行考证，认为玄应反切反映的是唐初长安的语音系统，该系统具有“舌上未从舌头分出”“轻唇未从重唇分出”“平上去声共有二十八个韵部，入声共有十五个韵部”等语音特征。唐兰《韵英考》则根据慧琳反切考释唐代的语音系统和语音演变过程，提出了慧琳音系中唇音字已经独立，喉牙音、舌音和齿音亦有明显的独立倾向等观点。其他利用音义书进行的反切研究还有黄淬

---

① 〔美〕梅维恒，梅祖麟《近体诗律的梵文来源》，王继红译，见《国际汉学》（第十六辑），大象出版社，2007年第175页。

② 戴燕《20世纪中古文学研究与佛教的因缘——以〈孔雀东南飞〉和“永明声律论”的争议为中心》，《杭州师范大学学报》（社会科学版）2011年4期。

伯《慧琳〈一切经音义〉反切考》、谢美龄《慧琳反切中的重纽问题》、储泰松《〈可洪音义〉札记》等。

此外还有利用音义书中的梵汉对音材料进行的研究，如聂鸿音利用慧琳音义的梵汉对音资料，考察了当时密宗佛家梵语和汉语对音的概貌，并对巴利、龟兹等古代语言在佛经中的历史遗留痕迹进行研究。[①] 黄仁瑄从玄应音义的背景及音系特色两个方面考察，认为玄应音应是长安的雅言和经音，而唇音和舌音的分立，重纽各韵的逐渐消失，声调差异以及异读问题跟《切韵》《释文》相似；他还提出了玄应音系既重视关中音却也重视江南音，注重南北差异也是玄应音系的特色。[②] 类似的研究还有庄淑慧《玄应音义所录〈大般涅槃经〉梵文字母译音之探讨》、周法高《〈切韵〉鱼虞之音读及其流变》、徐时仪《希麟音义引〈广韵〉考》等，皆利用了对音材料对语音面貌及音系基础进行深入考察。

自1940年之后，受到西方汉学家的影响，学界利用梵汉对音材料进行的研究成果丰富，陆志韦、周法高、李荣、季羡林等学者陆续发表相关文章，并通过对音材料证明学界早前有关音韵研究的理论。陆志韦1940年发表的《汉语全浊声母是什么时候才送气的》一文，利用梵汉对音证明了4世纪以前的北方洛阳方言里不可能出现全浊声母读送气音。李荣1951年发表的《切韵音系》运用了更多的梵汉对音材料，并提出《切韵》中的日母音值不是高本汉拟测的[ńz]，而是[ñ]。他举证，隋以前对 ña 的翻译，竺法护用"偌"，求那跋陀罗用"壤"，鸠摩罗什、法显、昙无谶、阇那崛多等人用"若"，唐朝的玄奘、智广用"若"，善无畏、实叉难陀等都用"壤"，他们都是用日母字对译 ñ。

1950年至1970年，由于处在特殊的历史时期，研究成果较少，仅有周达甫《怎样研究梵汉翻译和对音》和张清常《唐五代西北方音一项参考材料——天城梵书金刚经对音残卷》两篇论文。

1979年，俞敏发表了《后汉三国梵汉对音谱》。该文通过对三国魏晋南北朝以来20多位译师所译经本中的500余个音节进行收集整理，总结出了后汉三国时期的声纽系统，讨论了平上去入的调值，并订正了高本汉提出的闭音节不用[i][u]做主元音的学说。俞敏的这篇力作材料丰富，弥补了汉语语音史中汉代声母系统研究的空白。俞敏对声母的拟音也提出了许多独特的见解，如匣母，王力拟测从先秦到隋至中唐只有一类，念[ɣ]音，俞敏则是把后汉三国的"匣母"分为两类，一类念[g]，一类念成半元音 v[w]。此外，俞敏还首次利用梵汉对音材料对汉语的声调进行了研究，他利用古汉语译

① 聂鸿音《慧琳译音研究》，《中央民族学院学报》1985年第1期。

② 黄仁瑄《唐五代佛典音义研究》，中华书局，2011年。

音字四声在梵语中带重音音节和不带重音音节上的分布规律，研究汉语四声的调值，并得出结论：后汉去声是低调，平声是高调，入声字高低调都有。俞敏的论文使梵汉对音材料在汉语音韵研究中的价值逐渐引起了学界的广泛关注，因此可以说《后汉三国梵汉对音谱》是一部里程碑式的作品。

1980年开始，有关汉译佛典对音研究，尤其是对隋唐宋三代重要译经梵汉对音材料的梳理，产生了一批重要的成果，还原了不同时期的语言面貌。如尉迟治平《周、隋长安方音初探》(1982)，文章采用北周及隋的四位来华译师——阇那崛多、阇那耶舍、耶舍崛多、达摩笈多所译的四十二部佛经，归纳出了六、七世纪之交的长安方音系统；施向东《玄奘译著中的梵汉对音和唐初中原方音》(1983)将玄奘的译经及《大唐西域记》中梵汉对音材料进行印证，认为这些材料反映的是玄奘的方音——中原方音。文中还提出玄奘译音的中原方音与切韵音系在声韵调方面都存在一定的差异，反映了切韵音系所没有的轻重唇音的分化、匣纽的清化等口语新现象，并认为玄奘译音比《切韵》更接近当时语言的实际面貌。类似的研究还有聂鸿音《慧琳音译研究》(1985)、刘广和《试论唐代从长安音重纽——不空译音的讨论》(1987)、刘广和《唐代八世纪长安音的声纽》(1984)、张福平《天息灾译著的梵汉对音研究与宋初语音系统》(1996)、储泰松《梵汉对音概说》(1995)、《施护译音研究》(1996)、《鸠摩罗什译音研究(声母部分)》(1996)、《梵汉对音与中古音研究》(1998)等。1988年，第一版《中国大百科全书·语言文字卷》第一次收入“梵汉对音”词条，足见在1980年后，利用梵汉对音作为汉语音韵研究的重要材料和方法已形成重要学科分支，成果丰硕，对于我国汉语音韵研究的影响和价值也逐步显露。①

日本利用佛经材料的汉语音韵研究已具有深远的历史，早在18世纪，文雄、本居宣长、太田全斋等学者就已利用梵汉对音材料对汉语方音、音系等进行考释。20世纪以来，日本学者利用汉译佛典的汉语音韵研究涉及内容更为广泛，例如水谷真成、神田弋春、河野六郎等学者利用佛经音义书探究汉语语音，大矢透、小川环树、尾崎雄二郎等学者有关《韵镜》、韵图的研究等，中日学界齐头并进，互为补充，使得汉语音韵研究更为深刻。目前，对于日本汉语音韵学的研究仍需予以更多关注，如利用声明材料进行的汉语声韵研究，我国学界对此方面的研究成果不足。

目前，我国汉语音韵学研究领域总体呈现生机勃勃、异彩纷呈的局面，综合国内外先进的材料与方法，“站在巨人的肩膀上”，总结经验的同时不断寻求新的突破，并已收

---

① 有关梵汉对音的研究成果，详见刘广和《梵汉对音学科述略——纪念俞敏老师一百周年诞辰》，《励耘语言学刊》2017年第2期。

获丰硕成果。未来,"中国学者在研究汉语音韵学史,除了集中反映中国学者的成果之外,还应该把目光投向国外……如此,才不但丰富了汉语音韵学史的内涵,而且还能够更为全面、客观地反映汉语音韵学史的历史事实"①。

七、结语

梁启超曾言:"凡一民族之文化,其容纳性愈富者,其增展力愈强,此定理也。我民族对于外来文化之容纳性,惟佛学输入时代最能发挥。"②不同文明间的碰撞导致了语言的接触与融合,汉译佛典就是在这一背景下诞生的绮丽瑰宝,勾连着东西方的智慧与文明的汉译佛典,对汉语乃至中国文化的研究都有着无可替代的价值。

然而,这种来自域外文化对中国文化的影响又经历了一个漫长的发展历程——佛经翻译引发了译师语言对比意识的觉醒,他们受到梵语的启发,开始对汉语的音韵进行初步探索,并发明了反切、字母、等韵图,是我国古代汉语音韵研究的创举;唐代,为了更好地解读佛经,一些本土僧人自发编纂佛经音义书,其中蕴含丰富的音义材料为汉语语音研究提供了珍贵的资料;19世纪,一些海外汉学家开始关注到了汉译佛典,发现了利用梵汉对音材料来构拟古代汉语语音的重要研究方法,为我国学者开阔了新视野;90年代初期,陈寅恪、饶宗颐、吕叔湘、罗常培等学者,他们"无问东西",有意识地将西方治学思路与东方传统语文学相结合,为国内学界的汉语音韵研究开辟了一条新路;1949年新中国成立后,当代学科体系逐步确立,音韵学发展成为一门独立的学科,我国学者综合利用汉译佛典的各种材料进行汉语音韵的研究,成果斐然。据统计,《历史语言研究所集刊》(全22册)收录的1928年至1949年共433篇文章中,对汉译佛典文献进行研究的成果有20余篇,内容涉及版本校勘、音韵、训诂等语言研究,以及历史、考古研究的各个方面,可见从20世纪上半叶开始,学界便逐渐开始关注到了汉译佛典语言的意义和价值。张世禄十分中肯地总结汉译佛典对汉语音韵发展的重大意义:"其实从汉代印度文化转入中国之后,中国音韵学上的改进,没有一件不受梵文字母的影响。"③

---

① 李无未《日本汉语音韵学史》,商务印书馆,2011年,第10页。

② 梁启超《翻译文学与佛典》,见《饮冰室合集》(第十三卷),北京出版社,1999年,第3805页。

③ 张世禄《等韵学派系统的分析》,《文史丛刊》1933年第1期。

17 世纪初两部漳州话传教士文献标注系统研究*

许彬彬

（厦门大学中文系）

摘　要：西方汉学家对传教士的语言研究，重视的是官话，尤其是 19 世纪以后各种经典官话教科书、辞书等。西方语言学家对汉语的研究也多以官话文献作为参考，如《西字奇迹》《西儒耳目资》等，研究成果颇丰。汉语方言学界对早期闽南方言文献的研究也是近十年来的热门课题，更多地着眼于本土文献尤其是闽南方言韵书的挖掘，以及 19 世纪传教士所编的闽南方言文献的探究。本文以《福建话字典》(1604)和《漳州话语法》(1620)为研究对象，探讨西方传教士如何描写和研究汉语南方方言之一——闽南方言，通过对材料标注体系的分析，拟出两部文献语音系统，定其方言系属。

关键词：《福建话字典》《漳州话语法》　标注系统　音系

一、引言

从有文献记录以来，闽南方言存在各种标注体系和方案，反切注音法、直音法等在早期的中文文献中尤为常见，如《官音汇解》《正音乡谈》《荔镜记》等。传教士开始学习和了解闽南方言之后，创制了多种体系的注音方式。① 如 17 世纪初的《漳州话语法》《西班牙—华语词典》采用了拉丁字母标注，据此，我们能够大致拟出当时的音值。其中 Henning Klöter 提到一本迄今发现现存最早、可以清楚确认的闽南方言字典手稿，是出自耶稣会传教士 Pedro Chirino 之手，成书于 1604 年，藏于罗马的 Angelica 图书馆和法

* 本课题获中央高校基本科研经费“清末以来域外文献与闽南方言研究(2014 年度)”资助；本文是国家社科基金冷门绝学研究专项学术团队项目“东亚汉语音韵学史文献发掘与研究”(项目编号：21VJXT014)成果之一。

① 信世昌《汉语标音的里程碑——注音符号百年的回顾与发展》，五南图书出版，2014 年。

国国家图书馆，我们翻译为《福建话字典》。[①] 另一部词典 Bocabulario(Bocabulario de la lengua sangleya por las letraz de el A. B. C.)并未明确成书年代，在"马"词条中注明1617和1618年分别是蛇年和马年，来解释中国纪年方式，Henning Klöter 指出，龙彼得认为该书成书年代大致在1609—1648年间。从词典释例编排来看，每一个词条都严格分为闽南语词头、西班牙文解释和分类。[②] 1620年的《漳州话语法》，手稿藏于西班牙巴塞罗那大学，编号 Ms. 1027。2018年中国台湾清华大学出版社影印出版。近年来，不少学者关注这些文献，比较细致而全面研究的主要是 Henning Klöter 和石崎博志，不同的是，Henning Klöter 侧重文献溯源，而石崎博志关注的是语料本身的价值。

18世纪以来大量涌现的道明会传教士所编纂的词典、教科书、圣经译本以及日本学者编纂的大量辞书、教科书等，其中闽南方言文献非常丰富。传教士的材料采用了不同方案的拉丁字母标注体系，以 Carstairs Douglas(杜嘉德)《厦英大辞典》[③]通行最广，翻刻版本最多。在这些资料中，教会罗马字注音体系标注方案使用最为广泛。日本学者伊泽修二、小川尚义、杉房之助等所编写的《台日大辞典》《日台会话大全》采用假名注音方案，也为我们拟出一百多年前的音值和提供标注参照体系。1888年以后 IPA 方案开始用于语言研究，出现了拉丁字母标注方言的多种方案。[④] 根据庄初升、陈晓丹(2009)的研究，从明末来华的传教士罗明坚和利玛窦算起，西方人创制罗马字拼音方案为汉语汉字注音的历史已经超过四百年。[⑤] 如果关注域外的话，16—17世纪一些西班牙、葡萄牙传教士从东南亚，主要在菲律宾、马来西亚一带，通过当地的闽南移民，了解当时的语言(方言)，留下了一些语汇手稿或者语法学习手稿，就使用了罗马字注音体系。本文主要比较《福建话字典》(1604)和《漳州话语法》(1620)的标注体系和音系问题。

二、《福建话字典》(1604)的标注案例及音系归纳

《福建话字典》，完稿于1604年，藏于罗马的 Angelica 图书馆，标题为"Sino-Hispanicum(1604)"，又译为《汉西字典》(下文简称《字典》)。标注方式如下：

---

① 我们引用的版本为周振鹤《中欧语言接触的先声：闽南语与卡斯蒂利亚语接触》(复旦大学出版社，2018年)附录的影印版，该版本影印自意大利罗马的 Angelica 图书馆版本。

② Henning Klöter(韩可龙)《早期西文文献的官话与方言》，见复旦大学文史研究所编《西文文献中的中国》，中华书局，2012年，第29—49页。

③ Carstairs Douglas, *Chinese-English Dictionary of the Vernacular or Spoken Language of Amoy*, 1873年。

④ 郑良伟、郑谢淑娟《台湾福建话的语音结构及标音法》，学生书局(台湾)，1977年。

⑤ 庄初升、陈晓丹《19世纪以来潮汕方言的罗马字拼音方案》，《南方语言学》(第一辑)，暨南大学出版社，2009年。

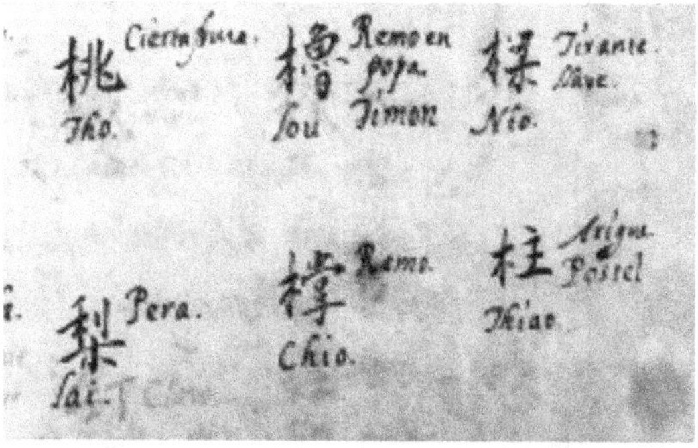

图 1　Sino-Hispanicum 罗马 Angelica 版

正文采用汉字排列，汉字右侧用西班牙语释义，汉字正下方用罗马字注音。① 例如："桃"注音为 Tho，"木"注音为 Chariao，"樑"注音为 Nîo，"柱"注音为 Thiao，"梨"注音为 lai。

由于文献是手稿形式，在转写音值方面，Chirino 并未全部贯彻一种完整转写体系，主要的问题是声调符号并不明确，缺乏规律性，声调调值往往很难把握，只能暂且以汉字为核心，列出声调之差异。而声母、韵母系统相对比较容易归纳出来。比如送气音有时用"h"，这个标注方案至今仍被采用，IPA 使用上标来区分。送气有时候也不标示，因此该手稿的标注方案并不系统，但是我们依然能根据罗马字母的音素特性拟出当时的大致音值。具体音系分析如下：

表 1　Sino-Hispanicum(1604)的声母系统示例

发音方法 / 发音部位		塞音			塞擦音			擦音	鼻音
		清		浊	清		浊		
		不送气	送气		不送气	送气			
唇音		p[p]	ph[p^h]	b[b]					m[m]
舌音	舌尖	t[t]	th[t^h]	l/d[l]	ch[ts]	ch[ts^h]	tz/r[dz]	s[s]	n[n]
	舌面后	c/qu/ç[k]	qh②[k^h]	ng[g]					
零声母		[∅]③						h[h]	

与现代漳州音比较，部分语音标注送不送气不分，如 ch 既表示[ts]又表示[ts^h]。其中，有的音值为[k^h]不是直接用 c 表示而用 q 表示，其中 q 是 Henning Klöter 的转写，他把韵母中含 u 音起点的都转成 q 或者 Q，他所举的例子是"桥"quió(bridge)，④《字典》写法如下图所示：

① 说明：由于该文献是手稿形式，故汉字和罗马字音标都是手写体，以下转录若有失误，皆由作者负责。

② 由于原文是手稿，为了区别表示[k^h]和[ts]/[ts^h]的差别，写法不同，近似于 e 的拉长版，手写体，为表示[k^h]音时我们转录用 q 表示，[ts]/[ts^h]均用 ch 表示。

③ 零声母不标注。

④ Henning Klöter 著，张英梅、邢云译《最早的福建话字典》，见《中欧语言接触的先声：闽南语与卡斯蒂利亚语接触》，复旦大学出版社，2018 年，第 1—33 页。

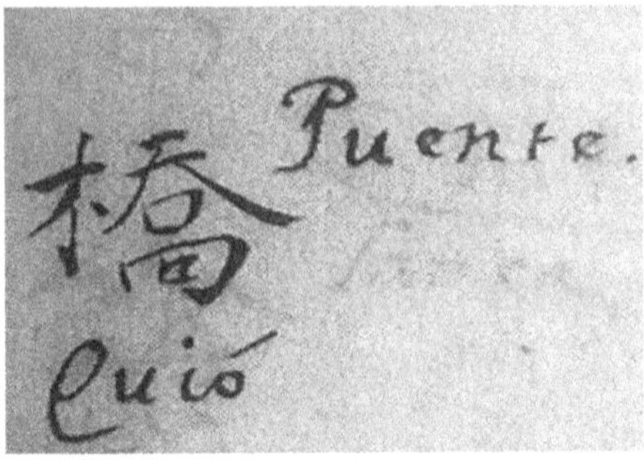

图2 《字典》:桥

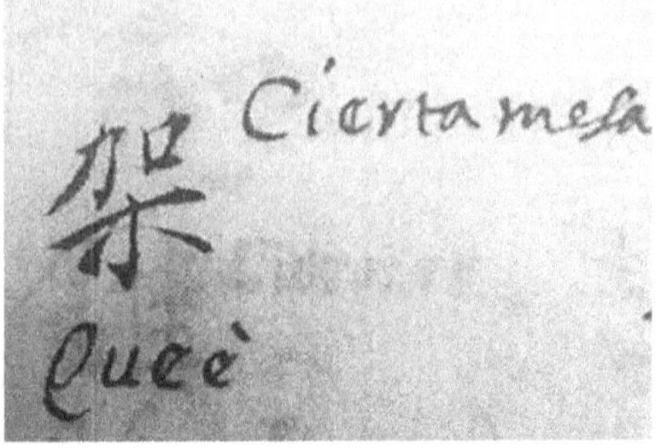

图3 《字典》:架

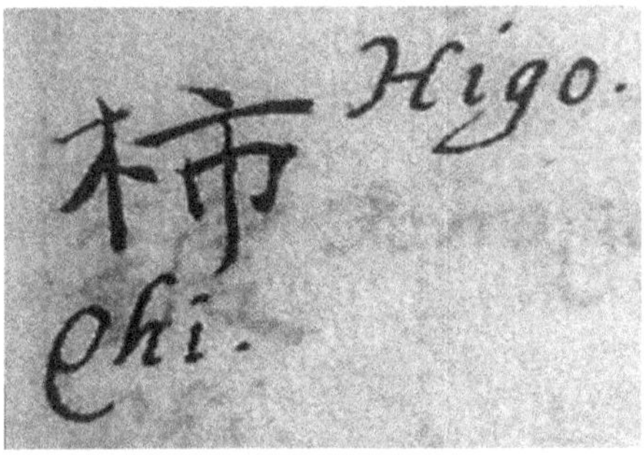

图4 《字典》:柿

再对照《字典》图4。两个不同的音,手稿都使用字母q,一个表示[k],一个表示[kʰ],不送气的舌根塞音《字典》又写作c字母,所以这里我们用大Q来转写,主要也是为了和另两个音ch区分开。此外,来母字的[l]音有时标注为d,说明有时候接近塞音的成分,如“螺”字标音为de。Sino-Hispanicum(1604)的韵母系统示例:

表2 《字典》阴声韵表(19个)

例字	猫	蝦	蠔/傲	雨	星	柿	雾	海	流/狗	霓	定/寄	蛲/桥	树	柱	我	个	亏	坏	鸡
字典	a	e	o/oo	ou	ee	i	u	ai	ao/au	ei	ia/oia	io/uió	iu	iao	oa	ue	ui	oai	uei
IPA	a	e	o	ɔ	ɛ	i	u	ai	au	ei	ia	io	iu	iau	ua	ue	ui	uai	uei

表3 《字典》阳声韵表(17个)

例字	柑	沈/妗	沉/阉	禽	涧	银	煎	烟	云	蒜/悬	铜	鹦/肩/胸	商	风	龙	不	霜
字典	am	im/uim	iam/yam	uim	an	in	ian	jen	un	uan/oam	ang	eng/uing/ieng	iang	ong	iong	m	ng
IPA	am	im	iam	uim	an	in	ian	ien	un	uan	aŋ	iŋ	iaŋ	oŋ	ioŋ	m	ŋ

表4 《字典》鼻化音表(10个)

例字	敢	毛	鼎①/团	山	鉎	羊	天	纽	黄	猫
字典	á	o	iá/uiˇa	uˇa/oˇa	ˇee	jô/’io	ˇi	’iu	ui’	’iau
IPA	ã	ɔ̃	iã	uã	ɛ̃	iɔ̃	ĩ	iũ	uĩ	iãu

① 《字典》写作“釜”,实际读音的本字是鼎。

表 5 《字典》入声韵表一(12 个)

例字	鸽	湿	粒	虱	日/直	热	核	罚	桷/角	亿/烛	恶/鳄	褥
字典	ap	ip	iap	at	it/ir	iet	ut	uar	ac/ag	ec/eg	oc/og	ioc
IPA	ap	ip	iap	at	it	iat	ut	uat	ak	ik	ok	iok

表 6 《字典》入声韵表二(10 个)

例字	鸭	额	雪	薄	石	月/袜	铁	杰	白/八	物/乜
字典	a	iá	e	o	’io	oe/ue	i	ui’ee	e/ee	i’
IPA	aʔ	iaʔ	eʔ	oʔ	ioʔ	ueʔ	iʔ	iɛʔ	ɛʔ	ĩʔ

补充说明:由于《字典》收字有限,加上拉丁字母标注部分手写字迹比较潦草,我们只能根据现有的标注,拟出对应的音值,共 68 个韵母。部分韵母只有跟特定声母才会出现,例如,与 k 相拼,出现韵头 u 的情况,实际的 u,根据推测可能是唇化的缘故,或者不发音,只是作为区别标记。另外喉塞尾全部没有特定标注,带喉塞的鼻化韵也无法一一拟出,例字不全,韵母方面似有缺欠。这部分的拟音主要是笔者的看法,不妥之处,切由笔者负责。

Chirino 的《字典》声调系统由于标注体系未明,无法一一对应,加上有的标注,有的不标注,无法判定其准确音值。Henning Klöter 通过比较该字典和《厦英大辞典》的语音标注体系,指出 Chirino 的转写体系都是临时性的。① 主要体现在该字典很少使用音调符号且缺乏规律性,这在后来的传教士文献中有很大的改观,比如戴尔的《漳州方言词典》和杜嘉德的《厦英大辞典》。Chirino 的转写,有七种音调符号,即尖音符号、重音符号、长音符号、半圆符号(类似短音符号)、腭化符号、点号(两个字母之间)和撇号。后四种表示鼻音(半圆符号和腭化符号)或送气音(点号和撇号),但是前三种功能不明确,尖音符号、重音符号和长音符号在《字典》中的用例,我们根据例字和语音标注进行拟音,发现这三个符号对应多个声调的音值,一种情况说明当时记录的时候不是非常注重声调的系统性;另一种可能的情况是当时闽南话发音合作人受到当地语言的影响声调也呈现不稳定的情况。有些语例记录的并非所举汉字的真正读音。如上文所举的例子:“木”对应的音值——Chariao 樵条②,拼写的不是汉字“木”的读音,而是词语“樵条”的音值。

三、《漳州话语法》(1620)的标注案例和音系归纳

Arte de la Lengua Chio Chiu(译名《漳州话语法》,1620)(下文简称《语法》),由

① 具体的比较表格见 Henning Klöter 的论文《最早的福建话字典》,收录于《中欧语言接触的先声:闽南语与卡斯蒂里亚初接触》,复旦大学出版社,2018 年,第 22 页。

② Chirino 的词典中 cha 的音写为“柴”,“柴”读为 cha 是俗读,本字应为“樵”。

中国台湾清华大学出版社影印出版。Henning Klöter(2011/2005)[①]和石崎博志(2006/2018)[②]有相关研究。陈越(2017)[③]对 Henning Klöter 的研究进行评述,贝罗贝也在论文里提及该书语法体系的问题。[④] 其语音标注系统,采用罗马字注音,西班牙语注释,汉字与音标对照的方式,这与 Chirino 的手稿基本相似,两种文献相隔时间不长,均出自西班牙传教士之手。

石崎博志专门将其转录,并全部用英语解释,特别研究手稿的语法系统。当然在研究语法系统之前,也完整梳理了该文献的标注系统,相比 Chirino(1604)的本子,材料比较丰富,解释到位,尤其在声调系统方面有了更明确的标示。《语法》的语音标注系统与《字典》存在着差异:ch 仍然是表示[ts]和[tsʰ]两个音,送气不送气在这对音标方面也不作区别。与 i 相拼,容易产生腭化音的[k]音用字母 k 表示,有时也表示送气的[kʰ],而一般的[k]音就用 c 字母表示。送气不送气的双唇清塞音,全部用字母 p 表示,日母字的[dz]音用 x 字母表示。音节中只有单元音[i]或不含辅音音节以元音[i]开头的韵,则用字母 y 表示,其他在音节里面的[i]音则还是用 i 字母标示,鼻化音、喉塞韵尾均未在韵母上作特殊标记,其中喉塞尾在声调上加一短竖标示。声调采用如下符号:

表 7 《漳州话语法》声调标注系统

调类	阴平	阳平	阴上	阳上	阴去	阳去	阴入	阳入
《语法》例	chún	chūn	chùn	—	chŭn	chûn	cûr'	cùr'
符号	´	¯	`	无	ˇ	^	` + '	^ + '
词例	尊	船	准	—	俊	阵	骨	滑

四、音系性质判定及后世标注体系比较

(一)音系性质判定

《福建话字典》《漳州话语法》声母系统一致,基本为十五音的格局。《漳州话语法》在标题和前言部分也比较明确地提出归属地,标题注明 Chio Chiu,页前也注明,当时马

① Henning Klöter. *The Language of the Sangleys: A Chinese Vernacular in Missionary Sources of the Seventeenth Century*. Leiden: Koninklijke Brill NV, 2011, p. 4—10. Henning Klöter. *Written Taiwanese*. Wiesbaden: Otto Harrassowitz Verlag, 2005.

② 石崎博志《翻刻资料 Barcelona 大学藏 "Arte de la lengua chin cheu"》,见《日本东洋文化论集》(12),2006年,第151—206页;石崎博志《MUSEUM SINICUM 中的方言记录——以语法为中心》,见《中欧语言接触的先声:闽南语与卡期蒂里亚初接触》,复旦大学出版社,2018年,第34—51页。

③ 陈越《〈漳州方言语法〉及其相关研究评述》,厦门大学本科毕业论文,2017年。

④ 贝罗贝《二十世纪以前欧洲汉语语法学研究状况》,《中国语文》1998年第5期,第23—26页。

尼拉的中国人主要为漳州人。体现漳州话特征的日母字的漳州音特征，可拟为[dz]音值。

Chirino 的《福建话字典》共 84 页，每一页条目数量不等，包含 20 个条目，与标题相符，汉语—西班牙语对照，字典的源语言是闽南方言。如图 4 汉字占据大部分空间，罗马字注音，西班牙语翻译。比照这个注音体例，要判定其音系性质，需要对特征语音、特征词语进行提取。例如：天 Thˇi-Cielo 拟写音值①[thĩ^{1}]，日 Tzit-Sol Dia 拟写音值[dzit^{8}]，星 Chˇee-Estrella 拟写音值[ts^{h}ɛ̃^{1}]，门 Mˇui-Puerta 拟写音值[muĩ^{2}]。

可以判定该词典方言性质为漳系方言。漳系方言的入声韵韵尾均包含四个塞音 -p、-t、-k、-ʔ。例如：粒积[liap^{8} tsik^{8}]（积少成多）、合作[kap^{4} tsoʔ ^{7}]（木工装潢）、合作[hap^{8} tsɔk^{7}]（协力合作）、实腹[tsat^{8} pak^{8}]（实心的）、斡头[uat^{8} thau^{5}]（回头）、曝日[phak^{8} dzit^{8}]（晒太阳）。《福建话字典》（1604）也记录了这一结构特征。如：妾 chiap [ts^{h}iap^{7}]、骨 cur[kut^{7}]、叔 cheg[tsek^{7}]、鸭 a.[aʔ]。

（二）后世标注体系比较

研究闽南方言使用最多且通行最广的自然是 IPA 的各种版本，IPA 自 1888 年问世以来迭代更新，到汉语方言就被改造为适用于汉藏语系的方案，IPA 现今为 2018 年修订版。早期记录官话的方案主要以教会罗马字注音方案为主，其中，北京官话以威妥玛-翟理斯方案记录最多，影响最大，如北京大学的“北京”仍旧使用 Peking，清华大学的“清华”仍旧使用 Tsinghua。② 闽南方言教会罗马字方案以《厦英大辞典》系统影响最大，以其丰富的数据和准确的声调标识而著名，19 世纪 70 年代以后，这个方案在英国长老会传教士闽南“白话字”基础上创制。学界尚未有充分的证据说明当时的中国学者关注闽南方言罗马字标注系统。踏入中国本土之前，传教士并未形成规模和定式，以多种符号标示一个音值，声调记录也未构成系统。

19 世纪以来，为了方便学习和记录，传教士为了适用于闽南方言拼写而使用多种标记系统。缺点是：方案多而杂，不合理、无法规范细致的记音符号。近代闽南话以“厦门”为基地的罗马字拼音（又称白话字），实现了从教堂到坊间的传播，使用人口多，社会影响大。这里将声母多种对照方案列举如下：

---

① 由于该词典音标中声调体系不甚明确，声调只拟对应的调类，无法对应准确的调值。

② 杨慧玲《19 世纪汉英词典传统——马礼逊、卫三畏、翟理斯汉英词典的谱系研究》，商务印书馆，2012 年。

表8 八种标注方案比较

IPA	教罗①	台罗②	《福建话字典》(1604)	《漳州话语法》(1620)	《厦英大辞典》(1873)	普闽③(1982)	智能系统方案④(2018)	例字
p	p	p	p	p	p	b	b	伯八杯百
ph	ph	ph	ph	P	ph	p	p	皮配破抱
b	b	b	b	b	b	bb	bb	马买卖面
m	m	m	m	m	m	m	m	骂面棉媒
t	t	t	t	t/d	t	d	d	大刀赵桌
th	th	th	th	t	th	t	t	腿头天添
l	l	l	l/d	l	l(d)	l	l	楼流利料
n	n	n	n	n	n	n	n	软耐娘篮
k	k	k	c/qu/ç	k/c/q	k	g	g	间见金狗
kh	kh	kh	qh	k/c	kh	k	k	考起气区
g	g	g	g	g	g	gg	gg	牛我语外
ŋ	ng	ng	ng	–	ng	ng	ng	硬雅吴藕
ts	ch	ts	ch	ch	ch/ts	z	z	早祖坐只
ts^h	chh	tsh	ch	ch	chh	c	c	草粗车七
dz	j	j	tz/r	x	j	–	zz	日热任入
s	s	s	s	s	s	s	s	洗收山西
h	h	h	h	h	h	h	h	花火户好
ǿ	–	–	–	–	–	–	–	有话爱王

实验语音学各种精密仪器的发展与应用,如EGG,以及语音软件Praat和Voice-Sause的开发与应用,也促使了我们对语音认识更为客观和科学。闽南方言声母类型不论我们从共时的语料去观察,还是从文献的拟音来看,都是遵循着十五音的格局。从发音部位来看,包含双唇音、舌尖前音、舌尖中音和舌根音、喉音;从发音方法上来看,包含塞音、塞擦音,这两类还有送气与不送气的区分、鼻音、边音的区分。比较以下几种文献的声母系统,如下:

① "教罗"是教会罗马字拼写闽南方言方案的简称。

② "台罗"是台湾闽南方言罗马字方案的简称。

③ 这个方案是1982年厦门大学中国语言文学研究所汉语方言研究室所编的《普通话闽南方言词典》所制定的《闽南方言拼音方案》,该方案是在教会罗马字方案的基础上修订的,为了适应当时推广普通话的需要,方案制定的时候,尽可能与《汉语拼音方案》取得一致或者相近。

④ 该方案是在《闽南方言拼音方案》的基础上修订,声母略做补充,韵母和声调标注改动较大。

表9 五种文献声母系统比较

IPA (2018)	《增补汇音妙悟》(1905)	《福建话字典》(1604)	《翻译英华厦腔语汇》(1853)	《厦英大辞典》(1873)	《英厦词典》(1883)
p	p 边	p	p	p	p
ph	ph 普	ph	p'	ph	ph
b	b 文	b	b	b	b
m	m 文	m	m	m	m
t	t 地	t	t	t	t
th	th 他	th	t'	th	th
l	l 柳	l/d	l	l(d)	l
n	n 柳	n	n	n	n
k	k 求	c/qu/ç	k	k	k
kh	kh 气	q/qh	k'	kh	kh
g	g 语	g	g	g	g
ŋ	ŋ 语	ng	ng	ng	ng
ts	ts 争	ch	ch	ch/ts	ts
ts^h	ts^h 出	ch	ch'	chh	chh
dz	dz 入	tz/r	j	j	j
s	s 时	s	s	s	s
h	h 喜	h	h	h	h
ø	- 英	-	ø	-	-

从以上几种方案可以看出，日母字均保留浊塞擦音的情况。17 世纪早期的字典《福建话字典》(1604)也定性为漳州音字典，日母字保留[dz]音与今天漳州市大部分地区的发音一致。现代厦、漳、泉的重要区别性特征是日母是否并入泥母、来母的问题，今天厦门、泉州大部分地区日母已经并入泥母和来母，读音为[l]。漳州市部分地区并未并入，这也体现了漳州和泉厦的区别特征。从早期材料来看，至少 19 世纪的泉系音日母、来母并未完全合并，五种材料体现这一特点，罗常培的《厦门音系》仍然记录[dz]声母的现象，说明日母读同来母的时间应该发生得比较晚，今天诏安、潮阳、漳州芗城、饶平、长泰、漳浦仍然保留[dz]声母。从四百年前的文献到现代的语料，这个格局变化不大，体现的是闽南方言保守型特征。

《增补汇音妙悟》音系性质学界早已有共识，定性为泉州音。从另一方面来说，该韵书反映的是泉系的声母系统日母字是[dz]。另外，还将齿音腭化与不腭化两套同位音归并为一套音位，仅归出“争、出、入、时”四个声母。将 b/m、l/n、g/ŋ 六个声母归并为“文、柳、语”三个声母代表字，称为同位音，它们在声韵配合方面呈互补关系。如下所示，/b/:[m]/_鼻化韵及成音节鼻音韵，[b]/_其他；/l/:[n]/_鼻化韵及成音节鼻音韵，[l]/_其他；/g/:[ŋ]/_鼻化韵及成音节鼻音韵，[g]/_其他。因此，只有鼻化韵及成音节鼻音韵之前才能出现 m、n、ŋ。其他韵母前，声母不读 m、n、ŋ，而是 b、l、g。在归并音位的时候，一些学者把它们合并为一组，[①]从而保持十五音的格局，罗常培（1956）认为是并列的状态。[②] 这组字来自古鼻音声母：b、m 来自古明母，l、n 来自古泥来母，[③]g、ŋ 来自古疑母。因韵母鼻化与否而分读 m、n、ŋ 与 b、l、g。古鼻音声母为何变读为 b、l、g 的读音呢？有两种路子，一种是归为鼻音，主要是 b、g 与非鼻化韵相拼（不包含声化韵），实际音值为鼻冠音 ^{m}b、^{n}g，音频语图分析发现，这两个音即便与口元音相拼，仍然带有很强的鼻音色彩，把两组音分别让非母语者（主要是北方方言区的）和母语者进行听感测试，非母语者的感知是 m 和 ŋ，年纪大（50 岁以上）的母语者能够区分开，年轻的母语者已有部分无法区分；一种是读 b、l、g 是由于古鼻音声母发生“去鼻征性”变化（[+nas]→[-nas]）的结果。其中明母 m 和疑母 ŋ，发生“去鼻征性”变化，因此成为同部位的浊塞音 b 和 g。泥母 n 去鼻征性后，则读同来母的边音 l。例如：泥母字的“泥、尼”在漳州音中的表现，泥和尼同音，读为[ni^{24}]，早期为了与年[$n\tilde{i}^{24}$]区分，在具体的词语中，如“芋泥”变读为[$ɔ^{21}li^{24}$]，“尼姑”变读为[$li^{22}kɔ^{44}$]。[④] 另外，还有一个层次现象：民 bin5、年 lian5、愿 guan7；美 bi2、纽 liu2、外 gue7；灭 biat8、纳 lap8、月 guat8。

显然这一批文读音已经全部有之前去鼻化的特征，新近调查结果显示，年轻一代大部分人无法区分两组互补音值，现代音又开始混入鼻化，类推之后，又重新整合为 m、n、ŋ 格局。

五、结语

17 世纪以来传教士、日本学者编撰的台湾及闽南方言文献，以及大陆闽南民间流传的戏文念白和唱本、民间话文和速成之教科书文献，竟然达到四百种之多。《福建话字典》和《漳州话语法》只不过是其中的两种，希望引起相关领域学者重视。

① 董同龢等《记台湾的一种闽南话》，台湾历史语言研究所，1967 年；曾南逸《泉厦方言音韵比较研究》，北京大学博士学位论文，2013 年。

② 罗常培《厦门音系》，科学出版社，1956 年。

③ 泥母、来母合为一类。

④ 参照杨秀芳台湾大学公开课程《台湾闽南语概论》观点。

苏轼前后《赤壁赋》用韵问题探讨

金周生　李梦潇
（台湾辅仁大学文学院）

摘　要:前后《赤壁赋》作为苏轼的千古名篇，学者从各种角度的分析论述，多如过江之鲫，但考其用韵，就显得格外冷清。前贤对《赤壁赋》韵字、韵段的判定，颇见参差，如何确认两文的押韵句子，是值得探讨的问题。本文以前后《赤壁赋》用韵为研究论题，重新判定韵字，并从作者所处的时代背景、押韵文化及古文献资料出发，试图找出苏轼散文赋押韵的形式及用韵方法。文中认为前《赤壁赋》有 13 个韵段，后《赤壁赋》有 16 个韵段；文章从头至尾都是韵文规格，具有一致性。由于苏轼多处使用了今人所忽略的"叶韵音"入韵技法，故而容易让人失去判准。相信经由本文的分析考证，学界对前后《赤壁赋》的押韵会产生新的认识，有助于古汉语教学的同时，也为宋代其他"文赋"用韵的分析提供了一把足以解谜的钥匙。

关键词:苏轼　《赤壁赋》　押韵　叶韵音

一、前言

赋是一种押韵文体，唐、宋两代"试赋"的用韵规定极为严格。官修韵书分"四声"以及分韵的"同用""独用"规范，是必须遵守的。[①] 而宋代古文家所作的"散文赋"，则出现用韵较为宽松的现象，韵字及押韵方法难以判断，甚至超出一般学者的认知，故而当今学术研究在分析散文赋用韵时，往往避重就轻、言之空疏，甚或忽略不谈。宋代以来对苏轼前后《赤壁赋》的用韵与韵字读法，曾有一些讨论与说明，但并未受到当今学者的重视或采用；而当代《赤壁赋》的赏析与研究中，即使提及押韵，也多语焉不详，观点迥异，成为《赤壁赋》解读与教学中，较为薄弱的一环。

---

① 《大宋重修广韵・敕牒》云:"朕聿遵先志，导扬素风，设教崇文，悬科取士，考核程准，兹实用焉。"根据今人对唐、宋"试赋"的用韵研究，可以证实用韵完全遵守韵书的规范。

本文为弥补此憾，试图全面地研究《赤壁赋》的押韵问题。以厘清几个先备知识与设想，以作为本文论述的支撑点：(1)宋代“文赋”是具有散文笔调的“赋”，必须全文押韵；押韵位置与押韵疏密度有其常态，不会出现大段文字不入韵或密集押韵的情形。(2)宋代官修韵书按四声分卷，赋的押韵基本与诗一致，也必须“四声分押”。(3)苏轼博闻强识，能接受并活用六朝以来韵文的“叶韵”“合韵”，并效法韩愈、柳宗元、欧阳修的“仿古韵”法创作，但苏轼知古韵却并不知“古音”，即并不能正确地读出“古音”。(4)本文接受并使用宋代至清代的“叶韵”观，与论述《赤壁赋》押韵的意见。(5)不以现代“音韵学”拟音或“现代音教学”方式来解释《赤壁赋》的用韵。(6)两篇《赤壁赋》用韵与苏轼其他赋作的用韵习惯应当一致，并无特殊处。本文将先引述现代学者的意见，凸显探讨这一议题的价值，再依序逐韵分析《赤壁赋》的押韵，说明本文在现代汉语教学与古代押韵文化上的意义。

二、当代学者对《赤壁赋》用韵的分析与缺失

前后《赤壁赋》是苏轼赋作中的名篇。作品价值在“意”不在“音”，在“境”不在“韵”，不知道文中哪些字押了韵、用了哪些“韵部”、不以换韵分析作者心境的起伏变化，并不影响读者的阅读与赏析；但押韵是客观的存在，只要提到文中的用韵，总不能意见参差、各说各话，而缺乏共识。故本文首先以前《赤壁赋》为例，找出几本较具学术或教学意义的书，观其对韵字不同的认定与解说。

表1 前《赤壁赋》各家韵字认定

出处及韵段①	王力 1961年	郭锡良 1983年	何满子 1997年	金彰柱 1998年	彭元岐 1999年	自在老师 2009年
1				兴章		
2	间天然仙	间天然仙	天然仙	间天然仙	间天然仙	间天然仙
3	桨光方	桨光方		光方	光方	桨光方
4	慕诉缕妇	慕诉	慕诉缕妇	慕诉	慕诉缕妇	慕诉缕妇
5		缕妇		缕妇		
6	稀飞诗	稀飞诗		稀飞诗	稀飞诗	稀飞诗
7	昌苍郎	昌苍郎		昌苍郎	昌苍郎	昌苍郎
8	东空雄	东空雄			东空雄	东空雄
9	鹿属粟	鹿属粟	鹿属粟	鹿属粟	鹿属粟	鹿属粟
10	穷终风	穷终风	穷终风	穷终风	穷终风	穷终风

① 出处分别见王力等编《古代汉语》、郭锡良等编《古代汉语》、何满子注解《古文鉴赏辞典》、金彰柱《宋代散文赋用韵考》、彭元岐批注《古文观止鉴赏》及网文问答“关于赤壁赋的韵脚”(https://tw.answers.yahoo.com/question/index?qid=20091124000016KK07568)。

续表

出处及韵段	王力 1961年	郭锡良 1983年	何满子 1997年	金彰柱 1998年	彭元岐 1999年	自在老师 2009年
11	往长	往长			往长	往长
12		瞬尽		瞬尽	瞬尽	瞬尽
13	主取	主取	主取		主取	主取
14	月色竭适	月色竭适	色竭适	月色竭适	月色竭食	月色竭适
15	酌藉白				酌藉白	酌藉白

在以上列出的15个韵段中，各家书中多者认可13个，少者只指出6个，差距不可谓小。凡对各韵段有进一步说解的，也样式多元，看不出共识。如郭锡良等编《古代汉语》中注释：

> 间：删韵；天、然、仙：先韵。删先合韵。桨：宋时有阳韵、养韵两读（据《集韵》）；光、方，阳韵。慕、诉，遇韵。缕：麌韵；妇：有韵，已转入麌韵。稀、飞：微韵；诗：支韵。支微合韵。昌、苍、郎：阳韵。东、空、雄：东韵。鹿：屋韵；属、粟：沃韵。屋沃合韵。穷、终、风：东韵。往、长：养韵。瞬：震韵；尽：轸韵。上去合韵。主、取：麌韵。月、竭：月韵；色：职韵；适：陌韵。月、陌、职合韵。宋代入声韵变化很大，这里与平水韵不合，也与《词林正韵》不合。

该书从音韵学角度提出了文中不同韵部的“合韵”、与异调相押的“合韵”，也对一些入声字的押韵，道出难以合理解释的无奈，只能说“宋代入声韵变化很大，这里与平水韵不合，也与《词林正韵》不合”。而何满子注解《古文鉴赏辞典》中则评价：

> 用韵都在有意无意之间，如出天籁，只在每节的结束数句稍加强调。如第一段的“天”“然”“仙”，第二段的“慕”“诉”“缕”“妇”，“客曰”一段的“鹿”“属”“粟”与“穷”“终”“风”以及下一段的“主”“取”与“色”“竭”“适”等，全赋若无韵而有韵，字面上的韵涵藏在全赋的感情节奏和叙述节奏之中，斧凿之痕全泯。

即以较抽象的叙述方式，形容《赤壁赋》的用韵如“天籁”，读来让人寻不出押韵痕迹，也完全没有利用韵语来斧凿文章。但这一说法似乎忽略了“赋”体对押韵的要求。韵字判断上，也仅举出6处押韵，没能发现更多的韵语，分析自然失之片面。而彭元岐批注《古文观止鉴赏》中则说：

> 赋是有韵的文体。《赤壁赋》押韵的情形，略述于后：文赋用韵处往往不在句

末，不可不察。本文计十二组韵。第一段一组用韵在间、天、然、仙四处。其韵母是阳声韵，读来音韵悠长，用国语读就可以了！第二段计用两组韵：(1)光、方；(2)慕、诉、缕、妇。光、方之韵属阳声，读来狂放；慕、诉、缕、妇，皆合口细音，属阴声韵，读来低回不已，大抵韵随心转便是。第三段计用五组韵：(1)稀、飞、诗；(2)昌、苍、郎；(3)东、空、雄；(4)鹿、属、粟(入声)；(5)穷、终、风。入声音韵可用闽南或客家方言体会。第四段计用四组韵，用韵处在：(1)往、长；(2)瞬、尽；(3)主、取；(4)月、色、竭、食(入声)。入声韵的音韵，仍然建议用方言体会。最后一段用韵，承上段末组的入声韵"月、色、竭、食"而下，再加上(1)"酌、藉、白"三处。故第五段宜与第四段连续，一意流转而下。以上为《赤壁赋》之用韵状况，读者若细心朗读，当不难体会本篇的声情之美。

该书对韵段与韵字的判断较为全面，但却往往用"声情"观念，附会文意，或以今音说古代押韵，显然是为现代教学而立论，缺乏学术根据而与事实脱节。

以上略举现代学者对前《赤壁赋》用韵的看法，突显其中存在的盲区。而后《赤壁赋》用韵及研究同样存在类似困境。两文的押韵可谓都为亟待解决的学术问题。

三、前《赤壁赋》的韵段与押韵分析

本文认为前《赤壁赋》的韵段当有13个，下面依序做分析：

第1韵段："望兴章"三字押韵。"七月既望"的"望"，本当作"朢"，许慎《说文解字》："朢，月满也，与日相朢，以朝君。"段玉裁《说文解字注》云："今则望专行而朢废。"《广韵》"望""朢"同音，皆有平、去二读，分属"阳""漾"韵，二字本同音义别。"望"字唐、宋以来，注家似乎有把去声读法视为"如字"的常读音，对平声读法就特别要注出别读。如《诗·都人士》"黄""章""望"押韵，陆德明《经典释文》于"所望"下注："如字。协韵，音亡。"《诗·卷阿》"卬""璋""望""纲"押韵，《经典释文》于"令望"下注："如字。协韵，音亡。"朱熹《诗经集传》除沿用陆德明《毛诗音义》的读法外，于《诗·河广》"杭""望"押韵处也增注"叶武方反"，都可见"望"字是以读去声为常的。查检《全唐诗》，"望"字入韵超过百次，约六成仍与平声字押韵，至《全宋词》中，"望"字则与仄声字押韵较多，元代周德清《中原音韵》则只收去声音，这似乎已看出"望"有失去平声读法的情形。"望""朢"二字在字书中有别，但后人书写上已由"望"字取代。宋代毛晃《增修互注礼部韵略》阳韵"无方切"下收"朢"字，即说："《说文》弦朢字，经典通作望。又漾韵。"苏轼前《赤壁赋》今传历代书帖，也以"望"形为多。所以"既望"的"望"，平、去二读皆可，或可说平声是"古读”，去声是“今读”。[1] 因为后面“窈窕之章”的“章”是平声字，故“望”应读平声才合于押韵的规范。

“兴”字，《广韵》有“蒸”“证”韵平、去二音，《韵补》收“虚良切”一音，注云：起也。徐干诗：“沈阴增忧愁，忧愁为谁兴。念与君生别，乃在天一方。”因为“兴”与阳韵的“方”押韵，所以为“兴”字补了阳韵的“虚良切”。《康熙字典》“兴”字下注：

> 叶虚良切，音香。徐幹《杂诗》：“沈阴增忧愁，忧愁为谁兴。念与君生别，乃在天一方。”《潘干碑》：“实天生德，有汉将兴。子子孙孙，俾尔炽昌。”

也认可“兴”字读成“阳”韵的叶韵音。《钦定叶韵汇辑》“兴”字下注：

> 《韵补》虚良切。《易林》：“景星照堂，麟游凤翔。仁施大行，颂声作兴。仁序无明，失其宠光。”徐幹诗：“沈阴增忧愁，忧愁为谁兴。念与君生别，乃在天一方。”

一脉相承的把“兴”的叶韵音订为“虚良切”。因为“望”“兴”与“章”位于前《赤壁赋》的开始，且都是语句完结处，所以认定这三字入韵。

第2韵段：“间天然仙”四字押韵。这四字同属“山”摄平声字，为同一韵段无误。[2]

第3韵段：“桨光方”三字押韵。这三字同属“宕”摄，“桨”为上声字，与“光方”平声字不协。南宋《增修互注礼部韵略》阳韵“资良切”下收“桨”字，注云：“桨所以隐棹。纵曰橹，横曰桨。《赤壁赋》桂棹兮兰桨，协韵，音浆。当作㯋，又养韵。重增。”径举苏轼《赤壁赋》协韵而增一平声读法，《洪武正韵》《钦定叶韵汇辑》也引《赤壁赋》收此平声读音，可见“桨”“光”“方”三字是平声的押韵段。

第4韵段：“慕诉缕妇”四字押韵。“慕诉”二字同属《广韵》去声“暮”韵字，“缕”是上声“麌”韵字，声调不同，不协韵。《钦定叶韵汇辑》“缕”字收一去声“良遇切”，韵例书证有二，一为苏轼诗：“况我早衰人，幽居气如缕。秋来有佳兴，秫稻已含露。”一为戴昺诗：“脱却破袴，脱却破袴，蚕熟缫成霜雪缕。小姑织绢未落机，县家火急催官赋。”以苏轼“缕”“赋”押韵补一去声读法，使得《赤壁赋》“缕”读去声押韵不为孤证。“妇”，《广韵》上声“有”韵字，《韵补》增一去声“符遇切”，注云：

---

① 刘将孙《养吾齐斋集·卷七》《沁园春》词檃栝《赤壁赋》，于“壬戌之秋，七月既望”下云：“原注：望，效公‘予怀望’，平读。”（《苏轼研究资料汇编》）也可证“七月既望”的“望”不读去声。

② 宋代等韵书将韵书206韵分为16摄，是将韵母相同或相近的合为同一摄，有助于判断宋代的韵类。

> 《释名》："大夫之妃曰命妇。妇，服也。服家事也。"陈琳《饮马长城窟行》："边城多健少，内舍多寡妇。作书与内舍，便嫁莫留住。"

以声训与古诗作为补音的依据。《钦定叶韵汇辑》除沿用《韵补》说法外，还增加了四个"妇"与遇摄去声字押韵的书证：

> 枚乘《兔园赋》："逮及春郊，采桑之妇。绁緆错纡，连袖方路。芳温往来，便娟盼顾。陈琳诗：……白居易诗："弟走从军阿姨死，暮去朝来颜色故。门前冷落车马稀，老大嫁作商人妇。"张耒诗："去年巧笑秋千女，今年嫁作东邻妇。彩绳绣柱似当年，只有朱颜不如故。"戴复古诗："弗堪谪官便归去，庐山正接柴桑路。不寻黄菊伴渊明，忍泣青衫对商妇。"

以《赤壁赋》"妇"位于押韵位置例之，读成去声遇摄字，与"慕诉缕"同押，属于同一韵段。

第5韵段："稀飞诗"三字押韵。这三字同属"止"摄平声字，为同一韵段无误。

第6韵段："昌苍郎"三字押韵。这三字同属"宕"摄平声字，为同一韵段无误。

第7韵段："东空雄"三字押韵。这三字同属"通"摄平声字，为同一韵段无误。

第8韵段："鹿属粟"三字押韵。这三字同属"通"摄入声字，为同一韵段无误。

第9韵段："穷终风"三字押韵。这三字同属"通"摄平声字，为同一韵段无误。

第10韵段："往长"二字押韵。这二字同属"宕"摄上声"养"韵字，为同一韵段无误。

第11韵段："瞬尽"二字押韵。"瞬"是《广韵》去声震韵字，"尽"是《广韵》上声轸韵字，上、去二声不能通押。"尽"字在《增修互注礼部韵略》一书中，增加去声震韵"徐刃切"，并注："竭也，又尽之也。又轸韵。增入。"并未列举书证说明。《洪武正韵》《康熙字典》也收震韵去声一读。《钦定叶韵汇辑》去声震韵"尽"下出五个书证，注云：

> 《韵会》徐刃切。张籍诗："白麻诏下移相印，新堤未成旧堤尽。"王建诗："蹄迹未干人去近，续后马来泥污尽。枕弓睡尽待水生，不见阴山在前阵。"徐铉诗："报章欲托还京信，笔拙纸穷情未尽。珍重芸香陈子乔，亦解贻书远相问。"文同诗："贪多乃为得，廉耻曾不论。喧闹俄顷间，咀嚼一时尽。"释惠洪诗："子已饱丛林，件件无遗恨。赠子湘源春，山穷春不尽。"

《广韵》仅收上声音的"尽"字，在唐、宋诗作中确有与去声押韵者，苏轼《赤壁赋》"尽"读去声，与“瞬”押韵，是有例可证的。

第12韵段：“主取”二字押韵。这二字同属上声“麌”韵字，为同一韵段无误。

第13韵段：“月色竭适酌藉白”七字押韵。“月”“色”“竭”“适”“酌”“藉”“白”七字，分属《广韵》入声“月”“职”“月”“昔”“药”“陌”“陌”韵，今人或认为含“月色竭适”与“酌藉白”二韵段，或仅认可“月色竭适”四字入韵，理由都欠明确。

首先“吾与子之所共适”句，“适”或作“食”，①“食”为“职”韵，若“月色竭食”四字入韵，可视为“月职月职”韵字的“ABAB”式押韵，内含两个韵段。我们暂时不如此看待，一来是这种押韵法罕见，二来是古人对“月色竭适”四字押韵已经有所认定与说解。《钦定叶韵汇辑》入声“陌锡职叶韵”下收“月”字。注云：

> 雨逼切。苏轼诗：“曷不走投陈孟公，有酒醉君仍饱德。琼瑶欲尽天应惜，更遣清光续残月。”又前《赤壁赋》：“惟江上之清风，与山间之明月，耳得之而为声，目遇之而成色。”

把“月”字读成“职”韵的“雨逼切”，以与“职”“德”韵字的“色”“德”押，都是苏轼韵文的书证，还特别举了前《赤壁赋》为例。

“竭”也是月韵字，《韵补》增加一个职韵的“其力切”，注云：

> 苏轼前《赤壁赋》：“耳得之而为声，目遇之而成色。取之无禁，用之不竭。是造物者之无尽藏也。而吾与子之所共适。”

很显然认定“月色竭适”押韵，而“竭”读“其力切”，使得“月色竭”三字都有“职”韵的读音，形成完美的韵句。

“适”字多音，《广韵》收在“昔”韵者，注云：“乐也，善也，悟也，往也。”与本文义合。《钦定叶韵汇辑》“陌锡职叶韵”类，包含《广韵》“陌麦昔锡职德”各韵字，则“适”读成昔韵“施只切”，即达成与“月色竭”的押韵效果。

古文献认定“月色竭适”四字是押韵的。至于文末“酌”“藉”“白”三韵字，“藉白”《广韵》读入“陌”韵，与上四字同属“陌锡职叶韵”类，可押。但“酌”字，《广韵》属“药”韵，与其他字不协韵。《钦定叶韵汇辑》入声“酌”收“之石切”一音，注云：

---

① 彭元岐批注《古文观止鉴赏》：“据宋刻大字本《东坡集》卷十九、《宋文鉴》卷五、《三希堂石刻》，以及明人家藏苏轼手书《赤壁赋》墨迹，皆作‘食’。佛经有‘风为耳之所食，色为目之所食’语，东坡盖用佛典。坊本作‘适’。”

苏轼前《赤壁赋》:"客喜而笑,洗盏更酌。殽核既尽,杯盘狼籍。相与枕藉乎舟中,不知东方之既白。"

引证《赤壁赋》,将"酌"读成昔韵的"之石切",以与"籍""白"押韵。

《钦定叶韵汇辑》中的注文书证,"色竭适"与"酌藉白"是分开叙述的,按照该书体例,书证仅是"节引"韵语,而从《钦定叶韵汇辑》"陌锡职"为同一类叶韵的角度看,文末"月色竭适酌藉白"七字应是同押一个韵部。我们认为该文用了13个韵段,并且都可从文献中证明是押"韵"的。

四、后《赤壁赋》的韵段与押韵分析

关于后《赤壁赋》的韵段,因为现代选文者不及前《赤壁赋》多,所以分析该文押韵的研究成果也较少。简要举例,何满子仅指出后《赤壁赋》"酒久""尺出识""茸龙宫从动涌恐""留舟流休"4个韵段,彭元岐指出"脱月乐答""鱼鲈""酒久""需鱼""尺出识""动涌恐""留舟流休""来衣西""乐答""悟处"10个韵段,金彰柱指出"鱼鲈""尺出识""茸龙宫从""动涌恐""来衣西""乐答""悟处"7个韵段。各家分析出的韵段数、韵字皆不一致。本文认为后《赤壁赋》的韵段有16个,下面也依序做分析:

第1韵段:"望堂"二字押韵。"望"字读平声"阳"韵,说见前《赤壁赋》"望兴章"押韵段;"堂"为《广韵》"唐"韵字,"望堂"二平声宕摄字押韵。

第2韵段:"脱月答"三字押韵。"脱""月""答"分属《广韵》"末""月""合"韵,不合押韵规范。"脱"字《韵补》补一"薛"韵"他悦切",书证为:

《易林》:"一寻百节,绸缪相结。其指诘屈,不能解脱。"欧阳修《秋声赋》:"丰草绿缛而争茂,佳木葱茏而可悦。草拂之而色变,木遭之而叶脱。"苏轼诗:"久抛松菊犹细事,苦笋江豚那忍说。明年投劾径须归,莫待齿摇并发脱。"

引"脱"与"屑"韵"结"、"薛"韵"悦""说"押韵的例证,为"脱"补音。又"答"字《韵补》补一"薛"韵"旦悦切",书证为:

苏轼《谈妙斋铭》:"问何所为,镂冰琢雪。孰知东坡,非问非答。"

引苏轼"答"与"薛"韵"雪"字押韵,补一"薛"韵字音。依照《韵补》音,"脱""月""答"三字分别读成“薛”“月”“薛”韵，就形成合于规范的韵段。

第 3 韵段：“肴何”二字押韵。“肴”是《广韵》“肴”韵，效摄字；“何”是《广韵》“歌”韵，果摄字，本不押韵，但韵文中两摄字若处押韵位置，古人或给予改读之协韵音。以苏辙文韵为例，《韵补》“多”字有“都劳切”，注云：

重也。苏黄门《巫山庙诗》：“归来无恙无以报，山下麦熟可作醪。神君尊贵岂待我，再拜长跪神所多。”

“豪”韵“醪”字与“歌”韵“多”字押，《韵补》就为“多”字补了“豪”韵“都劳切”。《韵补》“高”字有“居何切”，注云：

崇也。苏黄门《严颜碑》：“相传昔者严太守，刻石千载字已讹。严颜平生吾不记，独忆城破节最高。”

“戈”韵“讹”字与“豪”韵“高”字押，《韵补》就为“高”字补了“歌”韵“居何切”。《韵补》“豪”字有“寒歌切”，注云：

豕鬣。苏黄门《严颜诗》：“被擒不辱古亦有，吾爱善折张飞豪。军中生死何足怪，乘胜使气可若何。”

“豪”韵“豪”字与“歌”韵“何”字押，《韵补》就为“豪”字补了“歌”韵“寒歌切”。《韵补》“曹”字有“才何切”，注云：

司也。苏黄门《严颜诗》：“斫头除死子无怒，我岂畏死如儿曹。匹夫受戮或不避，所重壮气吞黄河。”

“豪”韵“曹”字与“歌”韵“河”字押，《韵补》就为“曹”字补了“歌”韵“才何切”。按照这个思路，苏轼“何”字读为“豪”音，或“肴”读为“何”音，也是极为合理的事。由于所传文献或有不查而失收，故此处说“肴”“何”押韵，一时或不能完全取信于读者。

第 4 韵段：“鱼鲈”二字押韵。“鱼”“鲈”为《广韵》平声“鱼”“模”韵字，同属“遇”摄，当为同一韵段。

第 5 韵段：“酒妇酒久”四字押韵。“酒”“妇”“酒”“久”为《广韵》平声“有”韵字，同属

“流”摄，当为同一韵段。

第6韵段：“鱼下”二字押韵。“鱼”“下”为《广韵》平声“鱼”韵与上声“马”韵字本不押韵。“鱼”字《钦定叶韵汇辑》“语麌叶韵”类收一“尼吕切”注云：

> 《楚词·九歌》：“乘白鼋兮逐文鱼，与汝游兮河之渚。”《易林》：“枯树不花，空渊无鱼。旧鸟飞翔，利弃我去。”

读为上声“语”韵。“下”在《诗·召南·采苹》与“女”押韵，陆德明《毛诗音义》“下”字注：“如字。协韵则音户，后皆仿此。”《韵补》“下”字收“后五切”，注云：

> 下，后五切。上下也。《毛诗》下十有七，陆德明云：叶韵，皆当读如“户”。屈原《骚经》：“览相观于四极兮，周流乎天予乃下。望瑶台之偃蹇兮，见有娀之佚女。”

《钦定叶韵汇辑》承《韵补》之说，又举八处韵语为音证：

> 《易》：“潜龙勿用，阳在下也。见龙在田，德施普也。”《诗》：“于以奠之，宗室牖下。谁其尸之，有齐季女。”宋玉《高唐赋》：“旦为朝云，暮为行雨。朝朝暮暮，阳台之下。”《易林》：“六龙俱怒，战于陂下。苍黄不胜，旅人艰苦。”《汉书·叙传》：“篇章博举，通于上下。略差名号，九品之叙。”乐府《神弦歌》：“苏林开天门，赵尊闭地户。神灵亦道同，真官令来下。”王维诗：“坎坎击鼓，鱼山之下。吹洞箫，望极浦。”韩愈诗：“帝车回来，日正当午。幸丹凤门，大赦天下。”

“下”都与遇摄上声字押韵，如“鱼”“下”都按上述叶韵音读，则成为同一押韵韵段。

第7韵段：“尺出识”三字押韵。“尺”“出”“识”为《广韵》入声“昔”“术”“职”韵字，在《钦定叶韵汇辑》中同为“陌锡职叶韵”一类，当为同一韵段。

第8韵段：“茸龙宫从”四字押韵。“茸”“龙”“宫”“从”为《广韵》平声“东”“钟”韵字，同属“通”摄，当为同一韵段。

第9韵段：“动涌恐”三字押韵。“动”“涌”“恐”为《广韵》上声“董”“肿”韵字，同属“通”摄，当为同一韵段。

第10韵段：“留舟流休寥”五字押韵。“留”“舟”“流”“休”同为《广韵》“尤”韵字，“寥”为《广韵》“萧”韵字，与“留舟流休”不协韵。《钦定叶韵汇辑》“尤叶韵”类收“寥”字，注云：

《韵补》音流。[①] 宋玉《大招》："东有大水，溺水浟浟只。螭龙并流，上下悠悠只。雾雨淫淫，白皓胶只。魂乎无东，汤谷寂寥只。"胶音鸠。苏轼后《赤壁赋》："反而登舟，放乎中流，听其所止而休焉。时夜将半，四顾寂寥。"

直接引后《赤壁赋》为书证，可见古人将此五字当为同一韵段。

第11韵段："来衣西"三字押韵。"来""衣""西"为《广韵》平声"咍""微""齐"韵字，分属"止""蟹"二摄，不能协韵。《诗经·终风》"霾""来""思"押韵，《经典释文》于"肯来"下注："如字。古协思韵，多音梨。后皆放此。"把"咍"韵的"来"，读为"之"韵的"思"。《韵补》"陵之切"下收"来"字，注云：

《仪礼》："来女孝孙"，注云："来读为厘。"……《汉书》："无说《诗》，匡鼎来。"

也把"来"读为"之"韵的"厘"，以与"诗"押韵。《钦定叶韵汇辑》"来"在"陵之切"叶韵读法下注：

《诗》："瞻彼日月，悠悠我思。道之云远，曷云能来。"《素问》："恬憺虚无，真气从之。精神守内，病安从来。"《楚词·九歌》："折芳馨兮遗所思，路险难兮独后来。"《易林》："卫侯东游，惑于少姬。亡我考妣，久迷不来。"《汉书·匡衡传》："无说《诗》，匡鼎来。匡说诗，解人颐。"陆机《挽歌》："帷袵旷遗影，栋宇与子辞。周亲咸奔凑，友朋自远来。"

更多举古代"来"读为"陵之切"始能押韵的书证。苏轼此处"来"字也按叶韵音来读，"来衣西"即成为合理的韵段。

第12韵段："跹言"二字押韵。"跹""言"，《广韵》平声"仙""元"韵字，同属"山"摄，归入《钦定叶韵汇辑》"寒删先叶韵"类，当为同一韵段。

第13韵段："乐答"二字押韵。"乐""答"分属《广韵》"铎""合"韵字，不协韵。《韵补》"乐"字收"屋"韵"卢谷切"一音。注云：

喜也。《三略》："四民用虚，国乃无储。四民用足，国乃安乐。"班固《东都赋》："食举雍彻，太师奏乐。陈金石，布丝竹。"

---

① 今《韵补》未收此字，恐《钦定叶韵汇辑》引述有误。

《钦定叶韵汇辑》除引用《韵补》书证外，又增包含苏轼诗的三韵例书证：

《诗》："山有苞栎，隰有六驳。未见君子，忧心靡乐。"《易林》："年丰岁熟，仁政民乐。利以居止，旅人获福。"苏轼诗："木固无踵，瓦岂有足。陶匠自至，啸歌相乐。"

《韵补》"答"字收"屋"韵"都木切"一音。注云：

当也。《易林》："黄鸟采蓄，既嫁不答。念吾父兄，思复旧谷。"

《钦定叶韵汇辑》也引用《韵补》，收"都木切"一音。如从以上所引押韵文献看，"乐""答"，都有"屋"韵的协韵音读法，则可视为同一韵段。

又，宋人林正大有《酹江月》词，题为"括后《赤壁赋》"，词云：

雪堂闲步，过临皋，霜静晚林木落。月白风清如此夜，与客行歌相答。网举淞鲈，手携斗酒，赤壁重寻约。悲歌长啸，划然声动寥廓。试问日月几何，江流山色。今日应如昨，履巉巉岩风露冷，水涌怒涛惊跃。一叶中流，听其所止，适有孤飞鹤。横江东下，问予赤壁游乐。

其中"答""乐"入韵，也可证后《赤壁赋》中二字成一韵段。

第 14 韵段："嘻之"二字押韵。"嘻""之"同为《广韵》平声"之"韵字，是同一韵段。

第 15 韵段："者也"二字押韵。"者""也"同为《广韵》上声"马"韵字，是同一韵段。

第 16 韵段："悟处"二字押韵。"悟""处"为《广韵》去声"暮""御"韵字，都属遇摄字，是同一韵段。

以上，经过分析与说明，我们认为后《赤壁赋》全文用韵，共有 16 个韵段。

五、叶韵文化的源流与实践

汉语一字多音现象十分普遍，其中与"如字"常读有所区隔的"叶韵音"，较不受近代学者注意，但在汉字字音史上，却存在了近两千年。"叶韵音"，是为达到"押韵"效果而读的音。韵文中的"叶韵"，古又称"叶""叶句""叶音"等，"叶"也作"协"。《中国大百科全书·语言文字》"叶音"条中说：

> 南北朝以后的人读周秦两汉韵文感到不押韵，就临时改变其中一个或几个押韵字的读音，使韵脚和谐。这是由于不懂古今语音不同所致。

南北朝的"叶韵音"，在今陆德明《经典释文》中收录了近30个。① 唐代李善注《文选》，颜师古注《汉书》，以至宋代《广韵》《集韵》以及朱熹《诗经集传》《楚辞集注》等，都收录或引用了不少叶韵字音。南宋初年吴棫的《韵补》则是一本专收叶韵字字音的韵书，其中大部分的音为吴棫自造。从今天的音韵学角度看，这样的"造音"，自然既不合理，又不真实。但《韵补》中的补音及引用书证的方式，曾获得朱熹的认同。一路发展下来，到了清代，《康熙字典》及《钦定叶韵汇辑》广收叶韵字音，成为汇集"叶韵音"资料的重要文献。

早先叶韵字音被典籍的音义或注疏家认同，也影响到文学创作者的心态。照古人用过的韵段韵字押韵，或按心目中想象的"古音"押韵，成为《韵补》《钦定叶韵汇辑》书证的来源。吴棫在《韵补》引用书目中说陶潜、韩愈、柳宗元、白居易、欧阳修、苏轼、苏辙等多用古韵，而诸多名家影响其他后世文人用韵，也是自然并且常见的。这种用叶韵音创作韵文的"叶韵文化"，实际上是一种创作者因错误认知而陷入以"伪古音"押韵的现象，王力《汉语诗律学》中曾评价：

> 古韵和唐韵不同，这是语音的实际演变，唐朝的诗人，不明此理，以为古今的韵部是一样的，于是误会古人某字与某字押韵为邻韵通押，而他们也想模仿古人用起通韵来，如果真的是这种心理，他们是于古于今都无是处。例如他们看见《诗经》里"人"字和"田"字押韵，因而猜想古人的"真"韵和"先"韵完全相通，于是把随便一个"真"韵的字（包括《广韵》"真""谆""臻"三韵）和随便一个"先"韵的字（包括《广韵》"先""仙"两韵）押起韵来，他们并不知道有些字依古韵却是不相通的，例如"人""钱"与"迁"，一个在古韵"真"部，一个在古韵"寒"部，又一个在古韵"文"部，就不能相通了。②

这种"伪古韵"或"通韵"，多见于四言诗、古体诗或赋、铭、赞、颂体中，律诗中一般不会出现，可以看出古人创作时受古体韵文押韵字的影响极大。

---

① 金周生《〈经典释文〉所收"叶韵音"研究》，见《庆祝陈伯元教授七秩华诞论文集》，洪叶文化出版公司，2004年，第107—123页。

② 王力《汉语诗律学》，上海教育出版社，2005年，第331页。

苏轼前后《赤壁赋》的用韵，有些使用了“叶韵音”押韵，就是这种特殊“叶韵文化”的具体实践。

六、小结

前后《赤壁赋》是苏轼文章中的精品，也是古汉语教学中的必读篇目。古代各体“韵文”，其押韵模式有其定制，既以“赋”名篇，就是用韵文写作。苏轼《赤壁赋》用韵有些不合诗韵、词韵规范，或用今音读之不韵，所以各家面对宋代此类“文赋”的用韵，往往不明其理，产生许多差错。本文用“叶音文化”下的创作角度，对前后《赤壁赋》的用韵，配合古代书证，做出新的判读，我们可以发现，二文用韵还是较为工整的。

期冀此法，对学界日后分析古代其他含有使用叶韵音读创作的韵文，产生抛砖引玉的提示作用，使学者与读者对“韵文学”的押韵，有更为清晰的认识。

文末，我们把前后《赤壁赋》依照韵段分行，重新抄录一遍，并用着重押韵字的方法，一一指出韵字，以清眉目，一观苏轼“文赋”名篇的用韵之法。

附： **前《赤壁赋》**

壬戌之秋，七月既望。苏子与客泛舟游于赤壁之下。清风徐来，水波不兴。举酒属客，诵明月之诗，歌窈窕之章。

少焉，月出于东山之上，徘徊于斗牛之间。白露横江，水光接天。纵一苇之所如，凌万顷之茫然。浩浩乎如冯虚御风，而不知其所止；飘飘乎如遗世独立，羽化而登仙。

于是饮酒乐甚，扣舷而歌之。歌曰：“桂棹兮兰桨，击空明兮溯流光。渺渺兮予怀，望美人兮天一方。”

客有吹洞箫者，倚歌而和之。其声呜呜然，如怨如慕，如泣如诉；余音袅袅，不绝如缕。舞幽壑之潜蛟，泣孤舟之嫠妇。

苏子愀然，正襟危坐，而问客曰：“何为其然也？”客曰：“‘月明星稀，乌鹊南飞。’此非曹孟德之诗乎？

西望夏口，东望武昌，山川相缪，郁乎苍苍，此非孟德之困于周郎者乎？

方其破荆州，下江陵，顺流而东也，舳舻千里，旌旗蔽空，酾酒临江，横槊赋诗，固一世之雄也。而今安在哉？

况吾与子渔樵于江渚之上，侣鱼虾而友麋鹿，驾一叶之扁舟，举匏樽以相属。寄蜉蜉于天地，渺沧海之一粟。

哀吾生之须臾，羡长江之无穷。挟飞仙以遨游，抱明月而长终。知不可乎骤得，托遗响于悲风。”

苏子曰：“客亦知夫水与月乎？逝者如斯，而未尝往也；盈虚者如彼，而卒莫消长也。

盖将自其变者而观之，则天地曾不能以一瞬；自其不变者而观之，则物与我皆无尽也，而又何羡乎！

且夫天地之间，物各有主，苟非吾之所有，虽一毫而莫取。

惟江上之清风，与山间之明月，耳得之而为声，目遇之而成色，取之无禁，用之不竭。是造物者之无尽藏也，而吾与子之所共适。”客喜而笑，洗盏更酌。肴核既尽，杯盘狼籍。相与枕藉乎舟中，不知东方之既白。

后《赤壁赋》

是岁十月之望，步自雪堂。将归于临皋，二客从予过黄泥之坂。

霜露既降，木叶尽脱。人影在地，仰见明月。顾而乐之，行歌相答。

已而叹曰：“有客无酒，有酒无肴。月白风清，如此良夜何！”

客曰：“今者薄暮，举网得鱼，巨口细鳞，状如松江之鲈。顾安所得酒乎？”

归而谋诸妇。妇曰：“我有斗酒，藏之久矣，以待子不时之需。”

于是携酒与鱼，复游于赤壁之下。

江流有声，断岸千尺；山高月小，水落石出。曾日月之几何，而江山不可复识矣。

予乃摄衣而上，履巉岩，披蒙茸，踞虎豹，登虬龙，攀栖鹘之危巢，俯冯夷之幽宫。盖二客不能从焉。

划然长啸，草木震动，山鸣谷应，风起水涌。予亦悄然而悲，肃然而恐。

凛乎其不可留也。反而登舟，放乎中流，听其所止而休焉。时夜将半，四顾寂寥。

适有孤鹤，横江东来。翅如车轮，玄裳缟衣，戛然长鸣，掠予舟而西也。须臾客去，予亦就睡。

梦一道士，羽衣蹁跹，过临皋之下，揖予而言曰：

“赤壁之游乐乎？”问其姓名，俯而不答。

“呜呼！噫嘻！我知之矣。畴昔之夜，飞鸣而过我者，非子也邪？”

道士顾笑，予亦惊寤。开户视之，不见其处。

江户时期日本学者的《韵镜》"开合"研究*

钟雪珂

（北京外国语大学中国语言文学学院博士后）

摘　要：日本学者较早开始致力于《韵镜》的诠释和校订工作。就"开合"而言，江户时期日本学者校订所遵循的标准主要有两个：一是中国的韵图、韵书，二是日本的汉字音。他们关于《韵镜》"开合"的校订工作，对理解《韵镜》各转"开合"的内涵具有启示作用，为中日学者后来的相关研究提供了帮助，是汉语音韵学研究史上的重要组成部分，有必要对其进行专门的整理和介绍。

关键词：《韵镜》学　"开合"　《音韵日月灯》　日本汉字音

一、前言

《韵镜》是现存最早的韵图，分为43转，每转均注明"开合"，很早就传入了日本。日本学者普遍认为，《韵镜》在1252年（建长4年）经明了房信范复写后，在日本流传开来，并陆续出版了各种版本的《韵镜》和《韵镜》研究书。到江户时期甚至出现了"韵镜万能主义"的风气，形成专门的"《韵镜》学"。① 日本江户时期学者的《韵镜》文献②，尤其是《韵镜》研究书中，著者常在自己认识的基础上对《韵镜》进行不同程度的批注和修订。本文主要从学术史的角度，着眼于他们对《韵镜》所标"开合"的说明和校订，以期进一步揭示江户时期日本学者对《韵镜》"开合"的认识，及其在汉语音韵学研究史上的价值。

我们主要从两个方面进行论述，一是江户时期日本学者对《韵镜》所标"开合"的校订；③二是他们进行校订所依据的标准。以期认识他们所做的校订工作及其背后的理论支撑。

---

* 本文是国家社科基金重点项目"东亚韵镜学史文献发掘及研究"（项目编号：20AYY017）和国家社科基金冷门绝学研究专项学术团队项目"东亚汉语音韵学史文献发掘与研究"（项目编号：21VJXT014）成果之一。

① 高松政雄《日本漢字音概論》，風間書房，1986年，第74页。

② 本文的"《韵镜》文献"包括各版本《韵镜》和《韵镜》研究书两类。

③ 本文采用江苏教育出版社于2005年12月出版的《宋本广韵·永禄本韵镜》版本作为比较的基准。

二、江户时期日本学者的《韵镜》"开合"校订

(一)改"开合"为"开"/"合"

从国内常见的永禄本《韵镜》来看,一共有四转标为"开合",分别是第二、三、四和十二转。对于这四转的"开合",学者多有讨论,主要可以分为三种观点:(1)传抄讹误说(罗常培,1932;孔仲温,1987);①(2)后人改动说(李新魁,1981);②(3)独立成类说(罗常培,1954;三泽谆治郎,1960)。③ 杨军(2005)在鲁国尧(1992、1993)④的启发下,将《韵镜》等早期韵图中"层累"的性质进行了归类,认为主要有两种:一是后人利用后期韵书对其进行的"完善",补充和改动原书的列字;二是《韵镜》流传至日本后,一方面日本学者利用后世韵书对其进行增补或借其纠正流传过程中的错讹,另一方面是在传抄的过程中将前人"旁注羼入原书"或以"批注改动原文"。这样,《韵镜》就失去了其原本的面貌,并产生了一些复杂难解的问题。⑤ "开合"就属其中之一。杨军(2007)将"开合"全部改为了相应的"开"或"合",⑥未将其看作是独立的一类。

下面对四转在江户时期《韵镜》文献中的情况分别进行说明:

内转第二开合。⑦江户时期大量《韵镜》文献与永禄本一样,将该转标为"开合"。但从17世纪后期开始,一部分文献已改为"合",如《头书韵镜》(佚名,1687)(后简称为《头书》)、《韵镜易解》(盛典,1691)(后简称为《易解》)、《韵镜袖中秘传钞》(毛利贞斋,1715)(后简称为《袖中》)等。对后世影响极大的文雄《磨光韵镜》(1744)(后简称为《磨光》)、《汉吴音图》(太田全斋,1815)(后简称为《音图》)也做此修改。《韵镜字子》(大田嘉方,1663)(后简称为《字子》)虽然已经在第二转开头出现了"第二转七音四声共合口"的描述,但在本图中还未做修订。《头书》在内容上明显承袭《字子》,已经直接对本图进行了修改。按:近现代日本学者大矢透的《隋唐音图》(1932)(后简称为《隋

---

① 罗常培《释轻重》,中研院史语所《集刊》第二本第四分,1932年;孔仲温《韵镜研究》,学生书局(台北),1987年。

② 李新魁《韵镜研究》,中华书局,1981年。认为韵图中的"开合"并非偶误,实则表示同转中既有开口字,也有合口字。除李新魁以外,日本学者佐藤仁之助《韵镜研究法大意》(1930)亦持有这种观点。从江户时期日本学者《韵镜》文献中对"开合"的标注和说明,可以看出有相当数量的著者早已采用这种观点。

③ 罗常培《汉语音韵字导论》,中华书局,1954年;三沢諄治郎:《韻鏡の研究》,韻鏡研究会,1960年。

④ 鲁国尧《〈卢宗迈切韵法〉述评》,《中国语文》1992年第6期;鲁国尧《〈卢宗迈切韵法〉述评(续)》,《中国语文》1993年第1期。

⑤ 杨军《〈韵镜〉所标"开合"及相关问题再研究》,《古汉语研究》2005年第2期。

⑥ 杨军《韵镜校笺》,浙江大学出版社,2007年。下文分析中多次提到该文献,不再一一给出脚注。

⑦ 这里以国内常见的永禄本中的转图信息作为标目。下同。

唐》)也继承江户时期学者的做法,将此转改为“合”。李新魁(2004)[①]、杨军(2007)根据《七音略》中相应转图标为“轻中轻”,亦认为此处当改为“合”。日本江户时期学者对该转的校订与现代学者的研究相合。

外转第三开合。江户时期《韵镜》文献中,该转大多与永禄本一样,标为“开合”,《磨光》亦沿用“开合”。按:近现代日本学者大岛正健《改订韵镜》(1912)、大矢透《隋唐》等注为“开”。李新魁(2004)、杨军(2007)均根据《七音略》中相应转图标为“重中重”,将其改订为“开”。李新魁(2004:139)还进一步指出,《韵镜》该图注为“开合”是后人据《四声等子》等韵图所误加,与原图不符。

内转第四开合。该转在江户时期《韵镜》文献中基本沿用“开合”标注,但《磨光》《音图》则标为“开”。按:其后的《改订韵镜》《隋唐》等均注为“开”。李新魁(2004:141)据《七音略》此转标为“重中轻内重”,《四声等子》《切韵指南》《四声切韵表》和《四声韵谱》等均作开口呼,而将其改订为“开”。杨军(2007:42)补充了日本早期《韵镜》版本(宝生寺本和佐藤本)作“开”的情况,认定此转为支韵开口字,与第五转同韵之合口字对立,是“该转不作‘开合’之明证也”。文雄早在18世纪中期已做此改订。

内转第十二开合。该转在江户时期《韵镜》文献中大多改校为“合”。值得注意的是,将第二转校订为“合”的各版,该转基本亦订为“合”。[②] 按:李新魁(2004:160—161)认为该转所属韵字的古音读作开口音,到了后代才读作合口音,并据邵雍《皇极经世声音图》注为“开”而指出“至少宋初此几韵尚作开口”,但是此后的韵图中多作合口。所以,《韵镜》本转当作“开”。杨军(2007:42、105)则认为该转当注为“合”。一则因为《七音略》中标作“轻中轻”;二则由于《集韵》中牙、喉音字作反切上字时,在虞、模韵中大多出现在合口韵,而在鱼韵中则大多出现在开口韵,故此转虞、模韵当为“合口”,与第十一转鱼韵的开转相对。江户时期日本学者的校订与杨军的观点相合。

(二)改“开”为“合”

内转第一开。永禄本为“开”,江户时期一部分《韵镜》文献与其相同,还有一部分改为了“合”,如《头书》《易解》《袖中》《磨光》和《音图》等。与第二转的情况一样,虽然在《字子》第一转开头已经出现了“第一转七音四声共合口”的描述,但在本图中还未做修订,而《头书》则直接对本图进行了修改。按:近现代日本学者的《改订韵镜》(1912)亦改为“合”。但是,李新魁(2004:128)则认为其当作“开”,这样才与《七音略》中所谓“重

① 李新魁《韵镜校证》,中华书局,2004年。下文分析中多次提到该文献,不再一一给出脚注。

② 仅有少数不一致的情况。如大岛正健《改订韵镜》中,“内转第二”注为“开”,但“内转第十二”注为“合”。

中重”、邵雍《皇极经世声音图》中的“开”相合。同时，还指出：“作开口当据唐宋时之实际语音，后代一般对《广韵》东韵的拟音作合口，江永《四声切韵表》及梁僧宝《四声韵谱》也俱作合口，与《韵镜》不合。”杨军(2007)亦仍注为“开”。均否定了日本学者的这一改订。

内转第十一开。永禄本《韵镜》标注为“开”，进入江户时期以后，从《头书》到《磨光》等一批《韵镜》文献则改订为“合”。按：李新魁(2004:158)根据《七音略》和邵雍《皇极经世声音图》，认为《韵镜》该转为“开”当属“当时古代实际语音之反映”，合口音则是“后代之音”。杨军(2007:99)同样为“开”。均否定了日本学者的改订。

(三)改“合”为“开”/“开合”

外转第二十六合。永禄本标为“合”，江户中后期的《易解》、《韵镜字子集》(毛利贞斋，1715)(后简称为《字子集》)以及《磨光》《音图》等影响较大的《韵镜》研究书均改为“开”。按：大岛正健《改订韵镜》(1912)亦作此改订。李新魁(2004:239)认为该转当改为“开”，这是基于《七音略》《四声切韵表》和《四声韵谱》等古今韵图均未将“宵韵”作为合口而做出的改动。杨军(2007:291)也有同样的观点。日本江户时期学者的改订与现代学者的研究相合。

内转第二十七合。永禄本标为“合”，江户时期的《韵镜》文献中基本改为“开”。按：近现代日本学者亦多承袭江户时期学者的做法改为“开”。李新魁(2004:242)指出，据《七音略》和邵雍《皇极经世声音图》，此转当作“开”，但是《韵镜》此转注为“合”也有其缘由：一则“《切韵》《王韵》歌与哿、箇与戈、果与过不分，戈等为合口韵”；二则“歌韵于现今某些方言中(如闽南方言)尚存合口读法”。杨军(2007:297)补充了大量早期《韵镜》版本均作“开”的情况，如宝生寺本、宽永五年本、开奁、佐藤本等，并由此做出“其他各本作‘合’皆误”的论断。江户时期日本学者的改订与现代学者的研究相合。

外转第四十合。江户时期《头书》《易解》和《袖中》《音图》等均校为“开”。按：近代学者的《改订韵镜》(1912)亦是如此。杨军(2007:435)根据《七音略》中注为“重中轻”，将该转改为“开”，并指出早期版本宝生寺本虽注为“合”，但却旁校为“开”。江户时期日本学者的改订与杨军的观点相合。

外转第四十一合。江户时期《头书》《易解》和《袖中》等《韵镜》文献中均改为“开”。按：近现代学者大多与永禄本一致，仍注为“合”。李新魁(2004)和杨军(2007)均注为“合”，并未对其进行注释，认为该转注为“合”并无异议，否定了日本学者的改订。

内转第三十八合。宽永五年版《韵镜》《字子》以及《韵镜秘事大全》(1669)和《音图》等将该转改为“开”,《头书》《易解》《袖中》和《字子集》则改为“开合”。按:李新魁(2004:284)将该转注为“合”,但是也指出按照《七音略》《皇极经世声音图》,当注为“开”。杨军(2007:403)则将其改为“开”,认为“作‘合’者皆为误标”。可见,该转仍存在一定的争议。

三、江户时期日本学者校订《韵镜》“开合”的标准

明晓了江户时期日本学者对《韵镜》所注“开合”的基本情况,[①]那么,他们是凭何做出这样的校订?通过分析,我们发现其进行校订工作依据的标准主要有两个:一是中国韵图、韵书;二是日本汉字音。

(一)江户时期日本学者校订《韵镜》“开合”的标准一:中国韵图、韵书

江户时期日本学者校订《韵镜》时不忘参考中国相关韵图、韵书。其中,最具代表性的是吕维祺的《音韵日月灯》。该书之所以能够引起日本学者的关注,是因为其作者吕维祺为各韵都明确标注了“开合”(“开口呼”“合口呼”)。该书传入日本以后,很自然被应用到《韵镜》“开合”的校订工作中。

冈岛昭浩(2001)指出,在日本刊行的韵学书中,最早参照《音韵日月灯》来修订《韵镜》“开合”的著作是大田嘉方《韵镜遮中钞》(万治三年,1660)。但是在《韵镜遮中钞》本图中,大田嘉方并未作此修订。这种修订主要体现在其卷二《韵镜字子》中。[②] 随后,大量学者承袭了《字子》中的“开合”说明及改订内容。

《韵镜字子》开篇即有:“开口合口说依《音韵日月灯》吕维祺作,全部六十卷,考之如左”。[③] 其后各转对“开合”的说明均列于每转开头。毛利贞斋《韵镜字子集》(1715)无论是名称,还是内容都明显继承《字子》。其开篇与《韵镜字子》一样,亦写有:“每韵平上去入配分四重令便捡阅者也。开口合口说依《音韵日月灯》石吕维祺作,全部六十卷,考之如左。”[④]二者关系立现。

---

① 这里仅列举了与永禄本的“开合”标注存在差异的转图。

② 岡島昭浩《江户期韻学における〈音韻日月燈〉》,见《明清時代の音韻学》,京都大学人文科学研究所,2001年,第21—22页。

③ 此处采用宽文三年(1663)版单行本《韵镜字子》,下同。大田嘉方虽然已经有此说明,但却并未在本图中做出修改。

④ 此处采用正德五年(1715)版毛利贞斋编著《韵镜袖中秘传钞》,该版本还包括《韵镜名乘字大全》和《韵镜字子集》。

在“内转第十一合”的说明中，毛利贞斋还列举了《音韵日月灯》所引用的书目：《洪武正韵》《洪武通韵》《正韵笺逸》《沈约诗韵》《五音集韵》《字学元元》《黄公绍·韵会举要》《韵会小补》《韵学大成》《韵府群玉》《五车韵瑞》《字学三正》《六书赋》《许慎·说文》《尔雅》《五音集成》《广韵》《六书精蕴》《韵略易通》《字考启蒙》《吴汝纪·古今韵括》《邵康节·皇极经世》《中原七音》《切韵指南》《切韵口义》《贯珠集》《篇韵拾遗》《玉篇》《吴棫·补韵》《杨慎·丹铅录》《赵㧑谦·六书本义》《书学正韵》《杨雄·训纂》《杨用修·古音略》《张月鹿·韵经》《字统》《字林》《吕静·韵集》《夏侯该·韵略》《杨休·韵略》《周思玄·音韵》《李季节·音谱》《杜台卿·韵略》《声律发蒙》《中州韵》《交泰韵》《海篇》《字汇》《西儒耳目资》，并明确指出“右此等音韵书引证无所疑惑，故《音韵日月灯》为证也”。[①] 可见，当时学者对《音韵日月灯》的重视程度及原因。

通过《字子》和《字子集》对各转“开合”的说明（校注），能够很清楚地看出它们的“开合”校订是依据《音韵日月灯》，对《音韵日月灯》的内容进行了概括。《音韵日月灯》通过《字子》和《字子集》在江户时期《韵镜》文献中流传较广，成了这一时期《韵镜》文献中出现频率较高的一部汉语音韵学著作。

到文雄编写《磨光韵镜》时，论述“开合”仍提及《音韵日月灯》：“开合者，呼法也。《音韵日月灯》云：开转所属字，张口呼之，其声单而朗，故为之开也。合转所属字，合口呼之，其声骈而浑，故为之合也。”[②]但是，他认为《音韵日月灯》中存在一些问题，因而在《磨光韵镜》的编写过程中还参考了《切韵指南》《五音集韵》《洪武正韵》等其他中国韵图、韵书。[③]

有学者指出“日本人研究校订《韵镜》的著作与《韵镜》写本和刊本是不能等量齐观的”，因为他们是根据后来的汉语音韵学著作（韵书、韵图）进行校订，所以其“能否反映《韵镜》的原貌及其时代是颇令人怀疑的”。[④] 以《音韵日月灯》为例。据蔡丽华(2011)、辛彩凤(2012)等考证，《音韵日月灯》的“今韵”音系，确实反映了许多明末时音（官话）的特点，虽然这些特点只是零星地体现在书中，不成系统，但其中一些特点也涉及语音的“开合”问题，如“梗摄庚耕清青合口字并入东韵”“江韵舌齿音字由开口变合

---

① 该部分内容完全抄录《音韵日月灯·同文铎》卷首四则“采证”的“采择音韵书目”。这里出现的书名和人名，存在少量明显讹误，但为保持毛利贞斋《韵镜字子集》正德五年刻本（日本关西大学图书馆藏）原貌，均未做修订。特此说明。

② 文雄《磨光韵镜》延享元年(1744)刊本之下卷“韵镜索引”。

③ 限于篇幅，我们计划对文雄《磨光韵镜》等文献中所参考的中国韵书、韵图另行撰文介绍，此处仅做简单列举，不做进一步的论述。

④ 刘华江《也谈〈韵镜〉的“开合”》，《阜阳师范学院学报》（社会科学版）2010年第1期。

口”等。[①] 不可否认，这也势必影响到江户时期《韵镜》文献的校订，而与《韵镜》原本的面貌发生偏移。这确实是我们在研究中必须注意的一个问题，但却不能因此全面否定《韵镜》文献，尤其是《韵镜》研究文献的价值。因为，这并非江户时期日本学者进行“开合”校订的唯一标准。

(二)江户时期日本学者校订《韵镜》“开合”的标准二：日本汉字音

毛利贞斋《韵镜字子集》将第一转由“开”改为“合”，其说明值得我们注意。他不仅提到自己改订的依据为《音韵日月灯》，还写道：“然其子细ニハ假名ノ五音ニ，ウクスツヌフムユルウハ，合口ノ音也。开口呼所ニハウクスツ等假名ナシ。然ルニ第一转ニハ通桶痛空孔控等ノ两音ニ通スル字アレバ。世间流布ノ韵镜内转第一开トアルハ传写ノ误リト见ヘタリ。故ニ今改也。”即从汉字音的标注来看，将永禄本《韵镜》中的“开”或“开合”改为“合”的转图中，《韵镜》本图中的韵目、例字等所注汉字音均以“ウ段”或者“ワ行”假名开头。这里反映了当时日本学者校订《韵镜》的标准除了《音韵日月灯》为主的中国韵图、韵书以外，还有日本汉字音。

从日本汉字音的角度对《韵镜》各转“开合”进行校订是日本学者对汉语音韵学的一个重要贡献。汉字音在一定程度上能够反映其所对应的中国“原音”的音系特点。这些中国“原音”属于不同的历史层次，吴音从总体上“具有中国六朝时期的方音特征”，即魏晋南北朝时期吴地方音；汉音与中古《切韵》音系“基本相等”；唐音则相对复杂，对应了不同时间、不同地域传入的近代汉语语音(包括方音)。[②] 因此，利用汉字音来研究古代汉语语音具有内在合理性。汉字音在后来的古音构拟中发挥了重要作用。这种利用日本汉字音来研究汉语音韵问题的思路和模式，已见于江户时期的《韵镜》文献中，远早于西方学者的研究。[③]

宽永五年版《韵镜》已经在韵目标注了汉字音，大田嘉方《韵镜字子》在本图之外给《韵镜》中的例字及其同音字进行了标注，盛典《韵镜易解》则已经将这种标注运用

---

① 蔡丽华《〈音韵日月灯〉研究》，福建师范大学硕士学位论文；2011年；辛彩凤《〈音韵日月灯〉研究》，浙江大学博士学位论文，2012年。

② 李无未《日本汉语音韵学史》，商务印书馆，2011年，第316页。

③ 19世纪末20世纪初，早期西方传教士也注意到了域外汉字音(日本、朝鲜、越南)对于汉语音韵研究的价值，在著述中引用域外汉字音的内容，影响最大的要属高本汉的《中国音韵学研究》(1915—1926)。而在高本汉之前，已经有不少西方学者注意并运用日本吴音、汉音来研究汉语音韵问题，如艾约瑟(Edkins J.)*A Grammar of the Chinese Colloquial Language Commonly Called the Mandarin Dialect*，《官话文法》(1864)、帕克(Parker E. H.)的*Chinese*，*Corean and Japanese*(1886)、湛约翰(Chalmers J.)*Final Consonants in Chinese*(1887)、武尔披齐利(Volpicelli Z.)*Chinese Phonology*(1896)等。

到《韵镜》本图中，到文雄《磨光韵镜》更是系统地将吴汉唐三音严格标注于《韵镜》本图中的每个例字。这些汉字音，在一定程度上成为学者进行《韵镜》"开合"考订的标准。

如内转第一(东韵)，永禄本《韵镜》标为"开"。但是，在江户中后期《韵镜》文献中大多改为"合"。其韵目代表字的汉字音标注，如下：

表 1

<table>
<tr><td>韵目</td><td colspan="3">东</td><td colspan="3">董</td><td colspan="3">送</td><td colspan="3">屋</td><td>《韵镜》文献</td></tr>
<tr><td rowspan="4">假名</td><td>吴</td><td>汉</td><td>唐</td><td>吴</td><td>汉</td><td>唐</td><td>吴</td><td>汉</td><td>唐</td><td>吴</td><td>汉</td><td>唐</td><td></td></tr>
<tr><td>ツウ</td><td rowspan="3">トウ</td><td rowspan="2"></td><td>ツウ</td><td rowspan="3">トウ</td><td rowspan="2"></td><td>スウ</td><td rowspan="3">ソウ</td><td rowspan="2"></td><td>ヲク・イク</td><td>オク</td><td rowspan="2"></td><td>宽永五年版《韵镜》以及《字子》《头书》《袖中》</td></tr>
<tr><td>ツオウ</td><td>ツオウ</td><td>スオウ</td><td>ウオク</td><td rowspan="2">ヲク</td><td>《易解》</td></tr>
<tr><td>ツ</td><td>トン</td><td>ツ</td><td>トン</td><td>ス</td><td>スヲン</td><td>ヲク</td><td>ウヲ</td><td>《磨光》</td></tr>
</table>

注：表格中出现汉字音对应的罗马字标注：(1)合：ツ－tsu、ツウ－tsuu、ツオウ－tsuou、ス－su、スウ－suu、スオウ－suou、スヲン－suwon、ヲク－woku、ウオク－uoku、ウヲ－uwo。(2)开：トウ－tou、トン－ton、ソウ－sou、イク－iku、オク－oku。

从上表可见，虽然《韵镜》文献中该转四个韵目代表字的汉字音标注存在些许差异，但是各文献中所标注的吴音和《磨光韵镜》中的大部分唐音均为"ウ段"("ウ""ツ""ス")或者"ワ行"("ヲ")假名。

第二转(冬、钟韵)。江户中后期大多《韵镜》文献都将该转由永禄本的"开合"改为了"合"，其韵目代表字的标注情况如下：

表 2

<table>
<tr><td>韵目</td><td colspan="3">冬</td><td colspan="3"></td><td colspan="3">宋</td><td colspan="3">沃</td><td>《韵镜》文献</td></tr>
<tr><td rowspan="3">假名</td><td>吴</td><td>汉</td><td>唐</td><td colspan="3" rowspan="3"></td><td>吴</td><td>汉</td><td>唐</td><td>吴</td><td>汉</td><td>唐</td><td></td></tr>
<tr><td>ツウ</td><td rowspan="2">トウ</td><td></td><td>スウ</td><td rowspan="2">ソウ</td><td></td><td>ユク・イク</td><td rowspan="2">ヨク</td><td></td><td>《字子》《头书》《袖中》《易解》</td></tr>
<tr><td>ツ</td><td>トン</td><td>ス</td><td>スヲン</td><td>ヲク</td><td>ウヲ</td><td>《磨光》</td></tr>
</table>

续表

韵目	钟			肿			用			烛			《韵镜》文献
	吴	汉	唐	吴	汉	唐	吴	汉	唐	吴	汉	唐	
假名	シユウ	シヨウ		シユウ	シヨウ		ユウ	ヨウ		シユク	シヨク		《字子》《头书》《袖中》《易解》
	シユ		チヨン	シユ		チヨン	ユ		ヨン	ソク		チヨ	《磨光》

注：表格中出现汉字音对应的罗马字标注：(1)冬韵，①合：ツ－tsu、ツウ－tsuu、ス－su、スウ－suu、スヲン－suwon、ユク－yuku、ヲク－woku、ウヲ－uwo；②开：トウ－tou、トン－ton、ソウ－sou、イク－iku、ヨク－yoku。(2)钟韵，①合：シユ－syu、シユウ－syuu、ユウ－yuu、ユ－yu、シユク－syuku；②开：シヨウ－syou、チヨン－tyon、ヨウ－you、ヨン－yon、ソク－soku、シヨク－syoku、チヨ－tyo。

第二转包含冬、钟两韵，其中冬韵与东韵的情况基本一致；钟韵稍有差异，虽然“钟”“肿”等字并未以“ウ段”或者“ワ行”假名开头，但其汉字音其实是合口拗音，这可以清楚地从罗马字标音看出，同样当属合口之列。

另外，一些《韵镜》文献将第十二转（模、虞韵）改为“合”，其韵目代表字标注如下：

表3

韵目	模			姥			暮			《韵镜》文献
	吴	汉	唐	吴	汉	唐	吴	汉	唐	
假名		ホ			ボ			ホ		《头书》《袖中》
	ブオ	ボ		ブオ			ブオ	ボ		《易解》
	モ		モウ	モ	ホ	モウ	モ		モウ	《磨光》
韵目	虞			麌			遇			《韵镜》文献
	吴	汉	唐	吴	汉	唐	吴	汉	唐	
假名		グ			グ			ク		《头书》《袖中》
	グウユ			グウユ			グウユ	グ		《易解》
	グイ		ユイ	グイ		ユイ	グイ		ユイ	《磨光》

注：表格中汉字音对应罗马字标注：(1)模韵，①合：ブオ－buo；②开：モ－mo、モウ－mou、ホ－ho、ボ－bo。(2)虞韵，合：グ－gu、ク－ku、グウユ－guuyu、グイ－gui、ユイ－yui。

该转中包含模、虞两韵，其中虞韵无论是吴音、汉音，还是《磨光韵镜》中的唐音，均以“ウ段”（“ク”）和“ワ行”（“ユ”）假名开头。模韵虽然韵目代表字并未完全遵守这一规则，但本图中大量例字也以“ウ段”和“ワ行”假名开头。如唇音“肤”字吴/汉音均为“フ(hu)”，舌音“都”字吴音“ツ(tsu)”、“株”字吴/汉音均为“チユ(tyu)”，牙音“孤”字吴音“ク(ku)”、唐音“キユイ(kyui)”，等等。

这里所列之转，唐音作为近代汉语语音，可暂且不论。吴音基本符合相应的“开合”，应在校订中发挥着重要作用。① 永禄本《韵镜》中注为“开合”或者“合”的转图，其汉字音不以“ウ段”和“ワ行”假名开头或不包含 y 拗音，则改为“开”。如第三（江韵）、四（支韵）、二十六（宵韵）、二十七（歌韵）和四十一（凡韵）等转。

从现有的《韵镜》文献来看，江户时期根据汉字音所进行的校订工作有时并不准确，问题最大的要数第四至第七转，即支、脂、之韵。“内转第五”（支韵）与“内转第七”（脂韵）虽然都为“合转”，仅从汉字音来看，大多文献标注的形式与其相对应的开转并没有差异。但实际上，它们在历史上的标注是存在明显区别的。这就得从日本国语语音和“假名使用”（假名遣）及其演变的角度去解释。关于这一点，大島正健（1915）中有更为充分的讨论。② 该文通过分析几组开合相对的转图中汉字音标注呈现差异的现象，讨论汉字音开合的问题。我们将其中第四至第七转的内容摘录如下：

表 4

转图		声	韵	例字	假名	罗马字
内转	第四开	知母	支韵	知	チ	ti(tyi)
	第五合			腄	ツヰ	twi(twyi)
	第四开	来母	支韵	离	リ	li(lyi)
	第五合			羸	ルヰ	lwi(lwyi)
	第六开	心母	脂韵	私	シ	si
	第七合			绥	スヰ	swi
	第六开	喻母	至韵	肄	イ	yi
	第七合			遗	ユヰ	ywi

表中“合转”均出现了一个假名“ヰ”。“ヰ”属“ワ行”假名，其对应的罗马字母为“wi”，江户时期已被“イ(i)”替代而基本不用，二者在早期日语语音中存在区别。很明

① 吴音和汉音有时呈现出不同的状况，其原因还可以从多方面进一步探讨。例如从各自传入的时间、地域、方式，保存的情况，以及流传的范围、形式等方面。日本学者已经对此进行了较为充分的对比和研究，如沼本克明、高松政雄等学者均有专门的汉字音研究专书。

② 大島正健《字音開合の辯》，《國學院雜誌》1915 年第 21 卷第 2 号。

显带“w”音的“ヰ”对应汉语的合口音，而“イ”则对应开口音。这就刚好可以用来区分汉语语音中的“开合”。由此可以推断，早期文献（江户之前）中，这几个韵的例字在汉字音的开合口标注上是有明显区别的。沼本克明（1986）中总结了各韵吴音、汉音的主要表记方式，也支持了我们的想法。现将相关韵摄的情况列举如下：①

表5

韵	支				脂				之		微	
	开三	开四	合三	合四	开三	开四	合三	合四	三	四	开三	合三
吴音	㋑·㋓	㋑·㋓	㋒ヰ·ヰ	㋑·㋒イ	㋑·㋓	㋑	㋒ヰ·ヰ	㋒イ	㋑·㋔	㋑	㋑·㋓	㋑·クヰ
汉音	㋑	㋑	㋒ヰ·ヰ	㋑·㋒イ	㋑	㋑	㋒ヰ·ヰ	㋒イ	㋑	㋑	㋑	㋑·クヰ

到了江户时期，日语语音发生了演变，“ヰ”和“イ”合流，“ヰ”废除不用。不过，在一些文献中还残留了一些线索。如《易解》第三十八图（侵韵），永禄本标为“合”，而《易解》改为“开合”。其中，去声沁韵做了吴汉两音标注，分别是“シン”（汉音）和“スヰン”（吴音）。因此，在盛典看来，该转例字既有开口，也有合口，而将其改为“开合”。与“ヰ”相同的，还有“ヱ（wei）”，也已被“エ（e）”替代而废除不用。

四、结语

日本学者较早开始对《韵镜》进行诠释和校订，江户时期日本学者对《韵镜》“开合”的校订主要遵循两个标准，即中国韵图、韵书和日本的汉字音。可见，他们不仅关注中国的音韵研究，还充分利用自身的条件和特点。

从汉语音韵学史的角度来看，他们利用日本汉字音进行《韵镜》研究尤其值得称赞。各类汉字音在一定程度上能反映它们所对应的不同层次的中国“原音”的语音特点。吴音、汉音所对应的中国“原音”时间层次与《韵镜》对应的音系较为一致，因而能够对《韵镜》的诠释提供帮助。② 这一点，在后来的中外学者研究中也得到了实践，发挥了重要

① 沼本克明《日本漢字音の歴史》，東京堂，1986年，第44—45页。

② 尤其是吴音。

作用。但是，江户时期，由于日本国语音韵和“假名使用”（假名遣）的发展演变，[①]一些原本是“合口”的汉字音（尤其是传入时间相对更早的吴音材料）在假名标注上与“开口”已经没有区别，仅留下了少许痕迹。也有学者对其所遵循的另一个标准提出了质疑。从现代研究成果和水平来看，这是江户时期日本学者的《韵镜》“开合”研究存在的问题。但是，这是当时学术条件和视野的局限所决定，并不能因此完全磨灭了他们的贡献。

从学术史的角度来看，虽然他们考订《韵镜》“开合”的工作在文献资料的参考和运用上失之偏颇，以今天的眼光来看，时有错误的结论。但也应该认识到，这些工作为后来学者的研究提供了基本思路，开辟了新的道路，也使得学者对《韵镜》“开合”概念内涵的认识不断精进，是学术史上的重要组成部分。现代中国学者也开始关注日本《韵镜》文献，并利用它们来补充和完善自己的研究。这些《韵镜》文献的研究价值还有待中外学者进一步发掘。

① 特别是对于“开合”区分具有重要意义的“ワ行”假名“ヰ（wi）、ヱ（wei）”与“イ（i）、エ（e）”合流、“ヲ（wo）”与“お（o）”虽然在写法上仍有差异，但发音上也已相同。

近代朝鲜汉语教科书东北方音研究*

徐高嵩
（厦门大学人文学院中文系）

摘　要:近来学界对近代朝鲜汉语教科书关注较多,对其所具有的汉语方言语音基础也有诸多讨论,形成了"北京官话说"和"东北官话说"两种主流观点,莫衷一是。我们尝试通过对近三十年来其研究历程的梳理,博采众长,规避曾经出现过的问题,力图找到更为科学的研究范式,以期推动该领域及相关领域的研究。

关键词:朝鲜汉语教科书　东北方音　北京官话

一、近代朝鲜汉语教科书所留存的东北方音

运用朝鲜半岛文献对汉语语音史进行研究在19世纪就已经起步,据小仓进平《朝鲜语学史》《欧米人の朝鮮語研究の資料当となつた和漢書》《西洋人によつて蒐集せられた早い時代の朝鮮語彙》等研究可知,1876年出版的西方传教士 Pfizmaier A. 的 *Pfizmaier A. Darlegungen aus der Geschichte und Geographie Corea's* 就开始了对朝鲜语借字表记法的研究,并注意到朝鲜语和汉语古音之间的对应关系。而这一研究在20世纪初掀起了高潮,有坂秀世、小仓进平、高桥亨、金泽庄三郎、周时经等东亚三国的学者都参与了讨论。

随着研究的深入,讨论逐渐触及汉语语音中的东北方音层面,开始反思近代朝鲜汉语教科书对于汉语东北方音的接受是否成立以及接受程度问题。具体到一些当时的朝鲜汉语教科书,如《华音启蒙谚解》和《你呢贵姓》等,关于其语音性质的界定,学界有"北京官话说"和"东北官话说"两种声音。蔡瑛纯(2002)、金基石(2003)等据《华音启蒙·

* 本文是国家社科基金重点项目"东亚《韵镜》学史文献发掘及研究"(项目编号:20AYY017)和国家社科基金冷门绝学研究专项学术团队项目"东亚汉语音韵学史文献发掘与研究"(项目编号:21VJXT014)成果之一。

序》中“并用燕京话”的说明，认为其语言基础为北京音。[①] 而李得春(2000)、汪维辉(2005)等则据书中收录的东北方言词汇，以及平翘舌不分、日母读为零声母等语音特征认为其语音基础为东北方言。[②]

我们认为，近代东北方音对朝鲜汉语教科书的语音系统产生了深远的影响，当时大部分朝鲜汉语教科书或多或少都保留了东北方音的色彩，尽管如此，有关问题并不像学者们讨论的那样简单，单一音系的影响并不成立，复合影响可能是未来应该着重考虑的一个方向，宏观地梳理近三十年对该问题的研究历史，可以探索出一条更为科学的研究路径来。

二、东北方音留存之制度要素

简单的地缘接触很难解释清楚东北方音在朝鲜汉语教科书中系统性保留的原因，朝鲜朝历史上为了奉行“事大交邻”的基本国策，完成“事大之事，汉语为重”的使命，为学习汉语建立了多样的制度保障，从客观上强化了朝鲜朝汉学家对于东北方音的接受程度。

朝鲜朝汉语制度首推汉语官话“质正”制度。林东锡(1982)、李得春(1984)等都提及“质正”，[③]但是蜻蜓点水，一带而过，直到李无未、张辉(2014)才真正将其作为一种汉语制度发掘出来，科学地阐释其定义、内涵、运行机制、作用、价值等。“质正”就是质询、辨明、就正、校正。[④] 汉语官话“质正”制度是朝鲜朝(1392—1910)实行的众多“质正”制度中的一种对于汉语官话的审订及学习的制度，始于朝鲜太祖朝，明末有过废省后又恢复，到晚清废止。伴生于朝鲜朝“事大交邻”的基本国策，建立汉语官话“质正”制度，朝鲜朝希望能够建立一个稳定的汉语人才培养的途径。但是在世宗时代，明朝皇帝不同意朝鲜朝向中国派遣留学生或者学官来学习汉语。朝鲜朝政府建立“质正”制度，安插“质正官”随使节团前往中国的京城，和当地的中国人，特别是中国的读书人“质正”汉语。著名的汉学家李边、金何等人都曾作为“质正官”出使中国，“抄汉语、吏文中切要之言”“访学辽东，质正语音”。

---

① 蔡瑛纯《李朝朝汉对音研究》，北京大学出版社，2002年；金基石《朝鲜韵书与明清音系》，黑龙江朝鲜民族出版社，2003年。

② 李得春《介绍一份19世纪末的汉朝对音资料——〈华音启蒙〉卷后的〈华音正俗变异〉》，《东疆学刊》2000年第3期；汪维辉《朝鲜时代汉语教科书丛刊(一)》，中华书局，2005年。

③ 林东锡《朝鲜译学考》，台湾师范大学国文研究所博士学位论文，1982年；李得春《朝鲜历代汉语研究评介》，《延边大学学报》(社会科学版)1984年第2期。

④ 李无未、张辉《朝鲜朝汉语官话质正制度考论——以〈朝鲜王朝实录〉为依据》，《古汉语研究》2014年第1期。

朝鲜朝汉语官话"质正"制度以承文院为其常设机构,"质正"语音,李无未和张辉提到了四类:即以"语音纯正""北京音""辽东音""南方官话语音"为标准,莫衷一是。根据董明的研究,当时的朝鲜朝政府还充分利用了一个特殊的群体,使他们在朝鲜朝汉语教学中发挥了重要作用,那就是有音韵学背景、被发配辽东而流亡到朝鲜的中国人,其中最具有代表性的就是李相、徐仕英等人,为了鼓励他们传授汉语,朝鲜朝政府还授予他们官职和一定的奖励。[①] 从朝鲜朝汉语官话"质正"制度的实施角度来说,一年会有两到三次派遣使团赴中国京城,"质正官"随行,随行的"质正官"要避嫌,要偷偷地进行"质正"活动,在"奏闻"中也不能让当时的中国政府察觉朝鲜朝有汉语官话"质正"制度,以免被误以为是情报活动。

以条件严苛的"通语"为标准,才使得东北方音在朝鲜汉学家中间流传最广,最大限度地体现在了当时的朝鲜汉语教科书中。

三、近代朝鲜汉语教科书语音参照系与其异质要素

(一)以"北京官话"或"东北官话"为参照系

近代朝鲜汉语教科书数量庞大、类型芜杂,学术界对其语音基础的讨论主要纠结于"北京官话说"和"东北官话说"两说,囿于具体的某一本书或者某几本书,期望归纳出一个完美的单一系统来。我们换一种思路,先讨论研究方法的科学性本身,而不是先讨论具体问题。

关于《华音启蒙谚解》和《你呢贵姓》,岳辉认为应该在归纳音系的基础上来探讨其语言基础。她选择了冈本正文的《支那语教科书发音编》(1902)和《支那声音字汇》(1930),归纳出反映清末北京官话的音系声母23个,韵母38个,上平、下平、上声、去声四个声调。《华音启蒙谚解》和《你呢贵姓》日母字明显零声母化,与清末北京官话音系声母的特征不符。章系字卷舌音化,如"挣钱"记为"增钱"等。韵母方面,"学[iao]""宿[iu]"等字的韵母变读也体现了浓厚的东北官话色彩。[②] 结合词汇,岳辉认为《华音启蒙谚解》和《你呢贵姓》的语言基础主要是清末东北官话,特别是辽东官话,同时又杂糅了部分清末北京官话的特点,是一个综合系统。岳辉的研究提供了一个重要的方法论意识,即找到当时的"北京官话"或"东北官话"材料,归纳出音系特征作为参照系,而不

---

① 董明《明代朝鲜人的汉语学习》,《北京师范大学学报》(社会科学版)1999年第6期。

② 岳辉《〈华音启蒙谚解〉和〈你呢贵姓〉的语言基础》,《吉林大学社会科学学报》2006年第4期。

能依据现在的"北京官话"或"东北官话"语音系统。

（二）历史事实与语音事实的相互印证

对近代朝鲜材料语音性质讨论基于语音事实本身。相对于闽方言、粤方言等与普通话区别较大的方言语音，东北方音可以算是高度贴合于普通话语音实际的。东北方言语音特征突出表现为：日母字零声母化，平翘舌不分。

金基石对汉朝对音文献中标记汉语日母字△音值进行了拟定。他综合了中国、朝鲜的对音文献，采纳王力先生的观点，将△构拟为[ʐ]，把$\overline{\triangle}$构拟为[ï]。至于汉朝对音文献中正俗音、左右音，他认为正音即是传统韵书音，左音、俗音即是15世纪北方汉语的语音，右音是16—18世纪末北方汉语的语音。① 至《汉清文鉴》时代为止，止摄日母三等字以外的日母字都用△注音，而到了《重刊老乞大谚解》时期，部分日母字在右音中用了○标记，《华音启蒙谚解》已经都用○标记了。这种现象反映的汉语语音演变过程与中国韵书反映出来的结果不甚相同，出现这种现象并非由于汉朝对音材料反映了中国东北的方言，而是由于朝鲜语自身在演变的过程中△逐渐失去了音位的区别性特征，语音系统内部的调整使得○开始用于标记汉语的日母字。△在15世纪已经由[ʐi]变成了[ʐʅ]，随后[ʐʅ]在语音添加作用下又附加了一个[ɹ]，随着[ʐ]的摩擦成分逐渐减少，儿化韵最终在17世纪完全形成。金基石从语音事实出发，注重对音值的构拟以及语言演变规律的解释，在学界产生了重大影响，开创了一种研究范式。

尉迟治平另辟蹊径，开创了另一种研究的范式。有关《老乞大谚解》和《朴通事谚解》，有所谓"北京音说"和"官话音说"。尉迟治平则认为俗音是"官话音"，正音是"辽阳音"。正音与现代北京音类似，现代北京音与近代北京音差异较大，而与东北方音较为接近，所以正音一定不是近代北京音，崔世珍在《老朴集览》中曾讽刺当时的北京人说话语音不正，认为他们是"汰子"，所以不会以近代北京音为正音。② 以学习北京音的基础条件——赴京求学为核心，通过《朝鲜王朝实录》等材料，证明了当时派遣学官入北京学习存在着很大的困难。崔世珍接触到的著名的汉学学者，如楔长寿、黄瓒、倪谦等人也都不是北京人。相反，在质正北京音不成的情况下，访学辽东，质正语音却十分顺利，正音是辽阳音的可能性更大。

蔡瑛纯的《李朝朝汉对音研究》兼采两种范式之长。她发现，朝鲜朝15到19世纪对音文献与近代北方官话韵书《韵略易通》等具有很高的相似性。蔡瑛纯的思路是，要

① 金基石《中古日母字的演变与朝鲜韵书的谚文注音》，《延边大学学报》（哲学社会科学版）1998年第2期。

② 尉迟治平《老乞大、朴通事谚解汉字音的语音基础》，《语言研究》1990年第1期。

搞清楚这些朝鲜朝的资料究竟反映了当时中国的哪种方言，就要先知道编纂这些材料的朝鲜汉学家都曾经到过中国的哪些地方，这样就可以知道材料来源方言的"最小公倍数"，然后根据材料所反映的音系特征进行逐一排查，最终就能够确认合理的材料来源。①

通过对《增补文献备考》《朝鲜王朝实录》《考事撮要》《通文馆志》《朝天记》《朝天航海录》的研究，蔡瑛纯绘制出了当时朝鲜使臣的行程路径图。② 在弄清了朝鲜朝使臣曾到过的所有地方之后，蔡瑛纯开始了进一步的讨论。从整体来看，这些朝鲜朝的材料反映了近代汉语北方官话的语音特点，尤其是和北京音的演变历程相似度很高。从蔡瑛纯绘制的行程路径图来看，朝鲜朝使臣经过的方言区主要是北方官话区、北京官话区、东北官话区、中原官话区、江淮官话区和胶辽官话区，于是她便将朝鲜朝的材料所反映的语音特点和这些方言区的语音特征进行了逐一对比，主要讨论了以下问题：(1)声母送气与不送气的混杂，这在以上方言中都没有找到严格的对应实例，推测是由于听感混淆导致的；(2)日母的零声母化，在北京官话、东北官话、胶辽官话区都有体现，应该是区域性的方言特征；(3)卷舌音化，19世纪的朝鲜朝对译资料中很多卷舌音采用了硬音和i介音标记，未能找到严格的对应；(4)东钟三非系的-uŋ化，推测是受到北京官话和胶辽官话以及朝鲜语没有轻唇音的影响；(5)觉药铎韵的-io化，没有严格对应的方言，推测是觉药韵演变过程中-iɔ化影响的痕迹；(6)部分见晓系陌麦韵字的-iə化，反映了北京官话的特征；(7)桓韵的-ən化和-uən化，没有严格对应的方言；(8)ㅗ、ㅓ、ㅓ在译音中的混淆，主要反映了北京官话和胶辽官话的特征；(9)ㅔ、ㅕ、연、iuəin之间的互用，可能受到了胶辽官话、中原官话和江淮官话的影响；(10)声调方面，刨除入声清化的差异外，东北官话与这些译音材料的声调相似度最高。译音最主要的来源是北京音和洛阳音，而洛阳音就是当时官话方言的正音。蔡瑛纯有效地解释了朝鲜朝对音材料语音性质的"异质要素"，这就从侧面说明了几个问题：(1)朝鲜朝的译音材料时间和空间跨度较大，是一个杂糅的复杂系统，并不是来源于某一个统一的汉语方言；(2)当时的中、朝两国对汉语正音没有一个严格的界定；(3)还存在正字法、朝鲜语语音系统的特点等其他因素干扰了这个复杂系统。因而这个问题的解决，还是需要假以时日的。

(三)熟稔东北方音是研究的前提

蔡瑛纯综合了历史事实和语音事实，在参照系方面如果也能兼采岳辉的研究方法，选择反映同时代语音面貌的材料作为对照的目标，那么研究的结果将更加令人信服。

---

① 蔡瑛纯《李朝朝汉对音研究》，北京大学出版社，2002年。

② 蔡瑛纯《试论朝鲜朝的对译汉音与中国官话方言之关系》，《语言研究》1999年第1期。

除了以上提到的这些问题，要想对近代朝鲜朝汉语教科书材料所反映的东北方音问题进行科学的研究，那么研究者本身也应该对东北方音有比较深刻的了解，不然可能会出现一些不必要的问题。有学者提出了《四声通解》中的一些“错误”，其实这些错误就是由于其所吸收的“标准音”中有东北方音的成分。如“堡，一障也，又小城，今俗音[fu]”，这并非是错误。在东北方言中，“堡”是有[pʰu]的读音的，甚至有的地方直接读为[fu]，现在还有这样的地名如“龙家堡”，当地人就读[pʰu]或[fu]。朝鲜语没有轻唇音，由于朝鲜语的负迁移作用及语音系统的影响，很可能保留[fu]的读音，或将[pʰu]读为[fu]，因而这一现象的出现不能简单地用“错误”来定性。

岳岚著《晚清时期西方人所编汉语教材研究》出版

北京外国语大学岳岚博士《晚清时期西方人所编汉语教材研究》2020 年 11 月由商务印书馆出版。

本书除绪论外，共分四章。第一章讲述了晚清 100 多年的历史中，西方人的汉语学习随着中国社会历史的发展变迁以及中西方关系的起伏变化而呈现不同的阶段性特征，具体可分为四个阶段。随着西方势力入侵范围的扩大和深入，西方人的汉语学习也呈现出初步发展的态势。在勾勒晚清时期西方人汉语学习及教材编写的历史演进的基础上，第二章至第四章立足于 100 多部汉语教材，分别从汉语语音、语法及字词三个方面考察了西方人对汉语的认识以及他们对相关语言要素的教学情况。西方人汉语教学与学习的历史，是汉语作为第二语言教学史的重要组成部分，也是中外关系史不可忽视的一环。本书能为相关领域同人提供参考。

中国最早盲文系统

——传教士穆威廉《瞽目通文》设计的音韵学依据*

裴梦苏

（广东海洋大学文学与新闻传播学院）

摘　要：中国第一套盲文系统是19世纪来华传教士穆威廉在中国助手帮助下创立的，长久以来人们将这套盲文系统称为"康熙盲字"，也因此一些学者推断这套盲文的编写依据是《康熙字典》前附韵图。本文对这套盲文编写历史及盲文本身构成体系进行系统研究，同时对该盲文系统背后所隐藏的音韵学原理进行重点挖掘，发现长久以来人们对这套盲文的编写依据可能存在误解，这套盲文系统实际的音韵学依据是威妥玛的《北京话音节表》，并对该套盲文系统被误称为"康熙盲字"的原因进行探析。

关键词：《瞽目通文》　康熙盲字　穆威廉　《北京话音节表》

中国最早的盲文系统——The Murray Numeral System，中文译作"瞽目通文""北京盲文""康熙盲文"（亦有文献称其为"康熙盲字"），是由英国传教士穆威廉（William Murray）于19世纪70年代在中国助手的帮助下创制的。当下学界对穆威廉在中国早期盲人教育方面所做的贡献已经从历时的角度进行了较深入的探讨，但是对穆威廉所创制的这套盲文系统的设计原理与编写依据挖掘还不够。本文力图对其音韵学依据进行说明。

一、穆威廉与北京瞽叟通文馆

穆威廉（1834—1911）于1870年受苏格兰圣经公会的派遣来华传教，对一名盲人乞

* 本文是广东海洋大学人文社科项目青年项目"中国早期盲文设计的音韵理据研究"（项目编号：C1908）和国家社科基金冷门绝学研究专项学术团队项目"东亚汉语音韵学史文献发掘与研究"（项目编号：21VJXT014）的部分成果。

丐进行实验性质的教育，意识到盲人教育的可行性。在1874年北京甘雨胡同的房舍里创办了“中国近代第一所形态比较完备的特殊学校”——北京瞽叟通文馆。瞽叟通文馆不仅教授盲人阅读圣经，还教授音乐、算术等内容。1891年来自苏格兰的戈登·库明(C. F. Gordon-Cumming)来校访问，她被穆威廉的盲人教育事业深深打动，不仅为学校捐助资金，又于1898年在伦敦出版了《中国盲文的发明者》①一书。在此书中，戈登·库明对穆威廉的盲人教育工作进行了全面报道，并细致介绍、描写了《瞽目通文》。1900年美国纽约卡内基音乐厅基督教普世大会召开，美国长老会代表康耐翰(A. M. Conningham)在发言中肯定并赞扬穆威廉对中国盲人基督教传教事业方面所做出的贡献。

二、《瞽目通文》系统的设计

《中国盲文发明者》标题页上写道：“这套盲文系统(Numeral-Type)可以让没文化的盲人与明眼人同样迅速掌握阅读与书写。”这说明，《瞽目通文》的意义不局限于盲人教育，它的设计者希望这套盲文能够改变当下人们阅读汉字的繁难的局面，从而达到扫除文盲的目的。

这套盲文设计的基础是布莱叶盲文。布莱叶盲文主要通过让盲人来触摸盲点符号达到阅读的目的，而盲点符号图形又与二十六字母存在对应关系，即建立盲点符号系统与现行字母系统之间的联系，从而达到视觉符号与触觉符号之间的转换。然而，若将这套盲文系统直接引入中国并非易事，汉字系统的复杂与繁难导致了不能用汉字建立汉语与盲文符号之间的联系，因此这种不同性质间符号的转换只能通过汉语语音为媒介来实现。但是若要建立一套以汉语语音为基础的盲文系统，那么就需要对盲人所持的一种汉语方言进行系统彻底的调查与研究。穆威廉这套盲文正是建立在北京音基础上的。

这套盲文系统一共分为四套表格。第一套表格(Table A)是408音节总表(详见图1)，该表共分41行2列。第一列为汉字所代表的行号，用来辅助教学与记忆。第二列为表格的主要内容。其中除去首行与末行安排9个汉字外，其余各行各安排10个汉字。每个汉字是由编号、汉字、拼音、盲文符号四部分构成。汉字排列的顺序则是依据其音节的拼写，按照英语A—Z字母顺序排列。第二套表格(Table B)是第一套表格第一列汉字行号与数字的对应表。每一行都有一个汉字名称做区分，如第一行为“司”、第二行为“弟”、第三行为“尼”……这些汉字标记的行号是一套记忆的口诀(mnemonic

---

① Gordon-Cumming C. F. *The Inventor of the Numeral-Type For China*. Downey & Co. Ltd, 1898.

sounds),这种设计是为了帮助学生记忆第一套表格的内容,从避免两种数字系统(行数与列数)搭配产生的记忆混乱。第三套表格(Table C)是为盲人设计的盲点与数字的对应表,盲人可以通过这些盲点来寻找盲点所代表的数字与音节间的对应关系。正如前文所说,《瞽目通文》的另外一个用途是扫除文盲,因此第四套表格(Table D)是为明眼人设计的符号数字的对应表,明眼人的符号体系除盲点(●)外还包括各种线形符号,相对更容易辨识。对于声调的标注,《瞽目通文》则主要通过盲文数位标写的位置来决定。

TABLE A. No. 1.

司 Ssu		1 阿 -A	2 爱 Ai	3 安 An	4 昂 Ang	5 傲 Ao	6 扎 Cha	7 扱 C'ha	8 寨 Chai	9 差 C'hai.
弟 Ti	10 戰 -Chan	11 禪 Ch'an	12 杖 Chang	13 常 Ch'ang	14 昭 Chao,	15 朝 Ch'ao	16 遮 Chê	17 車 Ch'ê	18 真 Chên	19 沉 Ch'ên.
尼 Ni	20 正 -Chêng	21 成 Ch'êng	22 際 Cni	23 其 Ch'i	24 家 Chia,	25 恰 Ch'ia	26 將 Chiang	27 嬙 Ch'iang	28 交 Chiao	29 瞧 Ch'iao.
迷 Mi	30 姐 -Chieh	31 妾 Ch'ieh	32 見 Chien	33 淺 Ch'ien	34 知 Chih,	35 吃 Ch'ih	36 金 Chin	37 親 Ch'in	38 井 Ching	39 清 Ch'ing.
入 Ju	40 絕 -Chüeh	41 確 Ch'üeh	42 酒 Chiu	43 囚 Ch'iu	44 窘 Chiung	45 窮 Ch'iung	46 棹 Cho	47 綽 Ch'o	48 粥 Chou	49 稠 Ch'ou.

图1 《瞽目通文》盲文系统408音节总表节选

若要让盲人掌握这套盲文系统,就要对他们进行相对系统的训练,而训练内容是通过口诀分组记忆汉字音节。穆威廉将408个汉字音节共分为41组,除首尾两组为9个字外,其余39组各有10个字。每组前用汉字代表的数字对其再进行分组,而这里汉字与数字的对应主要是汉字声母与数字的对应。而将汉字声母与数字对应的好处就是可以避免数字重复导致的记忆混乱。它是依靠数字为媒介的盲文与汉语音节相互转换的系统。

三、《瞽目通文》编写的音韵学依据

当下,学界普遍认为《瞽目通文》创制的依据是《康熙字典》前附韵图。如郭卫东认为该盲文系统设计的依据是"布莱叶的六点盲字系统和《康熙字典》的音韵,以北京话为基准整理代表中国北方常用单字的408个字音"①。赵丽明也说:"(布莱尔盲文)参照

---

① 郭卫东《北京瞽叟通文馆与中国盲文体系的初建》,《北京社会科学》2005年第3期。

英文盲字符号并按《康熙字典》的音序编排出了以北京话为基础的汉语盲字，全部音节408个，这便是最早的汉语盲文，叫'康熙盲字'，又称'北京盲字'。"[①]但是这些研究并未对《瞽目通文》与《康熙字典》之间的关系展开研究，《瞽目通文》的编写是否真的是以《康熙字典》为依据，其实还是一个值得深入探讨的问题。

（一）《北京话音节表》《五方元音》与《瞽目通文》音系对比

戈登·库明记述："他（穆威廉）发现尽管当下任意一本书都需要至少4 000个汉字写成，但是在汉语官话（Mandarin）中只有408个音节，而官话至少被3亿人所使用。于是这项工作便需要一部记述当地语言的字典才能完成。威妥玛的《北京话音节表》（Peking Syllabary）中记述了420个音节，但穆威廉发现实际只需要408个音节来记述便足矣。"这段话虽然只是戈登·库明对穆威廉盲文编写工作的描述，但是也为我们怀疑《瞽目通文》的编写并非是依照《康熙字典》前附韵图，而是依照威妥玛的《北京话字音表》提供了足够的证据。《北京话音节表》发表于1859年，对当时很多传教士的辞书编写工作影响很大。据考证，英国传教士湛约翰、美国传教士卫三畏等在进行辞书编写时都曾参考过《北京话音节表》。[②]

我们对第一套表格中所载的408个音节进行分析发现，该表中存在部分重复音节，如：114hsüeh（学）和119hsüeh（雪），394yüeh（约）和397yüeh（月），74o（恶）和239o（讹）。为何音节表中会有重复？我们认为这是再版的《瞽目通文》对原始版本的改动所致。如：《北京话音节表》中"雪"的同音字"学"存在异读：114hsiao、119hsio、126hsüo，根据119数位《瞽目通文》中音序排列的位置推断，该音节本当为hsio。"约"在《北京话音节表》中亦存在408yao、414yo等异音，通过数位394在《瞽目通文》中音序排列位置推断此当为yo。在北京方言中hsio（学）与yo（约）当属入声消失产生的白读音，选取白读音来学习、朗诵明显是不合适的。而74o（恶）可能最初版本为74ê（恶），因为《瞽目通文》中数位74，其前为73Ch'uo（擉），其后为75ên（恩）。o与ê存在读音差异，威妥玛说："韵母ê跟o有些相混是难以避免的。我曾用满语努力引导自己。但发现尽管本地老师曾希望区分这两个韵母却未能成功：许多词既可以说ê（或是ngê）、chê、jê、kê、lê、mê、tê，又可以说o、cho、jo、ko、lo、mo、to，而且都符合表音法。同样的情况对送气音ch'、k'、t'也适用。要说出哪一组是正确的表音法几乎是不可能的。"[③]这说明音节ê与

① 赵丽明《〈康熙字典〉对海外的影响——中外文化沟通大桥》，《中华字典研究2007海峡两岸〈康熙字典〉学术研讨会论文集》，中国社会科学出版社，2009年，第82页。

② 裴梦苏《域外视角：〈康熙字典〉一系辞书文献研究》，厦门大学博士学位论文，2017年。

③ 威妥玛《语言自迩集》，张卫东译，北京大学出版社，2002年，第28页。

o在当时的音系中属自由变体的关系，可以看作是《瞽目通文》对音系的一种简化。

笔者认为《瞽目通文》实际的音节数当为405个。《北京话音节表》比《瞽目通文》多了15个音节：chei（这）、chiai（楷）、chio（却）、chüo（爵）、hsio（学）、hsüo（学）、k'ei（刻）、lüeh（略）、lio（略）、nên（嫩）、nüo（虐）、pou（不）、tzŭ（子）、tz'ŭ（次）、yo（约）。二者音节数量上的差异主要是对声母、韵母归并上的差异及异读造成的。

首先来看二者声母、韵母系统上的差异。对《瞽目通文》的声母、韵母情况进行总结发现，其声母共有24个（包括零声母w、y），韵母共有40个。而威妥玛的《北京话音节表》中声母共有27个（包括零声母w、y），韵母共有40个。

《瞽目通文》声母（共24个）：p(b)、p'(p)、m（m）、f(f)、t(d)、t'(t)、n(n)、l(l)、ts(z)、ts'(c)、s(s)、ss(s)、ch(zh)、ch'(ch)、sh(sh)、j(r)、ch(j)、ch'(q)、hs(x)、k(g)、k'(k)、h(h)、y、w

《瞽目通文》韵母（共40个）：i、u、ü、a、ia、ua、o、io、ua、üo、ê、ieh（ie）、üeh(üe)、êrh(er)、ŭ(i[ɿ])、ih(i[ʅ])、ai、uai、ei、ui、ao、iao、ou、iu、an、ien、uan、üan、ên、in、un、ün、ang、iang、uang、eng、ing、ueng、ung、iung

《北京话音节表》声母（共27个）：p(b)、p'(p)、m（m）、f(f)、t(d)、t'(t)、n(n)、l(l)、ts(z)、ts'(c)、s(s)、tz(z)、tz'(c)、ss(s)、ch(zh)、ch'(ch)、sh(sh)、j(r)、ch(j)、ch'(q)、hs(x)、k(g)、k'(k)、ng(ng)、h(h)、y、w

《北京话音节表》韵母（共40个）：i、u、ü、a、ia、ua、o、io、ua、üo、ê、ieh（ie）、üeh(üe)、êrh(er)、ŭ(i[ɿ])、ih(i[ʅ])、ai、iai、uai、ei、ui/uei、ao、iao、ou、iu、an、ien、uan、üan/üen、ên、in、un、ün、ang、iang、uang、eng、ing、ung、iung

《瞽目通文》24声母系统，实际所用符号为22个。ch(j)、ch'(q)出现的条件是与细音相拼，如i或ü。较《北京话音节表》27声母系统，《瞽目通文》声母有如下改动：(1)威妥玛多构拟出一组tz(z)、tz'(c)与ŭ(相当于[ɿ])相拼，而穆威廉则同现代汉语拼音一样将其并入ts、ts'；(2)威妥玛声母系统里有声母ng(ng)，“后鼻音声母ng，实际上是开口韵零声母的自由变体，正如《音节表》标题下的小注所说：a、ai、ang、ao、ê、ên、êng、o、ou，常常被发成nga、ngai，等等”。相对于《北京话音节表》来说，《瞽目通文》声母系统更接近现代汉语普通话21声母系统。

《瞽目通文》韵母共有40个，与《北京话音节表》40韵母系统有两处不同：(1)《北京话音节表》中有韵母iai(楷)，《瞽目通文》中没有；(2)《北京话音节表》中没有ueng这个韵母，但是weng(翁)存在，笔者认为若不将其看成韵母ueng，那么yeh(野)韵母eh也当另立，则前后存在矛盾；如此看来，二者实际差异仅存iai一处。而《瞽目通文》韵母系统与当前普通话39系统相比有如下区别：(1)缺乏韵母e，现代汉语普通话韵母读e的字均归入韵母 o 中;(2)比现代汉语普通话韵母多了两个韵母 io(虐)和 üo(略)。因此 tzŭ(子)、tz'ŭ(次)、chiai(楷)这三个音节存在的差异主要是二者声韵系统构成差异造成的。

其余存在差异的音节主要是由于异读音构成。《北京话音节表》在编排时,有实际为一个音节而因音节标记方式不同或文白读差异导致重出的现象。在威妥玛后来的《语言自迩集》中,他将这种文白异读总结成一份附录(TABLE OF CHARACTERS SUBJECT TO CHANGES OF SOUND OR TONE),共列有 1 525 字存在相互异读的关系,这在一定程度上说明北京音在"进化"过程中受到了旧官话音、东北方音以及满语的影响。[①] 我们发现《瞽目通文》与《北京话音节表》中存在差异的音节多为存在异读的音节,如:嫩(北:nên、nun/瞽:nun)、虐(北: nüo、nio/瞽:nio)、略(北:lüo、lüeh/ 瞽:lüo)、约(北:yo、yüeh/瞽:yüeh)、不(北:pou、pu/瞽:pu)、爵(北:chüo、chüeh/瞽:chüeh)、这(北:chei、chê/瞽:chê)、却(北:ch'io、ch'üeh/瞽:chüeh)、学(北: hsio、hsüeh、hsüo/瞽:hsüeh)、刻(北:k'ei、k'ê/瞽:k'ê)、楷(北:ch'iai、k'ai/瞽:k'ai)。

上述很多情况属于入声韵并入阴声韵产生的文白异读:北京官话宕江摄入声韵母白读[au]韵,文读[ɣ]韵,[②]而上表中《瞽目通文》中"约、嚼、学、却"均选取的文读音,"虐、略"则选白读音;北京官话曾摄开口一等入声字韵母白读[ei]韵,文读 [ɣ]韵,《北京话音节表》中"刻"的白读音 153k'ei 被删去了;北京官话曾摄开口三等庄组、梗开二入声字白读为[ai]韵,文读[ɣ]韵,[③]"客"《瞽目通文》选取了文读音。"嫩"在中古的音韵地位为泥母慁韵合口去声一等字,《北京话音节表》中 nun 更接近古音,当属文读音。"楷"在中古的音韵地位为溪母骇韵上声开口二等字,《北京话音节表》中的 k'ai 更接近古音。"这"《北京话音节表》的异读包含二音:chei、che,chei 音下仅收一字,且据后代学者研究此音当为"这一"的合音,因此 che 当属文读。

由此我们明确《瞽目通文》选音原则:《瞽目通文》设计的目的是帮助盲人阅读。通过上文的分析,我们了解这种阅读并不是让盲人直接阅读汉字,而是将汉字转写为拼音,再将其与所在音节的数位相对应。异读的情况则会造成盲文阅读者的记忆负担,降低阅读效率。因此当一个字存在异读时,则有必要对这个字进行定音。通过定音的过程就自然地将一些专收异音的音节进行删并。《瞽目通文》所选音一定是当地认可度最高的音,当为雅正的读书音。所以当一个字存在文白异读的情况时,《瞽目通文》所选取

---

① 张卫东《从〈语言自迩集·异读字音表〉看百年来北京音的演变》,《广东外语外贸大学学报》2002 年第 4 期。

② 张世方《北京官话语音研究》,北京语言大学出版社,2010 年,第 111 页。

③ 同上,第 113 页。

音通常为文读音。然而，通过一些重复及错排的音节可知，《瞽目通文》表最初版本收录部分白读音节，而后期将之并入其文读音中。但其改造并不彻底，《瞽目通文》仍保留了部分白读音节，说明当时这些白读音当具有较普遍的认可度。

《北京话音节表》与《瞽目通文》声调系统基本一致。《北京话音节表》将第一声称为"高平"，表示一个词无论发音快慢，它的音既不升高也不降低；第二声称为"低平"，发音急拉上扬，很像说英语时表示疑问或惊讶那样；第三声称为"升"，发音近乎急而陡，很像我们表示否定的语气；第四声称为"降"，音被拖长，很像表示遗憾、懊恼的语气。① 同时威妥玛也对古入声字如今调类归属进行了陈述。《瞽目通文》之《如何表示声调》(*How the Tones are Indicated*)对于声调符号使用有所记述，《瞽目通文》有四个声调。通过第一套表格与《北京话音节表》声调记述对比可见，二者声调归类一致。《瞽目通文》在此章末尾亦强调：为了满足一些方言地区的需要，穆威廉先生设计了第五声(入声)的表述方法。② 但是该书并未对第五声如何标注进行介绍。当时《瞽目通文》所记录的北京音系是继承了《北京话音节表》的四声调体系，同时《瞽目通文》所设计的盲文结构框架初衷并不局限于记录北京方言，而是希望推广应用到更广阔的地区，记录更丰富的方言。

《语言自迩集》序称：《北京话音节表》编写参考了清初樊腾凤的《五方元音》(1654—1664)，其音系声母20个，韵母36个，声调分为上平、下平、上、去、入五类。《北京话音节表》对《五方元音》的改动：在声母方面，(1)《北京话音节表》尖团合流现象较明显，《五方元音》多构拟了一组舌面音 ch、ch'、hs。(2)《北京话音节表》ng 作为零声母的自由变体，与《五方元音》声母 w(ŋ)颇类似，但是《北京话音节表》另拟了两个半元音声母 y 和 w。(3)《北京话音节表》为与舌尖元音 ŭ(相当于[ɿ])相拼，构拟出一套舌尖声母 tz(z)、tz'(c)、ss(s)。在韵母方面，差异主要在于《北京话音节表》比《五方元音》多构拟了 erh、üo、e、ih、ŭ 等韵母。(1)《五方元音》所构拟的韵母 ï，据龙庄伟的判断并非为舌尖音，仅为借用的符号，是[ɿ][ʅ]跟[ɨ][ə]之间的音。当时地韵中的"侧、则、塞、支、资、思"还是同声母同韵母的字。(2)《北京话音节表》中的 e 当从《五方元音》中蛇韵(ɛ)、地韵(ï)、驼韵(o)中分化而来。(3)《北京话音节表》中的 üo 也当从《五方元音》中的蛇韵(ɛ)、驼韵(o)分化而来。(4)《北京话音节表》中的 erh 则从《五方元音》中地韵(ï)分化而来。《北京话音节表》的声调体系为阴阳上去四声，与《五方元音》存古保留入声的做法也颇有不同。《五方元音》与《北京话音节表》虽然均为清代的语音材料，但是编修时间相距200年。威妥玛对于《五方元音》音系改动正可以说明这段时间的语音变化。

---

① 张卫东《威妥玛氏〈语言自迩集〉所记的北京音系》，《北京大学学报》(哲学社会科学版)1998年4期。

② Gordon-Cumming C. F. *The Inventor of the Numeral-Type For China*, Downey & Co. Ltd, 1898, p151.

（二）《瞽目通文》与《字母切韵要法》音系对比

《字母切韵要法》是《康熙字典》前附带两套韵图之一，另外一部为《等韵切音指南》。赵荫棠、李新魁等对这两套韵图来源与性质进行过研究。李新魁认为这两种韵图分别代表反映实际语音的明清韵图与反映更早年代的宋元韵图。[1] 赵荫棠认为《字母切韵要法》的前身为《大藏字母切韵要法》，成书于康熙年间。[2] 李新魁则通过对具体韵的归并得出结论，认为《字母切韵要法》是效仿《三教经书文字根本》《大藏字母九音等韵》而作的，受金尼阁《西儒耳目资》中《音韵经纬总局》影响颇深，同《五元方音》等韵图一样，是入清后所编的一批等韵图，反映的是当时共同口语的语音。《字母切韵要法》38 个韵母：a、ia、ua、e、ie、ye、aŋ、iaŋ、uaŋ、yaŋ、eŋ、iŋ、uŋ、iuŋ、ï、i、u、y、au、iau、ai、iai、uai、ei、uei、ən、in、un、yn、an、iɛn、uan、yan、ou、iou、o、io、uo。

《字母切韵要法》还保留了 yaŋ，《北京话音节表》与《瞽目通文》未有。声母方面，《字母切韵要法》仍保留中古三十六字母声母系统，但是对其声母也进行了一定的改动。曾有学者对其声母进行归纳，共有 21 个声母：p、p'、m、ɱ、f、t、t'、n、l、ts、ts'、s、ʐ、ʧ、ʧ'、ʃ、k、k'、x、j、ø。[3]

《字母切韵要法》21 声母系统与《五方元音》在结构上比较接近，仅有一处差异是《字母切韵要法》设有零声母 ø，而《五方元音》中并无零声母。同时，《字母切韵要法》对声调的处理仍为存古的做法，“分四声法”将其分为平上去入四声。这与《北京话音节表》及《瞽目通文》将音节分为阴阳上去四声的做法有明显区别。因此我们认为《字母切韵要法》虽然韵母系统（38）与《北京话音节表》（40）、《瞽目通文》（40）比较接近，但声母系统与声调系统差别较大。《北京话音节表》与《瞽目通文》在对声母的处理上比《字母切韵要法》要更加贴近当时实际语音。《康熙字典》前附《字母切韵要法》按前文李新魁的说法反映当时的共同语言，那么在 1716 年《康熙字典》成书（韵图的编写肯定要早于字典的完成）到 1859 年《北京话音节表》一百多年时间里，北京话在确立为共同语的过程中也经历了一系列变化与发展，《瞽目通文》在编写时参考百年前含有存古成分的韵图是很难完成的。

在此可见《瞽目通文》是以威妥玛的《北京话音节表》为底本，再根据盲文设计的实际做出改动的版本。而《北京话音节表》的前身当为《五方元音》，但是对其声母、韵母、

---

① 李新魁《〈康熙字典〉的两种韵图》，《辞书研究》1980 年 1 期。

② 赵荫棠《等韵源流》，商务印书馆，2011 年，第 305 页。

③ 吴亚《〈字母切韵要法〉音系研究》，福建师范大学博士学位论文，2018 年。

声调系统进行了较大的改动。《字母切韵要法》与《五方元音》所处时代接近，二者声母、韵母结构也颇为接近，但是由于其声调部分存古的做法，致使与当时语言实际相距较远，未能成为威妥玛的参考底本。四部文献关系为：

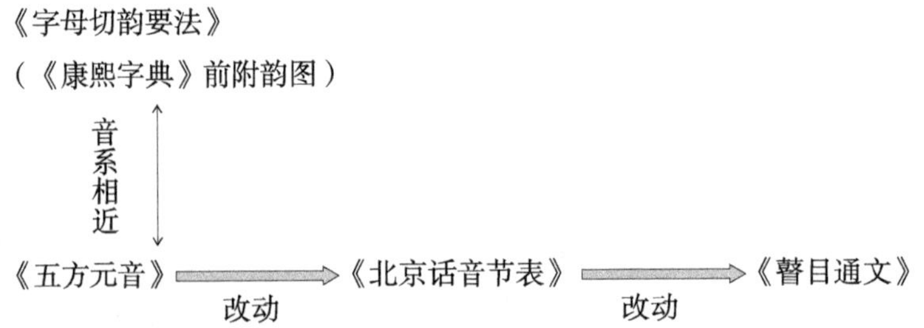

图 2 《字母切韵要法》《五方元音》《北京话音节表》《瞽目通文》文献传承关系图

四、“康熙盲字”名称致误探因

究竟为什么后来人们将《瞽目通文》称为“康熙盲字”或“康熙盲文”呢？戈登·库明并未说明。导致误读的原因可能为：一是《五方元音》与《康熙字典》前附韵图《字母切韵要法》颇为接近，人们误将《字母切韵要法》当成了《瞽目通文》的底本。二是《康熙字典》在当时西方汉学界影响很大，其官修字书的地位致使很多西方学者在初涉汉语研究时都将其奉为权威与典范。的确，当时很多辞书的编写也都以《康熙字典》为主要参考，如《语言自迩集》部首部分的讲解实际上也参考了《康熙字典》的 214 部首体系。但是也有很多名不副实的成分，例如麦都思的《汉英字典》就在其封面上以“Containing all the words in the Chinese Imperial Dictionary according to the radicals”（包含《康熙字典》中所有词汇，同时按照《康熙字典》部首顺序编写）作为广告语。然而，对这部辞书进行研究后发现，这句话只是一句宣传噱头，字典并没有真的包含《康熙字典》中所有词汇。[①] 我们或者可以将《瞽目通文》定名为“康熙盲字”。“康熙盲文”是为了更有利于这套盲文的推广与宣传。三是从当时一些传教士所记述的材料来看，在很长一段时期内，传教士在华的处境是十分尴尬的，外国人不能自由地进行出版印刷活动，如马礼逊曾在他的日记中有过相关的记述：“目前中国政府正在反对这里的东印度公司印刷所印刷我编纂的《华英字典》。两个礼拜前中国官府派遣巡警冲入印刷所，抄走正在印刷的、我编写的《中英会话》和若干中文刻板。三个中国印刷工人被抓走，我的老师兼助手高先生

① 裴梦苏《域外视角：〈康熙字典〉一系辞书文献研究》，厦门大学博士学位论文，2017 年。

逃脱。”[1]因此我们也有理由怀疑，将这套有开创性质的盲文称为“康熙盲文”其实是为了取得当时政府的信任与支持，因为这样可能会为这套盲文的推广提供更多的便利条件。

五、结语

对中国最早的这套盲文系统进行发掘与探讨，我们发现其编写背后所蕴含的音韵学原理还是十分明晰的。这在一定程度上可以帮助我们更正长久以来对这套盲文的错误认识，而这也可以看作是对语言文字发展历史的一个必要的修正与补充。同时，《瞽目通文》是出于当时北京语音的实际对《北京话音节表》的修正，这也为我们了解当时北京音的实际面貌提供了宝贵材料。此前鲜有学者对这套盲文系统的音韵学依据进行探讨，本文愿弥补这方面的不足。

---

① 〔英〕马礼逊夫人编《马礼逊回忆录》，顾长声译，广西师范大学出版社，2004 年，129 页。

谈日本赤冢忠的《殷金文考释》及其两个版本

魏慈德

（台湾东华大学文学院中国语文学系）

摘　要：日本赤冢忠所著《殷金文考释》，是第一部对殷金文作集中著录并加以考释的专书，然因成书的时代较早，又仅限于以日文版发行，因而受殷商史学界讨论甚少。作者分别于1959年与1977年两次出版，再版内容有大幅度的增补，故本文除介绍此书的体例及分析其研究特色外，还针对前后两次出版的内容加以比较归纳，以见作者的研究变化与研究态度。

关键词：殷金文考释　赤冢忠　中国古代宗教与文化　加藤常贤

赤冢忠（1913—1983）是日本茨城县人，东京大学文学部中国哲学文学科毕业，东京大学大学院肄业。1942年始任教于神户商业、经济大学预科，后入神户大学文学部。1955年转任东京大学文学部副教授，1962年被授予文学博士，1974年从东京大学退休，转任二松学舍大学文学部教授。其研究范畴包括中国古代文化史、思想史、儒家思想、诸子思想、《诗经》《楚辞》及甲骨金文等，为日本中国古代思想研究的大家。其不仅从文献资料来研究先秦思想史，甚至能利用出土文献资料来研究中国上古史，更加以宗教学、民族学的方法佐论，成为他研究的特色。在日本，他的中国古代文化史研究已形成一个体系，被誉为“赤冢古代学”。① 下面要谈的是其有关甲骨金文研究中的《殷金文考释》一书，此书最早出版于昭和卅四年（1959），为赤冢先生的第一本著作。然因其在国内殷商史研究者间被提及与讨论的次数较少，故今针对此书作一介绍，以享学界。

今日所见赤冢的著作主要收录在《赤冢忠著作集》中，共分七卷。其中第七卷为“甲

① 参《赤冢忠著作集·第七卷》后记，研文社，1989年。

骨·金文研究”,共收入有关甲骨文、金文与石鼓文的相关研究论文十多篇。[①] 然《殷金文考释》并未收入其中,因本书已于昭和卅四年(1959)以自家油印的方式出版(书名为《稿本殷金文考释》),其后再版,收录于昭和五十二年(1977)东京角川书店发行的《中国古代的宗教与文化——殷王朝的祭祀》中(书名去掉“稿本”二字)。据再版后记,此次重刊起因于赤冢教授于昭和四十九年(1974)退休,当时东大文学部中国哲学研究室的同人们,为其企划编辑退休纪念文集。书中共收录赤冢教授发表过的五篇文章和一本书,[②]《殷金文考释》即为其中之一。

复据《赤冢忠著作集·第七卷》后记所言,昭和四十九年,赤冢将从东大文学部退休之际,山井涌、松丸道雄、户川芳郎等人,就已计划编选全三册的退职纪念论文集,在编辑过程中,因为全部聚焦在其甲骨、金文与殷王朝宗教文化关系的研究上,故后来将原计划浓缩成一册,于昭和五十二年(1977),以“中国古代的宗教与文化”为名出版。

《殷金文考释》历经稿本与收入角川书店《中国古代的宗教与文化》一书中的再版本(以下若需加以分别时,则简称“稿本”与“再版本”),后者经赤冢的大量修正补充,内容已与稿本不同。两次刊行时间相距十八年,时空有所变化,因故赤冢增益改动不少,下面将讨论此书的体例内容,以及两个版本的差异。

一、《殷金文考释》的体例与内容

《殷金文考释》于1959年油印刊行时,以《稿本殷金文考释》为名,[③]该书前言提及甲骨卜辞对殷商文化史研究的重要性,但也有其缺憾,缺憾来自于卜辞贞问事类的局限性,而殷金文正可以弥补其中不足。正因此,作者想通过将甲骨史料做精确的分类,再加上殷金文的补充解释,来建构他的殷文化研究史。而本书正是他整理研究殷金文之

---

① 共计16个单元,包括中国古代文字、汉字入门、汉字的生成、甲骨文字的干支、武丁的征伐、甲骨文金文学的主要问题、西周金文考释、西周初年的金文考释、大丰簋及其他九器的释文解说、近年出土周金文考释、中山国诸器铭文考释、石鼓文的新研究、读陈梦家殷墟卜辞综述、评贝冢茂树的京都大学人文科学研究所藏甲骨文字、评藤堂明保博士汉字的语源研究、盛赞岛邦男博士编殷墟卜辞综类的完成。

② 五篇文章与一本书包括:《殷王朝“河”的祭祀及其起源》(《甲骨学》第四、五合并号,1959年)、《殷王朝“岳”的祭祀和中国山岳信仰的特质》(《甲骨学》第六号,1958年)、《关于甲骨文中所见的“土”》(《高田真治博士古稀纪念论文集》,1963年)、《殷代祈年祭祀形态的复元》(上·中)(《甲骨学》第九、十号,1961、1964年)、《殷代上帝祭礼的复原》(《二松学舍大学论文集·昭和卅一年》,1966年),书为1959年自刊油印本《殷金文考释》。

③ 本文所据《稿本殷金文考释》为藏于东京大学东洋文化研究所图书室的油印本,编号“E53:64”。据该书前言提及,赤冢在昭和卅四年因得到文部省科学研究经费的补助,以及加藤道理、深津胤房两位助手的帮忙,因而编次整理出此书。尔后此书以《殷金文考释》为名出版,收录于《中国古代的宗教与文化——殷王朝的祭祀》中。再版的过程经过松丸道雄、加纳喜光、持井康孝的校正。今复又见收于《金文文献集成(第43册)》(香港明石文化国际出版有限公司,2004年)第160—225页。

作。体例上他以商器中的长篇铭文为对象，图像铭文（族徽文字）不在搜罗之列。商器中的长篇铭文，以著录在《三代吉金文存》中最多，故本书主要以该书著录的商器为主，旁及其他。

《稿本殷金文考释》计收入商器102器，区分为“纪年金文”“夷征伐关系金文”“子锡某形式金文”“农祭关系金文”“祖先祭关系金文”“飨宴关系金文”“亚字铭金文”“妇人器金文”“其他”九大类。而在每器下分别就相关的“拓影著录”“摹本著录”“释文参考”“释文”“解说”分项条列申说，为此书的固定体式。而本书因为系稿本，故所收录的器铭，全部以摹本为主，未见有拓片。

照理来说，本书以“殷金文”为名，所收材料当限定在商代青铜器铭文，但在书中，也看到例外的现象，如（13）器是“宰丰骨刻辞”、（52）器是“小臣䍙石簋铭”，前者是甲骨卜辞，后者是石簋铭，两者皆非殷金文。再者，本书所收录商铜器铭文，以《三代吉金文存》（1936）所收商器为主，在《三代吉金文存》以前，搜罗著录殷器的书有罗振玉编的《殷文存》（1917）和王辰《续殷文存》（1935）。《三代吉金文存》出版后，到《稿本殷金文考释》刊行之间，大部头的青铜器铭文著录书，还有于省吾《商周金文录遗》（1957），故本书所收的102器中，大半是从以上四书中节选出来的。

然而《三代吉金文存》《殷文存》《续殷文存》和《商周金文录遗》都只有拓本，没有释文与考证，故《稿本殷金文考释》中的“释文”“解说”主要为赤冢所撰。然在构思撰著本书之前，首先面临的就是材料的甄别与选择，面对当时伪器充斥的市场，其收录商器时，必须先审慎抉选。书中收录的商器，在当时有些曾被疑为伪器，如二祀及四祀𠨘其卣，[①]但赤冢仍加以收录，此二器经过半世纪的讨论，已被证实为真器，[②]正可反映出其学术识见。此外本书收录的某些摹本，仅见录于传世的金文著录书中，未见原器。而作者透过摹本中的文例及文字分析，判定为真器铭，如著录于宋代吕大临《考古图》中的巂亩卣铭（17。此为《殷金文考释》中的器铭编号，下同）与王黼《博古图录》的戍伶彝铭（18），赤冢从其记日的方式，证明其为商器。而同样见录于《博古图录》中的丙寅匜铭（39），则从子锡形式和日月记载两点，来证明其为商器。

---

① 张政烺《𠨘其卣的真伪问题》，《故宫博物院院刊》1998年4期，第1页。1957年于省吾的《商周金文录遗》首先将三卣收录出版，而张政烺在1945年时就怀疑二祀四祀两卣皆伪。

② 丁孟、建民《𠨘其卣的X射线检测分析》，《故宫博物院院刊》1999年1期；朱凤瀚《有关𠨘其卣的几个问题》，《故宫博物院院刊》1998年4期。再版本的《殷金文考释》中，赤冢补注了李学勤在《评陈梦家殷虚卜辞综述》（《考古学报》1957年3期）中，据张政烺，将有文武帝乙的𠨘其卣视为伪器的说法。但李学勤后来放弃其说，在《殷代地理简论》（科学出版社，1959年，第31页）中重申三卣铭真而器经修整的说法。然在日本，松丸道雄仍主张二祀、四祀𠨘卣上的铭文为伪。见《甲骨文伪造问题新探》，见《池田末利博士寿辰纪念东方学论集》，1980年。

二、《殷金文考释》的评述

《殷金文考释》是第一部对商代金文进行集中著录，并加以考释的专书。其根据铭文内容，将殷代金文分为八类，对晚商的金文进行系统的研究。[①] 其价值如作为殷代文化研究史料、商代金文的比较分析、商代国家社会组成的蓝图、商代祭祀形态与官职架构的研究等等，本书都尝试做了推论，以下将要分析的是作者撰述及研究上的特色，分为三点来说明。

（一）以加藤常贤博士的说法为主

《殷金文考释》的解说部分，引用日本学者说法不少，见有林泰辅(1)、岛邦男(1、61、86)、白川静(2、61)、贝冢茂树(22、23、30、83)、内藤戊申(56)，其中以加藤常贤博士的说法被引用次数最多，近三十次。有出自《汉字的起源》(1、28、53、59)者，亦见有《殷代的金文》(4)、《巫祝考》(4)、《支那古代家族制度研究》(75)等等。可见赤冢对加藤学说接受度之高。加藤常贤(1894—1979)，曾任东大哲学科教授，1955年从东大退休，转任二松学舍教授。而1955年正是赤冢任职东大文学部之年，也可以说赤冢是加藤东大教职的继任者。

加藤在汉字研究上的特色是采用了"文字中的考古学发掘法"，主张除了要发现文字造字初始的本义外，还要判明其起源的意义。这种考古性的文字研究成果，见于其《古代侏儒与佝偻》《巫祝考》等文章中。例如，加藤以为从语言的角度来看，侏儒与佝偻的含义是不同的，但就职能而言，有其共同之处，皆与巫祝同。中国古代巫祝居于社会宗教政治的最高地位，被称作圣人。而所谓圣即善听之人，能闻常人所不闻之神之声。[②]

加藤还主张，要从《说文》来理解字义，更强调字音与字义的关系分析。当时日本汉字学界，其为人所津津乐道之事，乃白川静与藤堂明保间的汉字学理论之争，白川认为汉字的造字来源与巫术有关，每个汉字的背后都有巫术背景；而藤堂则继承发扬章太炎的语源说法，强调声义同源，进而发展出一套词汇家族，用以解释声音上有关联的一群字。如以"士、事、史"三字为例，白川认为"士"字形为钺的刃部朝下，表示身份的器物，而若再加上神圣记号，就成为"在"。"史""事"的字形都是将"口"置于神杆之旁，以祭神

---

① 谢明文《商代金文的整理与研究》，复旦大学博士学位论文，2012年，第8页。

② 刘萍《〈中国古代的宗教与思想〉提要》，见李学勤主编《国际汉学著作提要》，江西教育出版社，1996年，第121页。

明，而“口”乃放有祝告文的容器。藤堂则以为“士、史、事”三字的基本含义是站立、竖立。“士”字形为直立的牡器之形（此说最早为郭沫若所提出），“史”是手持装有竹牌的竹筒或手持长竿旗帜之形，“事”为竖立旗帜，有将物体插在地上的含义。①

加藤主张甲骨文中的“士”，为木棒直立于地之形，或代表男根，近于藤堂的说法。总体而言，加藤在学术的见解上与藤堂较为接近，藤堂是稍晚于他入职东大文学部的后辈。加藤的文字学研究也强调从声音的关联性着手，还把有些《说文》不认为是形声的字，都视为形声字。

下面例举加藤的说法。在雔卯切甗铭（5）中，“雔卯”二字为合文，赤冢将“雔”读为“俦”，“卯”视为“刘”的字根，认为“雔卯切”是祭祀时杀剖牺牲的职官名。复据加藤的说法，将“雔卯”读成“丑刘”。其中“丑”，加藤认为通“亚”（《说文·十四篇下·亚部》：“亚，丑也。象人局背之形。”），而“亚”乃小人之意，为君侧的侍御者。加藤还认为“丑”亦是“亚”，如卜辞中的“小臣丑”（亚丑鼎铭，55），“丑”即“亚”即“恶”，“恶”“丑”两字意思相重，恶者指形恶的佝偻之人，这一类的人都充当王的近侍小人，主祭祀之事。在饥鼎铭（5）中有“[illegible]”的族徽铭文，加藤将之释为“黿鼉”，通读为“籧篨”，并指出其即伛偻小人，商王近侍的神职人员。故商铭文中的亚、恶、丑都代表神职人员，而其形貌即局背、佝偻或侏儒一类的小人。而这些说法都为赤冢所接受。

更有甚者，卜辞中的“[illegible]”字，加藤以为是住在水边的“[illegible]”族，再将“[illegible]”隶读为“満”，从音通的角度，将其通作“便僻”，主张其亦王侧近侍的小人（协尊，59）。因故便僻、戚施、籧篨、侏儒也都等同于亚、丑，皆可视为王的近侍小人，是宗教仪式中的司。

关于“亚”字，当以武官之说为正。在亯京彝铭（61）中，赤冢曾举了岛邦男的研究，以为乃“将帅”之职，只是赤冢仍然相信加藤的说法。

赤冢接受加藤说法者，还见“古”表“祜”之意，解为向神祈福（𩁹尊，59）。“异”是蒙着鬼头的神尸之形，用来代表降临人间的神（妇闟卣，83）等。

正因为赤冢认为商代是神灵与巫师共治的宗教社会，卜辞或铭文正反映了商人的祭祀仪节，以及向神灵祈福之事。因而将许多未识字，都推测成神职官名，如雔卯切甗（5）中的“卯”为祭祀时杀剖牺牲的职司；小子夫尊（6）的“[illegible]”为裁缝衣服的职官；丰鼎（15）的“丰”为宗庙的春官。𩰫卣（29）的“[illegible]”在“𩰫”上加“宀”，亦表职官之义。

（二）好用古音通假说解

赤冢解释铭文特色之一，是善用古音通假，如麇妇觚（7）中“辟”，先被其误释为

① 白川静《汉字百话》，郑威译，大家出版社，2012年，第188页。

“𠬪”，复将此字通读为“妪”。铭文原为“甲午麐妇”“易”贝于𩚵，用“乍”辟日乙尊彝，“辟日乙”为“妪日乙”，从替父亲作器变成替母亲作器。

在𪓐𠂤卣(17)中，将“𠂤”字(朕字的偏旁)中间部件视为“杵”之形，而读成“臿”。然今日透过楚简已证实此字当读“针”声，中间部件实为“针”形，非杵。[1] 在戊寅亚受鼎(28)中将“酒”(酌)，所从彡，视为声符，并转读为“湛”(浸)，主张即文献中的“酎”，意谓燎祭牺牲时，将酒注入大地河川的仪式。然卜辞中的“酌”，有时也可省作“酉”，读为“酒”，故“酌”“酒”当是一字异体。[2] 还有在晋鼎铭(76)中将“㝒”字视为“宫”，再将此字读成音近的“觌”。同样读成“觌”的字，还见姣簋铭(90)，铭文中的“𤦆”，从玉从求，赤冢从同音字去理解，将之读为“休”或“觌”的意思。这些例子都说明其好用古音通假作解。然所言亦有可取者，如丰鼎(15)的“丰”字，在铭文中有两种写法，分别从丰声与从亡声，赤冢认为两者古音相同，为一字异体。

(三)以巫术背景来解释字义或神话

虽说赤冢及藤堂都反对白川用巫术的说法来考释文字，但赤冢本身使用这种说法也不少，如在小子𦣻卣铭(23)“隹子曰令望夷方䍃”句中，“望夷方”本是派人去侦察夷方敌情之意，但赤冢以为“望”是一种征伐时施行的咒术，在可望见敌方之处，杀牺祭祀，以威服敌国的神灵。作册般甗铭(25)“王宜夷方无敄”本为商王用夷方首领无敄，作为宜祭的人牲，宜为祭名，字形像肉置于俎上之形。但赤冢以为“宜”是“诅”的假借字，并据《周礼·春官宗伯·大祝》“国有大故、天灾，弥祀社稷，祷祠。大师，宜于社，造于祖，设军社，类上帝”，认为“宜”即“诅”，大祝掌诅祝之职，在军事行动开始之际，透过对敌国神灵诅祭，以祈能压制敌军。其还把同铭中训为“卒”“终”的“咸”，说成是“喊”，“王宜夷方无敄，咸。”解释为大声喊叫以祈求神助。

卜辞中与占卜有关的术语“宙巫九禹”，赤冢认为是九个巫者同时参与举行的降神仪式(敄觯，27)。然在卜辞中“宙巫九禹”与“宙巫九䵼”对文，乃是分别用九块骨骼(禹)或九块龟板(䵼)占卜之意。[3]

还有周人先祖公刘，《诗·大雅·公刘》“笃公刘，于豳斯馆”，说公刘后来迁居到了豳，赤冢认为公刘之名，乃有剖牲灵威意涵的君王之义(𤔲王盉，79)。其反对许慎《说文》将“邠”说为“周大王国”的说法，认为“豳”才是本字，“邠”乃借字，而“豳”之义源于

---

① 裘锡圭《释郭店〈缁衣〉“出言有丨，黎民所訁”——兼说“丨”为“针”之初文》，见《裘锡圭学术文集·卷2·简牍帛书卷》，复旦大学出版社，2012年，第389页。

② 朱凤瀚《论酌祭》，《古文字研究》第二十四辑，中华书局，2002年，第89页。

③ 李学勤《论新出现的一片征人方卜辞》，《殷都学刊》2005年1期。

“豖”，即“𢾭”，字形表并牲而杀剖之义。这也是其利用分析文字字源来说解古代神话传说的例子。

《殷金文考释》在释字上仍有许多创见之处，如丰鼎(15)“乙未王商宗庚丰贝二朋”，“庚”字前此诸家皆释“庚”，赤冢作“𢉩”是正确的，在铭文中读为“镛”。亯京彝铭(61)“辛巳王畬多亚耶(廊)。亯京逦易贝二朋”，赤冢以为“亯京”当作一字读，是正确的；将“耶”通作“廊(庭)”(见四祀𨚕其卣铭)，也是正确的。[①] 除此之外，作者还注意到铭文在不同时期的写法差异，以及典制在不同期的表现方式，如“商”字在武丁及帝乙、帝辛时写法不同，后期繁加口旁(作册般甗，25)；以及武丁至祖庚、祖甲时，十月以上月份用合文表示，廪辛、康丁期则写作十月又一，十月又二的形式(丙寅匜，39)。

三、《殷金文考释》再版的改动

此书于1977年再版，去掉原书名“稿本”二字，收入《中国古代的宗教与文化》一书中。再版本对体例做了一些调整，在文字方面做了适当增补，试说明之。

在体例方面，从原来的“拓影著录”“摹本著录”“释文参考”“释文”“解说”五部分(前三部分为器铭相关研究参考信息，后二部分为作者的考释与申说)，调整为“著录”“释文”“解说”三部分。即将稿本的“拓影著录”“摹本著录”“释文参考”合而为“著录”。故“再版本”的“著录”，包含二类信息，拓(摹)本著录与参考书目。

一本好的金文著录书当包括照片(或全形拓)、拓片、摹本，三位一体，然稿本受限于油印出版的方式，故只能有摹本。所以在体例上标出“拓影著录”与“摹本著录”，弥补这样的不足，让读者可以自行去查阅来源。但到“再版本”时，已全面改用拓影来取代摹本，故在体例上，合并了“拓影著录”与“摹本著录”，仅以“著录”来表示。

而“释文参考”部分，稿本释文多半参考《文选》(于省吾《双剑誃吉金文选》)与《吉文》(吴闿生《吉金文录》)，其又与“拓影(摹本)著录”相重，故予以省并。只是在书名简称部分，《文选》仍沿用其名，《吉文》则改成了《文录》。这种改变书名简称的例子，还见将《薛氏》(《历代钟鼎彝器款识法帖》)改成《历代》，《明续》(《明义士收藏文字》)改成《南明》，《遗珠》(《殷契遗珠》)改成《珠》，《平凡书道》(平凡社出版《书道全集》)改为《平凡》，《河出定本书》(河出书房出版《定本书道全集》)改为《河出》。

有些释文在稿本中注明“未见”，如二祀𨚕其卣(1)的释文参考“丁山考释(未见)”，四祀𨚕其卣(2)参考“丁山前揭释文(丁释未见)”，六祀𨚕其卣(3)参考“𨚕其卣三铭文考

① 以上二则见谢明文《商代金文的整理与研究》，复旦大学博士学位论文，2012年，第166、223页。

释(未见)”。其中三器下所云的“丁释未见”，都是指丁山《邲其卣三铭文考释》(上海《中央日报·文物周刊》第三十七、三十八期，1947 年)一文。再刊本中仍然保留“未见”字眼，只是四祀邲其卣的著录，多补入了李学勤《评陈梦家殷墟卜辞综述》一文，然李文乃主张四祀器为伪铭者。

再版本中还有一处有“未见”的注记，在戍嗣鼎铭的著录中，赵佩馨《安阳后岗圆形葬坑的性质讨论》(《考古》1960 年第 6 期)，后书“(未见)”。从这些注记也可想见当时日本学者搜罗中国报纸期刊之不易。

再版本中增补的器铭或大段文字解说，会以“补”的方式作记，如二祀邲其卣后，补一段李学勤《评陈梦家殷虚卜辞综述》上的意见。同样是“补”的内容，还包括：在亚古父己簋铭(57)后，补戍嗣鼎铭，其著录于郭沫若《安阳圆坑中鼎铭考释》(《考古》1960 年 1 期)；在亚㠱𩰫鼎(63)解说后，补王献唐《黄县㠱器》(1960 年版)上的一段文字；在晋鼎铭(76)解说后，补《北京附近发现的西周奴隶殉葬墓》(《考古》1974 年 5 期)一文内容；在㪤王盉(79)后，补㪤史鼎铭，其铭著录于《北京附近发现的西周奴隶殉葬墓》中；在向簋铭(88)的解说中，补《北京附近发现的西周奴隶殉葬墓》一文内容；在羌卣铭(102)后，补㚤方鼎铭，著录于《辽宁喀左县北洞村出土殷周青铜器》(《考古》1974 年 6 期)。以上所补文献的出版时间都介于 1959 到 1977 年间，即稿本与再版本之间。

上面所言为明补者，然更多的是暗补的内容，即不言“补”，而径增加于正文内文字，比较大范围的暗补，如：小臣邑斝铭(12)的解说，增补邑为人名，推测其乃从事商王祭祀的邑族人，亚疑即出自该族；宰丰骨刻辞(13)的解说，增补商承祚对于兕字及商人在兽头或兽骨上刻文的例子；肇子彝铭(41)的解说，增补羊先([illegible])乃肇子的官职，掌牧羊，“先”表示专职，如犬先。提出“先”或许当隶作“生”字的疑惑；汱盉铭(76)的解说，增补汱族为犬族住在河边的一支族，该族成员，如为殷王室服事的犬延族。

而文字较少，比较局部的增补，通常是卜辞辞例的增补或订正，散见于各处解说，因其数量多，就不一一叙明了。

亦见有几个古文字，前后两次的隶定不一，如：“[illegible]”，稿本隶作“适”，再版本作“妧”。“[illegible]”，稿本作“岁”，再版本作“戠”。“[illegible]”，稿本作“福”，再版本作“祼”。商王河亶甲，稿本作“亶甲”，再版本作“戋甲”，都可见其后出转胜。而在前后二本中，赤冢都将卜辞中常见的“乎”隶定为“伻”，如果不加以指出的话，容易造成读者阅读上的障碍。

而器名部分，也见有两个版本不一致的现象，如戍妇子鼎铭(87)，再版本作咸姝子鼎铭；向(稿本目次误写成“何”)乍簋铭(88)，再版本作向父癸簋铭。

关于青铜器的命名原则，赤冢在龚姛(55)中曾提及，言“于省吾将此器名为司作父乙鼎，作器者是龚姒，“锡贝于”当是被锡，此器和前器同，都是龚族有关系的妇人所作”。

故将之名为“龚㛔鼎”。从此言可知，赤冢主张器名要从作器者。而在癸未尊盖铭(45)的解说中，作者提到此器《愙斋》名“御方尊盖”，《攈古》作“癸未尊”。由于“御方”非作器者名，又无法判定作者名，所以从《攈古》名“癸未尊”。然此器铭中有“王赏趞贝，用作父癸宝尊”(集成9890)，趞受王赏贝，因而用作此器，故当正名为“趞方彝盖”。同样当予以正名者，还有：戍伶彝(18)，当正名为“万刹方彝”，铭文“(戍伶)赏贝十朋，丏豚用宔丁宗彝”(集成9894)；文丁父簋(24)，当正名为“小子网簋”，铭文“𠭯赏小子网贝十朋……网用作文父丁尊彝”(集成4138)；爼子鼎(42)，当正名为“戍[illegible]鼎”，铭文“王赏戍[illegible]贝二朋，用作父乙齍”(集成2694)；亚御尊(43)，当正名为“𨙵簋”，铭文“王光赏𨙵贝，用作父乙彝”(集成3990)；作册友史鼎(46)，当正名为“寝农鼎”，铭文“王令寝农省北田……作册友史赐囊贝，用作父乙尊”(集成2710)；戊寅亚受鼎(48)，当正名为“虎恖马方鼎”，铭文“王曰虎恖马酒赐贝，用作父丁尊彝“(集成2594)；告派方彝(75)，当正名为“竹方鼎”，铭文“竹宔父戊告衎(侃)”(集成9878)；匚宾祖己鼎(99)，当正名为“乃孙鼎”，铭文“乃孙作且己宗宝鬻量匚宾”(集成2431)；丙寅卣(101)，当正名为“箙卣”，铭文“王赐箙贝一朋，用作母乙彝”。

最后再提及一点，再版本刊印时，解说中涉及的中国省市地名者，有部分因为行政区域的省并而改名，即1959到1977年间易名者，作者都做了重新修正，如稿本曩侯盉铭(33)的解说中提及热河省凌源县出土周初匽盂，因热河省于1955年废省，凌源县并入辽宁省，故再版本易为“辽宁省凌源县”。又稿本的小臣艅牺尊(22)解说中提及山东省寿张县的梁山麓出土大保簋，而寿张县已于1964年撤县，故再版本易为“梁山县”。从这些小地方，都可见赤冢对再版本的校正一丝不苟。

本文先对赤冢忠《殷金文考释》的体例加以介绍，并针对其研究特色加以分析，指出其有以加藤常贤说法为主、好用古音通假说解、以巫术背景来解释字义或神话的研究特色。而此书的稿本与再版本之间，赤冢除了因应从手写稿本只能著录摹本，到新刊印刷本以收录拓本为主的改变，而更动体例外，在著录及解说上也做了许多的补正，如更改引用甲金文书名简称、增补器铭、增补解说文字、改正器名、改正文字隶定等，甚者因行政区域的省并而变更地名，这些细微之处，都可看出作者对此书的持续关注与研究。

论清华简《摄命》的“蒿京”与西周甲骨金文中的“蒿”“葊京”*

〔日〕佐藤信弥

（立命馆大学白川静纪念东洋文字文化研究所）

摘　要：清华简《摄命》第32简所见的“蒿京”释为传世文献中的“镐京”，不过出土文献中的“蒿”字从前一般认为是“郊”字。根据《摄命》的用字，周原甲骨文和西周金文中的“蒿”字也大多可以释为周王朝的都城“镐”地。但是西周金文中不存在“蒿京”这个称呼而存在“葊京”，在西周时期“蒿”地不是“京”。“蒿”地与“葊京”相当于《诗经·六月》所见的“镐”地与“方”地，相互邻接，这两个地名可能在西周灭亡以后被混同了。因此，《摄命》的成书时间不是西周时期，而是东周时期。

关键词：清华简《摄命》　西周金文　周原甲骨文　镐京　蒿　葊京

一、引言

《清华大学藏战国竹简》第八辑收录的《摄命》属于“书”类文献，记载周王册命伯摄①，第32简曰：

> 隹（唯）九月既望壬申，王才（在）蒿（镐）京，各（格）于大室，既立（位），咸。士逋右白（伯）𡙇（摄），立才（在）中廷，北鄉（向）。王乎（呼）乍（作）册任册命白（伯）𡙇（摄）：“𣪊。”

---

* 本文初稿在2019年9月26—30日日本立命馆大学举办的世界汉字学会第七届年会“面向世界的汉字研究重要领域及课题”国际学术研讨会上宣读，承蒙诸位专家提出意见，于此致谢！

本文引用资料简称：集成——中国社会科学院考古研究所编《殷周金文集成（修订增补本）》，中华书局，2007年；铭图——吴镇烽编著《商周青铜器铭文暨图像集成》，上海古籍出版社，2012年；铭续——吴镇烽编著《商周青铜器铭文暨图像集成续编》，上海古籍出版社，2016年。

① 清华大学出土文献研究与保护中心编，李学勤主编《清华大学藏战国竹简（八）》，中西书局，2018年，第109页。

整理者认为这个部分的形式基本上与西周册命金文一致，册命对象伯摄很可能是即位前的夷王燮，而篇中的周王则为孝王，[①]册命的地点"蒿京"指宗周镐京。[②] 西周金文与周原甲骨文中的"蒿"字或者从"茻"的"蒿"字，从前诸家释为"镐"字，[③]后来李学勤释为"郊"字。[④] 有些新出战国竹简中的辞例旁证李学勤说，例如上博简《周易》第2简曰"初九：孺（需）于蒿（郊），利用亙（恒），亡（无）咎"，[⑤]"蒿"字，今本《周易》作"郊"字，[⑥]的确是古文字中存在读"蒿"字为"郊"字之例子。但是据《摄命》，西周时期的文献，周原甲骨文与西周金文中的"蒿""蒿"字也可以读为"镐京"的"镐"字。本文讨论这个问题与相关西周地理问题。

二、西周甲骨金文中的"蒿"

首先看周原甲骨文中"蒿"的辞例：[⑦]

祠自蒿于壴。（H11：20）
祠自蒿于周。（H11：117）

这两片，诸家大多释"蒿"字为镐京，释"周"字为岐周。[⑧] 对于"壴"字有争论，徐锡台释为丰京，[⑨]有些学者不赞成这样的看法，例如严一萍指出"壴"字和周原甲骨文中的"丰"字（见H11：51）字形上分别殊明，[⑩]总之"壴"字是地名。"祠"是祭名。据诸家旧释，这两片卜问周王为了参加祀典，从镐地到壴地或者岐周去。[⑪]

李学勤释"蒿"字为祭天、祀天之"郊"，说："'祠自郊'是从祭天开始的大规模祀典，

---

① 清华大学出土文献研究与保护中心编，李学勤主编《清华大学藏战国竹简（八）》，中西书局，2018年，第109、112页，注[1]。

② 同上，第120页，注[52]。

③ 郭沫若《由周初四德器的考释谈到殷代已在进行文字简化》，见《郭沫若全集·考古编》第6卷，科学出版社，2002年，第220页；徐锡台《周原出土的甲骨文所见人名、官名、方国、地名浅释》，《古文字研究》第1辑，中华书局，1979年，第192页。

④ 李学勤《释"郊"》，《文史》第36辑，中华书局，1992年。

⑤ 马承源主编《上海博物馆藏战国楚竹书（三）》，上海古籍出版社，2003年，第138—139页。

⑥ 十三经注疏整理委员会《周易正义（十三经注疏）》，北京大学出版社，2000年，第51页。

⑦ 曹玮编著《周原甲骨文》，世界图书出版公司，2002年。

⑧ 徐锡台《周原出土的甲骨文所见人名、官名、方国、地名浅释》，《古文字研究》第1辑，中华书局，1979年，第192页等。

⑨ 同上。

⑩ 严一萍《周原甲骨》，《中国文字》新1期，艺文印书馆，1980年，第168页。

⑪ 徐锡台《周原出土的甲骨文所见人名、官名、方国、地名浅释》，《古文字研究》第1辑，中华书局，1979年，第192页等。

卜辞是卜问这项祀典应否在岐邑或丰邑(笔者注:李学勤释‘壴’字为‘丰’字)举行。”①如果据清华简《摄命》的辞例,旧释仍然可以成立。

下面看西周金文中的辞例,德方鼎(集成 2661 西周早期):

> 隹(唯)三月,王才(在)成周,征(延)珷(武王)祼自葊,咸。王易(赐)德贝廿朋。……

霸伯盂(铭图 6229 西周中期):

> 隹(唯)三月,王史(使)白(伯)考蔑尚厤(历),归(馈)柔(茅)、苎旁(芳)鬯,臧[咸]②,尚拜稽首。既稽首,征(延)宾,瓓,宾用虎皮爯(称),毁(馈),用章(璋),奉。翌日,命宾曰:“拜稽首天子蔑,其无厤(历),敢敏。”用章(璋)。遣宾,瓓,用鱼皮两侧毁(馈),用章(璋)先马,邍(原)毁(馈),用玉。宾出,以俎或(又)征(延),白(伯)或(又)邍(原)毁(馈),用玉先车。宾出,白(伯)遣宾于葊,或(又)舍宾马。……

金文中的字都从“茻”。德方鼎,李学勤说:“与周原卜辞对照,‘祼自蒿’的‘蒿’自亦当读为‘郊’,其意义也是相同的。”③集成修订增补本的释文沿用旧释,铭图(2266)的释文采纳李学勤说。那么,假如读“葊”字为“镐”字,“征(延)珷(武王)祼自葊”如何解释呢?“征(延)”字有延引、引进、迎接之意,“祼”字除了动词的用法还有祼器之意,④伊藤道治认为该句意味着将曾经武王使用的祼器从镐地搬到成周。⑤ 德可能搬运祼器有功,所以得到赏赐。但是此铭中的“祼”字是名词还是动词难辨。如果将“祼”字视为动词的话,张玉金认为“延”字应是继续、继续进行的意思,该句意味着成王在镐时已开始对武王举行祼祭,到成周之后,继续进行对武王的祼祭,并在成周完成。德大概帮助成王举行祼祭有功,所以得到赏赐。⑥

---

① 李学勤《释“郊”》,《文史》第 36 辑,中华书局,1992 年,第 9 页。

② 陈剑认为“臧”字应为“咸”字之误,毕也,参看曹建敦《霸伯盂铭文与西周时期的宾礼》,复旦大学出土文献与古文字研究中心网站论文,2011 年 6 月 22 日(http://www.gwz.fudan.edu.cn/Web/Show/1560)的学者评论第 2 楼。

③ 李学勤《释“郊”》,《文史》第 36 辑,中华书局,1992 年,第 9 页。

④ 〔日〕佐藤信弥《祼礼関係字说》第 53 卷第 4 号,関西学院大学人文学会,2004 年。该文里笔者判断释䙣、鄺、禶、䰞等从用单手或者两手持酒器形之字为“祼”字,有些不妥,但是新出具鼎(铭续 229 西周中期前段)有从用两手持酒器形“果”声的“祼”字,因此笔者改变主意判断至少从用两手持酒器形之字当释为“祼”字(李春桃认为单手的字是“爵”字,参看《从斗形爵的称谓谈到三足爵的命名》,《历史语言研究所集刊》第 89 本第 1 分,2018 年,第 95—96 页)。

⑤ 〔日〕伊藤道治《西周王朝と雒陽》,《中国古代国家の支配構造》,中央公論社,1987 年,第 402—403 页。

⑥ 张玉金《德方鼎铭文续考》,《故宫博物院院刊》2004 年第 5 期。

霸伯盂，李学勤说："这篇铭文记述的是周王派遣使臣聘问霸伯尚，嘉奖尚的功绩，举行典礼的过程，应属于当时的聘礼。""由'王使伯考'到'尚拜稽首'，是记'蔑曆'赏赐之礼，以下则是伯考对尚的聘问礼节。"①

"王史(使)白(伯)考蔑尚厤(历)"之"蔑历"，唐兰认为上级称美下级家庭出身和本身经历、功绩之意。② 最近陈剑主张"蔑懋"说，③笔者暂时从旧释。④ 如李学勤的观点那样，大部分的学者认为该铭中的"宾"是伯考，铭文所记礼仪是王臣聘诸侯礼。⑤

铭中聘问礼节包括延宾、还玉、遣宾、送宾等。⑥ 其中要关注的是最后的送宾，相当于铭中"白(伯)遣宾于蒿，或(又)舍宾马"，该句意味着聘礼结束后，霸伯给伯考送行，而且赠送给他马匹。诸家释"蒿"字为"郊"字，据《仪礼·聘礼》："遂行，舍于郊。公使卿赠，如觌币。受于舍门外，如受劳礼，无傧。……士送至于竟。"⑦等礼书的记载，认为该句表示"郊送""郊劳"之礼。⑧ 对该铭来说，释"蒿"字为郊，比为镐地合理。综上所述，西周甲骨金文中的"蒿""蒿"字，一部分可以释为镐地，一部分应当释为郊。

西周金文中，除了"蒿"以外，还有从"茻"的地名，比如说"莽"、后文所论的"莽"。"莽"的辞例如下，师旂鼎(集成2809西周早期或中期)：

唯三月丁卯、师旂众仆不从王征于方雷，事(使)氒(厥)友引以告于白(伯)懋父，才(在)莽。……

静簋(集成4273西周早期)：

……雩八月初吉庚寅，王以(与)吴朿、吕犅(犅)卿豳(豳)莽(莽)自(师)、邦君射于大池，……

① 李学勤《翼城大河口尚盂铭文试释》，《文物》2011年第9期。

② 唐兰《"蔑曆"新诂》，见《唐兰先生金文论集》，紫禁城出版社，1995年。

③ 陈剑《简谈对金文"蔑懋"问题的一些新认识》，见《出土文献与古文字研究》第7辑，上海古籍出版社，2018年。

④ 笔者对"蔑历"之看法，参看〔日〕佐藤信弥《蔑曆の時代》，《西周期における祭祀儀礼の研究》，朋友書店，2014年；〔日〕佐藤信弥《商周金文中"蔑历"之作用》，世界汉字学会第五届年会"汉字文化圈各表意文字类型调查整理研究报告"国际学术研讨会发表论文，三峡大学，2017年9月15—18日。

⑤ 丁进《新出霸伯盂铭文所见王国聘礼》，《文艺评论》2012年第2期，第4—5页。

⑥ 李学勤《翼城大河口尚盂铭文试释》，《文物》2011年第9期；何景成《霸伯盂与周代皮币制度》，见《出土文献》第11辑，中西书局，2017年，第7页。

⑦ 十三经注疏整理委员会《仪礼注疏(十三经注疏)》，北京大学出版社，2000年。

⑧ 曹建敦《霸伯盂铭文与西周时期的宾礼》，见《古文字研究》第二十九辑，中华书局，2012年；黄锦前《霸伯盂铭文考释》，《中国国家博物馆馆刊》2012年第5期，第52页。

这些从“𦬁”的地名，或许是一系列的名称。

三、战国竹简中的“镐”

战国竹简中，除了清华简《摄命》以外，上博简《容成氏》也有“镐”地的辞例。《容成氏》里，“镐”地出现在周文王降丰、镐等九邦的部分。① 第45—46简：

> 于是虐(乎)九邦畔(叛)之，丰、禬(镐)、郍(舟)、𨟻、于(邘)、鹿、【45】耆(黎)、宗(崇)、畲(密)须是(氏)。

第47—48简：

> 七邦逨(来)备(服)，丰、喬(镐)不备(服)。文王乃记(起)帀(师)以鄉(向)【47】丰、喬(镐)。

第48简：

> 丰、喬(镐)之民聒(闻)之，乃降文王。

《容成氏》中，用“喬”字或者从“示”的“禬”字为“镐”。此外，《容成氏》用“蒿”为“郊”。第53简：

> 武王素虖(甲)以申(陈)于鬘(殷)蒿(郊)，而鬘(殷)……

关于“镐”的用字，清华简《摄命》的“蒿京”可能是沿袭所见西周文献的用字，比《容成氏》成书时期早。如本文开头所述，《摄命》属于“书”类文献，基本上与西周册命金文的形式一致，在文书形式上也很旧。除了《摄命》以外，作为“书”类文献，清华简《封许之命》也保留源自西周文献的用字。② 第2简：

---

① 马承源主编《上海博物馆藏战国楚竹书(二)》，上海古籍出版社，2002年。关于释文，参看单育辰《新出楚简〈容成氏〉研究》，中华书局，2016年。

② 清华大学出土文献研究与保护中心编，李学勤主编《清华大学藏战国竹简(五)》，中西书局，2015年。

则隹(唯)女(汝)吕丁,庳(肇)㝁(右)[①]玟(文王),

第3简:

亦隹(唯)女(汝)吕丁,旃(扞)補(辅)珷(武王),攼(干)敦殷受,咸成商邑。

《封许之命》,如第五简云"命女(汝)侯于䢴(许)",是周初封建吕丁于许国的文件。[②] 用"玟""珷"字表示文王、武王,沿袭西周金文用字习惯,如利簋(集成4131西周早期)"珷(武王)征商,隹(唯)甲子朝";大盂鼎(集成2837西周早期)"王若曰:盂,不(丕)显玟(文)王,受天有大令(命),才(在)珷(武)王嗣玟(文王)乍(作)邦,辟氒(厥)匿,匍(敷)有四方,畯(畯)正氒(厥)民"等。[③] "书"类文献,属于周书的,保持西周时期以来的用字习惯,《摄命》的"蒿京"也是其中的一个。

四、蒿京与葊京

西周金文中不存在"蒿京",而存在"葊京"。据士上卣/尊/盉,葊京和宗周、成周一样,都是西周王朝的都邑。[④] 士上卣/尊/盉(集成5421/5999/9454西周早期):

隹(唯)王大龠(禴)于宗周,祉饔葊京年,才(在)五月既望辛酉,王令(命)士上眔史寅,殷(殷)于成周。……

据士上卣/尊/盉、麦方尊和伯唐父鼎,在葊京,周王举行饔、酢祀、奉等祭祀。

麦方尊(集成6015西周早期):

……雩若二月,侯见犴(于)宗周,亡尤(愍)[⑤]。迨王饔葊京酢祀。雩若翌日,才(在)璧(辟)雝(雍)。王乘犴(于)舟,为大丰(礼)。王射,大龏禽。侯乘犴(于)赤

① 此字议论很多,本文暂时从《清华大学藏战国竹简(五)》整理者的释文与苏建洲的看法,参看苏建洲《谈谈〈封许之命〉的几字错别字》,见《古文字研究》第31辑,中华书局,2016年,第375—376页。

② 清华大学出土文献研究与保护中心编,李学勤主编《清华大学藏战国竹简(五)》,中西书局,第117页。

③ 同上,第119页注[8][15]。

④ 以后的议论,主要依据在笔者前稿所论,参看〔日〕佐藤信弥《祭祀儀礼の場の変化(一)葊京》,《西周期における祭祀儀礼の研究》,朋友書店,2014年。

⑤ 陈剑《甲骨金文旧释"尤"之字及相关诸字新释》,见《甲骨金文考释论集》,线装书局,2007年。

斿舟，从死(尸)，咸。……

伯唐父鼎(铭图 2449 西周早期后段)：

乙卯，王饔莽京。[王]桒辟舟，臨舟龍，咸桒。白(伯)唐父告备。王各(格)，桒辟舟，臨桒白旂。用射兕、犛虎、貉、白鹿、白狐于辟池，咸。……

还有，据麦方尊、伯唐父鼎与下文所引的遹簋等，莽京设有称为辟雍、辟池、大池、瘠池的池水。① 遹簋(集成 4207 西周中期(穆王))：

隹(唯)六月既生霸，穆王才(在)莽京。乎(呼)渔于大池。王鄉(飨)酉(酒)，遹御，亡遣(谴)。穆王親(亲)易(赐)遹爵。② ……

静簋(集成 4273 西周早期)：

隹(唯)六月初吉，王才(在)莽京。丁卯，王令(命)静嗣(司)射学宫。小子眔服眔小臣眔尸(夷)仆学射。雩八月初吉庚寅，王以(与)吴朿、吕犅(犅)卿豳(豳)兹(莽)自(师)、邦君射于大池，静学(教)无旻(愍)③。王易(赐)静鞞刹。……

老簋(铭图 5178 西周中期前段)：

隹(唯)五月初吉，王才(在)莽京，鱼(渔)于大滤/滮(池)④。王蔑老曆(历)，易(赐)鱼百。……

井鼎(集成 2720 西周早期或中期)：

---

① 井鼎中的“瘠池”，付强考释为《诗经·小雅·白华》所见的“滮池”，参看付强《释井鼎铭文中的“滮池”》，《文博》2019 年第 1 期。

② 周忠兵《遹簋铭文中的“爵”字补释》，吉林大学古籍研究所编《吉林大学古籍研究所建所 30 周年纪念论文集》，上海古籍出版社，2014 年。

③ 陈剑《甲骨金文旧释“尤”之字及相关诸字新释》，见《甲骨金文考释论集》，线装书局，2007 年。

④ 李家浩《释老簋铭文中的“滤”字——兼谈“只”字的来源》，见《古文字研究》第 27 辑，中华书局，2008 年。

隹(唯)七月,王才(在)莽京。辛卯,鱼(渔)于𤅊池,乎(呼)井从鱼,攸易(赐)鱼。……

周王举行打猎(麦方尊和伯唐父鼎)、捕鱼(遹簋、老簋和井鼎)和射礼(静簋)①,具有作为苑囿的性质。② 对比政治性、军事性都邑的宗周和成周,莽京是宗教性的都邑。如《诗经·大雅·下武》:"三后在天,王配于京"的"京",③"莽京"的"京"指为周王室的祭祀中心区,莽京是营造在莽地的京。④

关于莽京的地望,有许多议论,卢连成分为八个观点如下:镐京说、蒲坂说、豳地说、范宫说、丰京说、镐京附近说、秦阿房宫附近说、旁于岐周说,而且据王盂,尤以"旁于岐周说"最为精辟。⑤ 王盂(铭图6216西周早期):

王乍(作)莽京中寝浸盂。

从铭文看来,王盂是莽京中寝里专用之物(笔者认为莽京中寝是莽京中宫之寝),出土于陕西省扶风县法门镇庄白村刘家组(又称为法门镇刘家村)窖藏,⑥即岐周之内,因此卢连成认为刘家村所在地应是西周莽京范围内。⑦ 此窖藏的旁边发现一座西周时期的大型建筑基址,罗西章认为这座基址就是铭文中所说的"莽京中寝"遗址。⑧ 但是王盂有可能是从别的土地搬到刘家村所在地,李仲操提出刘家村必非此器最初存放之地,这里也不是"莽京中寝"的所在地,⑨笔者也同意这样的看法。

卢连成提出的八个观点中,"镐京附近说"是最稳妥的。这个观点的主要论者是刘雨,他的看法如下:据上文所引的麦方尊,可见该铭中的"侯"第一天在宗周,第二天即与王泛舟于莽京的辟雍,因而推知,莽京距宗周(镐京)不足一日的路程。并且依据清人方浚益(《缀遗斋彝器款识考释》13、7)和唐兰(《莽京新考》与《陕西青铜器图释序》)的看

---

① 但是静簋的"射于大池",或许指和所见麦方尊、伯唐父鼎那样的打猎。

② 〔日〕佐藤信弥《周秦漢代における辟雍の位相—礼楽センターと君主の苑囿の二つの机能に注目して—》,《郵政考古紀要》第50号(佐藤武敏先生賛寿記念論),大阪·郵政考古学会,2010年。

③ 十三经注疏整理委员会《毛诗正义(十三经注疏)》(下),北京大学出版社,1999年,第1045页。

④ 〔日〕佐藤信弥《祭祀儀礼の場の変化(一) 莽京》,《西周期における祭祀儀礼の研究》,朋友書店,2014年,第68—74页。

⑤ 卢连成《西周金文所见莽京及相关都邑讨论》,《中国历史地理论丛》1995年第3期,第103—105页。

⑥ 罗西章《西周王盂考——兼论莽京地望》,《考古与文物》1998年第1期,第76页。

⑦ 卢连成《西周金文所见莽京及相关都邑讨论》,《中国历史地理论丛》1995年第3期,第123页。

⑧ 罗西章《西周王盂考——兼论莽京地望》,《考古与文物》1998年第1期,第79页。

⑨ 李仲操《王作归盂铭文简释——再谈莽京为西周宫室之名》,《考古与文物》1998年第1期,第83页。

法,"蒡"字从"茻"、从"亼"、从"方",当为"方"之繁文,或者等于"旁"字("蒡"字从"方"声,方、旁音近,可以通用[1])。"蒡"地就是《诗经·小雅·六月》"侵镐及方,至于泾陽"的"方",其地在距该文中的"镐"(即宗周镐京)几十里的范围内,"镐"与"方"都在沣东长安附近。[2] 最近杜勇也提出同样的看法,认为蒡京(《六月》的"方")位于镐京南郊,即今西安市长安区斗门镇以南一带。[3]

蒡京具体位置,杜勇主要根据吴虎鼎讨论,吴虎鼎(铭图 2446 西周晚期):

> 隹(唯)十又八年十又三月既生霸丙戌,王才(在)周康宫徲(夷)宫,道入右吴虎。王令(命)善(膳)夫丰生、嗣(司)工(空)雝(雍)毅,醽(申)剌(厉)王令(命),付吴兹旧彊(疆),付吴虎。氒(厥)北彊(疆),涵人眔彊(疆),氒(厥)东彊(疆),官人眔彊(疆),氒(厥)南彊(疆),毕人眔彊(疆),氒(厥)西彊(疆),蒡姜眔彊(疆)。……

吴虎鼎记载周王(应是宣王)重申厉王之命,把吴兹旧有土地付与吴虎,明示其北东南西的疆界。铭中"氒(厥)南彊(疆),毕人眔彊(疆)",毕是毕公高的封地,杜勇认为其所在地为今西安市长安区韦曲街道,吴虎授地在其北,大约应在今西安市丈八沟、鱼化寨二乡之内。因此,吴虎授地西彊蒡姜之蒡地当在丈八沟、鱼化寨之西,即斗门镇之南一带。[4] 蒡姜是在蒡地享有邑土的人,杜勇先生在这一前提下进行议论,[5]但是或许蒡姜是从蒡地嫁到别的土地的人,这样的前提未必准确。反正根据麦方尊与《六月》,蒡京邻接宗周镐京,没有很大的疑问。西周中期以后,"蒡京"这个称呼逐渐消失,"蒡"取而代之如下,弭叔簋(集成 4253 西周晚期):

> 隹(唯)五月初吉甲戌,王才(在)蒡,各(格)于大室,即立中廷。井(邢)叔内(入)右师察。王乎(呼)尹氏册命师察:"易(赐)女(汝)赤舄、攸勒,用楚弭白(伯)。"……

𠑇匜(集成 10285 西周晚期):

> 隹(唯)三月既死霸甲申,王才(在)蒡上宫。白(伯)扬父廼成賨曰:"牧牛,𠭯,

---

① 王辉《金文"蒡京"即秦之"阿房"说》,见《一粟集——王辉学术文存》,艺文印书馆,2002 年,第 188 页。
② 刘雨《金文蒡京考》,见《金文论集》,紫禁城出版社,2008 年,第 353—355 页。
③ 杜勇《〈诗经·六月〉与金文蒡京的地理问题》,《中国史研究》2018 年第 3 期。
④ 同上,第 36—37 页。
⑤ 同上,第 36 页。

乃可湛。女(汝)以乃师讼。……

六年琱生簋(集成 4293 西周晚期):

佳(唯)六年四月甲子,王才(在)葊。𨤸(召)白(伯)虎告曰:……

卯簋盖(集成 4327 西周中期):

佳(唯)王十又一月既生霸丁亥,燚(荣)季入右卯,立中廷。燚(荣)白(伯)乎(呼)令(命)卯曰:"䵼(载)乃先且(祖)考死嗣(司)燚(荣)公室。昔乃且(祖)亦既令(命)乃父死嗣(司)葊人。……今余佳(唯)令(命)女(汝)死葊宫、葊人。女(汝)毋敢不善。……

楚簋(集成 4246 西周晚期):

佳(唯)正月初吉丁亥,王各(格)于康宫,中(仲)倗父内(入)右楚,立中廷,内史尹氏册命楚赤䌛市、緐(銮)旂,取遄五寽,嗣(司)葊啚(鄙)、官、内、师、舟。……

据弭叔簋、𩰫匜和六年琱生簋,葊是周王所在地之一,尤其是弭叔簋,在葊地周王举行册命礼仪,葊是和周(岐周)、宗周等其他的周王所在地没有很大的差别。另外,由卯簋盖可见,在葊地,除了周王以外,如荣氏那样的王臣也设有自家宫室,管理当地的人民。那个时候,葊地失去作为"京"的性质,逐渐不在辟雍等池水举行打猎、捕鱼等祭祀礼仪。楚簋所见的"葊啚(鄙)、官、内、师、舟"指葊地的郊鄙、官员、内部领域、军队、在辟雍等池水里所用的舟,周王命令楚管理这些事情。可知,葊地已不是"京",周王朝仍然不放弃管理葊地池水。① 《摄命》的时期,也就是西周中期孝王时,很可能周王朝已经没有"京"。

笔者推测,西周灭亡以后,人们逐渐失去了对葊京的记忆,由于镐地与葊地相互邻接,这两个土地被混同了。在这样的背景下,如《诗经·大雅·文王有声》曰"镐京辟廱",②出

① 〔日〕佐藤信弥《祭祀儀礼の場の変化(一) 葊京》,见《西周期における祭祀儀礼の研究》,朋友書店,2014 年,第 64—67 页。

② 十三经注疏整理委员会《毛诗正义(十三经注疏)》(下),北京大学出版社,1999 年,第 1049 页。

现镐地就是周王朝的“京”，设有辟雍，这样的认识。立足于本文所论，清华简《摄命》：“王才（在）蒿（镐）京”这句话显示《摄命》的成书时间不在西周时期，而很可能在离西周时期不远的春秋早期或者中期。

五、结语

本文讨论清华简《摄命》所见“蒿京”与西周甲骨金文中的“蒿”“䒼京”的关联性。从李学勤先生提出释“蒿”字为“郊”的观点以后，很多学者接受这个看法，根据新出清华简《摄命》，也可以释“蒿”字为“镐京”的“镐”。但是西周金文中不存在“蒿京”而存在“䒼京”，在西周时期“蒿”地不是“京”，而“䒼”地是“京”。“蒿”地与“䒼”地相当于《诗经・小雅・六月》中“侵镐及方”的“镐”与“方”，由于相互邻接，并且西周金文上这两个字都从“茻”，因此这两个地名可能在西周灭亡以后被混同了。《摄命》的成书时间不在西周时期。对其他的有关西周史的文献，比如清华简等战国竹简中“书”类文献，《尚书・周书》诸篇、《逸周书》和《诗经・大雅》等传世文献，也需要做同样的分析，发掘其作为历史文献的价值。

丁韪良的汉字观：基于《常字双千 认字新法》的研究*

赵晨晔　李焱

（厦门大学中文系）

摘　要：本文以清末美国学者丁韪良所著《常字双千 认字新法》作为研究对象，结合近代西方学者对汉字的认知，分析了其中选字和汉字教学的方法。本文认为丁韪良是较早将字频统计和部件分析引入对外汉语教学的西方学者，其汉字观具有一定的前瞻意识。

关键词：丁韪良　部件　识字法　汉字观

一、丁韪良及其《常字双千 认字新法》

丁韪良（W. A. P. Martin）是清末中西文化交流史上的重要人物。丁韪良1827年生于美国一个传教士家庭，受家庭影响产生了前往中国传教的兴趣。他于1842年至1849年间完成印第安纳大学和新阿尔巴尼神学院的学业，学习了希伯来语、希腊语和拉丁语，并于同年获得了前往中国传教的许可。1850年4月10日其到达香港，后又北上考察了广州、澳门、厦门和福州的传教情况，于6月26日抵达传教的目的地宁波，在此生活了10年之久。1862年8月丁韪良留居上海，管理上海长老会和美华书馆。1863年丁韪良进入北京，并于1869年担任京师同文馆总教习，后任京师大学堂西学总教习。1916年病逝于北京。

丁韪良的汉语水平较高，1850年6月26日到达宁波后，就开始学习中文。其首先学习的是宁波土语，他聘请了当地人路介臣作为自己的宁波土语教师，“早中晚都沉浸

* 本文系国家语委项目“全球中文教材建设的回顾”（项目编号：YB135—153）、国家语言资源监测与研究教育教材中心重点课题“晚清域外汉语教材整理与研究”（项目编号：2019ZD001）的阶段性成果。

于宁波土语的学习中"[①],三个月左右后,丁韪良开始研究文言,六个月之后尝试用宁波土语布道,一年之后可以和别人自由交流。[②] 根据其自传介绍:汉语课是从实物开始的,有时采用模仿事物的方式替代解释。由于当时的宁波使团尚未出版汉语教材和词汇表,他就运用"德语中的,或者说是欧洲语言中的元音作为基础,加上一些变音符号,编出一套音标"[③],并以此记录老师所说的宁波土语,又将这套拼音系统传授给自己的老师路介臣。1851 年,丁韪良成立学社,目标是要"确定一个能够把宁波口语写下来的拼音系统,并以此教会当地的中国人学习写罗马字母"[④]。"1852 年,他在宁波刊印了用宁波方言和罗马拼音写成的地理教材《地理述林》,1853 年与禄赐(William Armstrong Russell)翻译了《宁波土语约翰福音书》,1857 年出版了《宁波土语词典》。"[⑤]为了能与更多的中国居民交流,他从宁波城外江北岸搬家至宁波城内,结识了更多的城内居民,宣扬了基督教。随着知名度的提高,周边省份的居民和官员也前来拜访,这使得他意识到宁波土语难以满足其交际需求,开始转学官话。丁韪良的官话老师是曹景荣(子渔),宁波镇海人,曾在西安生活多年。根据《赫德日记》记载,"在 1855 年左右丁韪良就已经掌握了官话"[⑥]。

《常字双千 认字新法》是丁韪良在上海时期为传教士等西方学生学习汉字所编写的教材。《常字双千 认字新法》第一版出版时间为 1863 年,第二版为 1897 年。两版之间的差异主要是将注音从官话音(Mandarin)改为北京音(dialect of Peking),并增加了声调的标注,同时也修改了一些印刷错误。《常字双千 认字新法》共分为四大部分,分别是:方法(THE METHOD)、课文与翻译(TEXT AND TRANSLATION)、分析(ANALYSIS)和附录(APPENDIX)。第一部分"方法"介绍了全书内容的编排及使用方法,包括:本书的常用字定义及其选取,汉字的分析方法,课文编排形式及课文的翻译原则,有关学习方式和教学模式的说明。第二部分"课文与翻译"是本书汉字教学的主体之一。包括:2 016 个高频汉字及其注音;利用 2 016 个汉字所编排的课文及英文翻译。课文共分为四个章节,每个章节下包含数量不等的主题内容。课文是模仿中国《千字文》的四字韵文格式;内容前两章以圣经故事为线索,介绍基督教思想,后两章则以"人事和俦类"为核心,结合中国传统伦理观念分别介绍了人生准则和日常生活。第三部分"分析"同样也是本书汉字教学的主体。主要包括三个部分:对汉字的分析,元素表,不

---

① 王文兵《丁韪良与中国》,外语教学与研究出版社,2008 年,第 32 页。

② 丁韪良《花甲忆记》,沈弘等译,广西师范大学出版社,2004 年,第 31 页。

③ 同上,第 28—29 页。

④ 同上,第 27—29 页。

⑤ 傅德元《丁韪良与近代中西文化交流》,台大出版社,2013 年,第 561—562 页。

⑥ 赫德《赫德日记》(一),傅曾仁等译,中国海关出版社,2003 年,第 142 页。

同手写体的练习(四种书体)。第四部分是附录,包括部首表和词表(vocabulary)。部首表包含依据笔画数排列的214个部首,词表则是将2 016个汉字依据部首的顺序重新进行排列。部首表和词表均有注音和基本义的译文,具有工具书性质,方便学生查阅。《常字双千 认字新法》是一种识字教材。与丁韪良同时期的传教士多以构建汉语语法体系为指导编写教材,而丁韪良则单纯从"快速掌握汉字,进行书面阅读"的实用目的出发,编写汉字教材,编写理念、形式和内容上都具有创新性,并体现出中西汉字教学模式的融合,是丁韪良与众不同的汉字观的集中体现,代表了当时西方学者对汉字的认识达到了一个新的层次。

二、关于汉字的字符数量

汉字特殊的性质和形式使得西方人在接触汉字初期产生了许多误解,其中之一就是:一事一物皆对应一个汉字,人们想表达多少概念就有多少字,对汉字的数量和常用字数量产生了夸张的估算。"十六至十七世纪来华的西方人对汉字总量的估计通常为六万到八万之间,常用字在一万左右"①,例如利玛窦(Matteo Ricci)在其著作《利玛窦中国札记》中对汉字数量的记述为"不超过7万或8万,掌握1万个汉字,可开始写作"②,曾德昭(Alvaro De Semedo)也承认汉字的数量确实很多,"共有6万,但是汉语中使用的词汇不多,掌握8千到1万个汉字就可以读写文章理解文字了"③,基歇尔(Athanasius Kircher)对日常所需汉字数量的估算也大致相同。到了18世纪,以马若瑟(Joseph de Prémare)、沙守信(Emeric de Chavagnac)为代表的传教士们认为"汉字常用字大约在四千到五千字左右"④。而到了19世纪,在前人的研究基础上,西方人对汉字数量的估算渐趋客观,总数的估计已经降到了"两万五千字以内,常用字在三千左右"⑤。例如卫三畏(Samuel Wells Williams)认为:虽然马若瑟估算供日常使用的汉字在四千到五千之间,但是"有这个数的三分之二也可以对付",但是若要"有能力阅读任何中文著作、流畅地写任一主题还是需要很好地理解10 000字"。

而丁韪良认为,在实际汉语阅读和写作过程中所常用的汉字并非是之前西方人所

① 严靓雯《明清时期来华西方人所编汉语教材中的汉字教学研究》,华东师范大学硕士学位论文,2016年,第30页。

② 朱李娜《16—19世纪西方汉学论著中汉字特征研究》,厦门大学硕士学位论文,2017年,第21页。

③ 同上,第28页。

④ 严靓雯《明清时期来华西方人所编汉语教材中的汉字教学研究》,华东师范大学硕士学位论文,2016年,第43页。

⑤ 同上,第51页。

认为的一万个汉字。为了证明这个论点,他还提到一些著作的汉字使用量,如《圣经》中包含 676 827 个汉字,字种量为 4 141 个,其中《旧约》(London Mission Press 版)包含 503 663个字,字种只有 3 946 个,《新约》(Presbyterian Mission Press 版)全书字量为 173 164 个,字种为 2 713 个;《十三经集字》中共有 6 544 个不同的汉字,其中"四书"的字种为 2 328 个,"五经"中有 2 426 个未在"四书"中出现的汉字。《尔雅》中有 928 个很少出现或被弃用的汉字。因此,丁韪良估算中文阅读所需的汉字种量不多于 6 000 字。

为丁韪良提供灵感的是中国传统蒙学三大读物之一的《千字文》。丁韪良认为《千字文》为初学者选择一千个汉字作为学习的核心,并将这些汉字组成韵文以帮助记忆。丁韪良将《千字文》比喻为汉语母语者在汉字学习的入门阶段所创造的"键盘(fingerboards)",是帮助后人穿越文字海洋的"磁针(magnetic needle)"。但是,丁韪良认为《千字文》中的汉字是随机产生的(their thousand were taken at random),而他想要通过相应程序进行筛选,依照汉字出现的频率为汉字划分等级,最后呈现给学习者。

为丁韪良通过频率高低以确定常用字种这个想法提供客观操作条件的是美国长老会的传教士姜别利(William Gamble)。

姜别利 1858 年来华,在宁波主持华花圣经书房,后印刷所改名为美华书馆,1860 年迁至上海,1869 年任美华书馆主任。与当时中国普遍使用的雕版印刷术不同,西方采用的是活字印刷,因此有必要确定所使用的字母相对频率,以确定到底需要铸造多少个字母。比如对于普通的英语书籍,一种字体中每个字母的次数是:e 为 12 000 次,t 为 9 000次,a 为 8 500 次,i、n、o 和 s 各为 8 000 次,r 为 6 200 次;而 k 为 800 次,q 为 500 次,j 和 x 各为 400 次,z 为 200 次。因此当西方印刷业进入中国后,使用活字印刷必然也涉及汉字字种出现的相对频率问题。姜别利在经营美华书馆期间,发现汉字数量浩瀚,导致印刷过程中的捡字排字极为耗时。为此,他雇用了两名中国学者统计出汉语文献中汉字出现的频率,并以此为依据确定了印刷所需的常用、备用和罕用的三类金属字块,放置在他首创的元宝式字架上。这种字架"正面置字 24 盘,中间 8 盘装常用字,上、下各 8 盘装备用字,两旁 46 盘装罕用字。各类字按《康熙字典》部首检字法分部排列"①。这种将最常用字块放在手边的方法,避免了铸造金属字块过程中的浪费,并且将字块组合效率提高三倍以上。这也使得美华书馆在当时的"出版界居于垄断地位"②。丁韪良与姜别利在宁波和上海都有很多交集,特别是丁韪良在 1862 年主管上海美华书馆,与姜别利有更多深入接触的机会。姜别利在印刷时按照比例确定字模的

---

① 胡远杰、景智宇《中西文化交流的桥梁——美华书馆》,《档案与史学》2003 年第 3 期,第 63—65 页。

② 同上。

数量，并按照常用度编排顺序，将最常用的字模放到最容易取用的位置，这引起了丁韪良的兴趣，并认为这种方法可以运用到汉字的学习中，最常用的字符优先学习，这样可以节省学习罕见或者无用字符的时间，使外国学生在短时间内完成学习书面语言的繁重任务。

姜别利雇用了两名中国学者花费了两年的时间，统计了《康熙字典》中 40 919 个字中有多少是常用的，另外还对传教人员使用和出版的书籍，包括整本《圣经》，连同美华书馆印刷的 27 种其他刊物，总计 4 166 页八开页，近 120 万字进行了统计。结果主要是体现在两张表中。第一个表是一个较为详细的统计，对上述书籍中出现的 5 150 个不同的字，按部首和笔画对汉字进行的排列。这些不同的字后面附有出现的次数，这些字符出现次数加在一起共出现 1 166 473 次。第二个表则是一个较为概括的统计，因为没有局限到每个字符上，所以反而更能表现出统计的全貌。姜别利统计的第二个表引用如下：

表1 姜别利统计结果列表

Group	No. Different Cha.	Min. & Max. Nos.	Totals
1st	13	10 000	214 156
2nd	224	1 000—10 000	563 126
3rd	16	900—1 000	15 150
4th	19	800—900	16 344
5th	44	700—800	32 757
6th	47	600—700	31 167
7th	59	500—600	32 116
8th	99	400—500	44 258
9th	112	300—400	38 024
10th	197	200—300	47 932
11th	400	100—200	56 627
12th	207	75—100	17 637
13th	301	50—75	18 508
14th	547	25—50	19 497
15th	3 715	1—25	19 036
	6 000		1 166 335

这个表格是对 6 000 个不同的字符进行的统计，字符总出现次数为 1 166 335 次。表格将这 6 000 个字符按照出现频次分为了 15 组。比如第一组有 13 个字，每个字出现次数都是大于 10 000 次，总出现次数为 214 156；第二组有 224 个字，每个字出现次数在 1 000—10 000 之间，总出现次数为 563 126……丁韪良认为姜别利的调查结果显

示出两个很重要的事实:(1)掌握这些经过筛选的五六千的汉字数量就足以满足实际需求,而这些只占汉字总数的七分之一,但这个事实却常被对汉字感兴趣的欧洲人所忽视。(2)高频率的汉字并不多,但却是一本书所用汉字的主体,而大部分的汉字实际上较少出现。例如,第一组的 13 个汉字,在所有文本中共出现 214 156 次,超过了总频次数的六分之一。前两组共有 237 个字,出现的频率总次数为 777 282 次,远超总频次数的一半。而如果将前八组的汉字放在一起,则共有 521 个汉字,出现频率总次数为 949 074次,接近总频次数的十一分之九。而最后两组的汉字加在一起则有 4 262 个汉字,但其频次数却不足总频次数的三十分之一。更为重要的是,第十五组的字种虽然最多,有 3 715 个不同的汉字,但是每个字出现的次数并不多,占出现的总字符数的比例也很低(19 036/1 166 335≈1.6%),因此前十四组,总计 2 285 个汉字是使用面更宽、覆盖率更强的汉字,这也是丁韪良之所以定为“常字双千”的根本依据。另外,丁韪良虽然意识到了姜别利的统计结果对汉字学习的重要性,但是他没有完全照搬姜别利的统计结果。丁韪良认为姜别利的统计是基于文言文体系的结果,但如果将它们应用于官话方言,还需要做相当大的修改,这些汉字的频率会发生变化,而且还需要增加十几个官话特有的字。因此,丁韪良在确定《常字双千 认字新法》的教学用字时,进行了一定的人工干预,在原有的统计列表之上删除并增补了一些汉字来满足需求。

三、关于汉字的字形分析

西方学者早在 16 世纪就接触到了汉字。汉字作为一种与西方字母文字不同的一种书写符号系统,引起了他们的兴趣,在不同的阶段西方学者也对汉字产生了不同的理解。早期的西方学者过于强调汉字是一种图形构成的象形文字,认为汉字和事物本身存在着对应关系。如门多萨(Juan Gonsales de Mendoza)认为“他们没有跟我们一样的字母,只能用图形书写”①,利玛窦认为“他们使用的字形很像古埃及人的象形文字”,“每个字正好像每个对象一样,都是用它自己的汉字或符号来表示,用于代表一个意思”②。

也有一些学者深入到汉字的内部,探寻汉字的构造。如 1674 年德国学者缪勒声称自己找到了“中文之钥”,可以“让人们学会阅读中文的秘诀,甚至中国人也会从中受益,而且对所有使用汉字的人(如日本人、朝鲜人、暹罗人、柬埔寨人等)都会有帮助,对于欧

① 门多萨《中华大帝国史》(1585),何高济译,中华书局,2013 年,第 103 页。

② 利玛窦、金尼阁《利玛窦中国札记》,何高济、王遵仲、李申译,中华书局,1983 年,第 27 页。

洲的使节、传教士、商人、旅行者和医生也有用处。'中文之钥'还有助于传播基督福音、学习中国的科学和创制一种通用的书写文字"①。不过，缪勒最终也没有公布自己的研究成果。也有一些西方学者注意到汉字研究中部首的存在，如金尼阁（Nicolas Trigault）所著《西儒耳目资》（1626）中就列出了 306 个部首，意大利学者卫匡国（Martino Martini）所著《中国文法》（*Grammatica Sinica*）也收录了汉字的 330 个部首。

丁韪良则在学习汉字上另辟蹊径。他发现中国人在介绍自己的姓氏时会用"弓长张，立早章，美女姜，耳东陈"等方式使对方明确自己姓氏的具体汉字。他兴奋地表示"他们（中国人）发现了磁针，但它是留给别人用来横渡大洋的；他们用美丽而简单的方式分析了几十个姓氏，但是我们抓住了这个暗示，投入到文字的海洋中，自信地告诉我们去更远海岸的路"。一个汉字可以拆成几个部分，这并不稀奇，中国学者很早就对此有所认识，但是在拆字时往往过于拘泥于所拆分成分在表义或者表音中的作用，西方学者虽然在 17 世纪前后认识到汉字也可以由单字复合而来，但是随着部首概念的引介，忽视了除了部首之外的构字成分。中国人拆分姓氏用字的方法，并不强调所拆分单元对整字音义的作用，而只是单纯关注构字的成分，所以丁韪良认为这是一种拼写法（spelling）。他指出"如果为了听者能正确地写出来名字，可以这样把他们拼写出来，为什么其他的字符就不能得到同样的处理呢？大多数人都能把它们整齐地分成两到三个元素，每一个元素都是一个独立的整体，有自己的声音和意义。在这种情况下，使用这个解决方案的好处是毋庸置疑的"②。

根据上述思路，丁韪良对汉字字形进行了分析和研究。他认为大多数汉字都能被整齐地分成两个或三个构字元素，如果拆分后的元素是一个独立的汉字，有自己的语音和语义，则优先拆分出这样的构字元素。若拆分出的构字元素是在当时仍通行的汉字，则称之为"完美的（perfect）"；若拆分出的构字元素，虽然是独立汉字，但却是已经过时或被废弃的汉字，则称之为"不完美的（imperfect）"。但是，在实际操作过程中也存在一些汉字难以被完美地拆分出独立的汉字。丁韪良认为这些被拆分出来的非成字的构字元素仍具有一定的价值，因为它有可能经常与其他元素组合成其他汉字。因此丁韪良会依据该元素与其他元素的组合频率来决定非成字的元素是否可以作为拆分后的构字元素，而确定之后则称之为"不完美元素（imperfect elements）"。在拆分过程中，丁韪良认为也应注重考虑构字元素在重组时的方便程度和容易程度。同时，为了方便称说和记忆汉字，当这些不完美元素与某些汉字非常相似时，则尽可能借用这些汉字，

① 董海樱《16 世纪至 19 世纪初西人汉语研究》，商务印书馆，2011 年，第 167 页。

② 丁韪良《常字双千 认字新法》，Presbyterian Mission Press，1863 年，第 9 页。

保留其相似性，例如在拆分“民”时，采用“口、氏”两个构字元素。而其差异性则留待后期的观察和学习。丁韪良认为以这种方式学习汉字，虽然有些误差，但仍比完全不使用这种方法的效果好。丁韪良还特别指出，这种方法的目的是使学生了解现在所使用的字符，而不是从词源学(etymology)的角度对汉字进行解析，如果要掌握后者，则需要掌握更早的书写形式，探寻历代的变化，不过，这种方法显然不是初学者所最需要掌握的。

丁韪良拆分出来的汉字的构字元素，与传统的部首既有联系又有区别，部首大多是构字元素，但是构字元素并不都是部首。丁韪良对《常字双千 认字新法》中所使用的2 000多个汉字进行了拆分，得到 1 011 个不同的构字元素，其中有 467 个是本身成字的，另有 544 个只是作为构字的单元出现。从数量上看，丁韪良所创造的元素拼写法大量减少了记忆单位，起到了以简驭繁的作用。

四、结语

丁韪良的《常字双千 认字新法》作于一百多年前，但是其对汉字的认识具有超前的眼光。这部作品的重要意义主要有二：

其一，确定了汉字教学用字的选择应该建立在统计基础之上的方法。在丁韪良之前，中国虽然长期使用《三字经》《百家姓》《千字文》等作为儿童识字的蒙学教材，但是汉字的选择，仍旧具有很强的随意性，而西方学者则将汉字的总量和教学用字的总量长期混为一谈，至今仍有人把汉字的学习视为畏途。丁韪良则借助了姜别利的成果，加以改进运用到汉字的教学中，在文本大规模统计的基础上，确定了教学用的 2 000 多个汉字，使汉字教学从混沌状态变得更加明晰。这不仅优于其同时期的西方学者和传教士，并且也早于我国国内的相关研究。中国的字频研究最早可追溯到 20 世纪 20 年代，“黎锦熙在《国文学会丛刊》发表的《国语中基本语词的统计研究》一文”[①]，而之后产生了较大影响的是陈鹤琴，他统计了 6 类语料、共 554 498 字，统计出 4 261 个字种，在 1922 年编成了《语体文应用字汇》。丁韪良用依据频率高低选取出的常用汉字进行汉字教学，早于我国国内研究近 60 年。今天作为我国教学重要参考的《现代汉语常用字表》收常用字 3 500 个，其选择的依据中使用频率也是重要的参考。丁韪良选字的依据虽然是 120 余万字的语料，但是其语料主要是依据美华书馆所印书籍及宗教作品等，语料种类偏窄，因此筛选出来的字也有偏颇，该收未收、不该收而收的情况也时有所见。

---

① 海柳文《十三经字频研究》，高等教育出版社，2011 年，第 2 页。

其二,发现了汉字部件在汉字学习中的重要地位。从造字法的角度看,许慎创立了"六书说",这是建立在对小篆等古文的分析基础之上的,但是汉字经隶变之后,形体发生了较大的变化,原有的"六书说"不能完全解决新字形的问题,所以唐兰、陈梦家等提出了"三书说"。不过,"六书说和三书说对分析现代汉字,并不完全适用,为了分析现代汉字的形体,指导现代汉字的应用,学者们提出了新的汉字构造和分析的理论。这种理论认为汉字字形以部件为核心,共有三个层次,即笔画、部件和整字,建立在这种理论上的分析法,可以叫部件分析法"①。中国学者认识到部件的重要性,是在20世纪60年代,今天部件作为汉字的一个重要构字单位已经得到充分认可,部件在汉字教学、信息处理方面也发挥着重要作用。而丁韪良则在一百多年前,在当时学界还把学习汉字的眼光集中到部首时,敏锐地认识到部件的重要性,②提出了切分部件的方法,并将之运用到汉字的教学中,这种意识领先了近百年。不过,这种方法也存在割裂字理,造成对汉字理解混乱的情况;对于部件拆分的方法也与今天有所差别,因此切分出的部件的种类也显粗糙。

从《常字双千 认字新法》来看,丁韪良对汉字的认识,在继承前人成果之上又有自己的创新发展,在世界汉语教学史、汉字学理论发展中占有一定位置,具有相当的研究价值。

---

① 苏培成《现代汉字学纲要》,北京大学出版社,1994年,第55页。

② 丁韪良把今天称为"部件"的概念称之为元素(element)。

近代日本汉字研究团体《说文》会考略

赵思木
（集美大学文学院）

摘　要：在清代《说文》学影响下，日本《说文》研究于19世纪初期开始进行。以狩谷棭斋为中心的《说文》会是《说文》研究的主要力量。该会从19世纪初期成立，延续到20世纪中期结束，分为滥觞期、发展期、鼎盛期与衰落期四个阶段。该会以研读《说文解字注》为活动内容，一向为日本传统美术界、汉学界人士所重视，1902年后学风转向利用古汉字材料研究《说文》，而影响扩大，讲师高田忠周著作等身，名扬世界。20世纪三四十年代，该会逐渐衰落。战后至今，与《说文》会取径有异的《说文》研究方法成为日本《说文》研究主流。

关键词：日本汉学　学术团体　《说文解字》

一、引言

1908年11月1日，《说文》会在日本东京上野公园东照宫举行了一次隆重的临时会员大会。460余名与会者中既有《说文》会会员，也有白鸟库吉、狩野直喜等不少名流。集会是为了纪念日本传统汉字学研究团体《说文》会成立一百周年。

当日午前，与会者祭祀中日两国已故《说文》研究者，包括中国的许慎、徐铉、徐锴、段玉裁、桂馥、王筠、朱骏声，及以狩谷棭斋为首的日本《说文》会已故成员。祭文用汉文写成，由中井兼之宣读。后经樋口勇夫译为日文，载于次日《东京日日新闻》。谨汉译如下：

> 维明治四十一年十一月一日，帝室技艺员中井兼之代《说文》会诸士，谨告故汉南阁祭酒许公及我棭斋狩谷先生之灵曰：古昔圣人观天察地，始制文字。日月象形，上下指事。会意形声，以理群类。历世渐远，庶业其繁。列国异政，国各异文。斯篆佐书，愈出维新。公患古文久绝，合古籀以叙小篆，作《说文解字》十有五卷。于是造字之源复明，俗书之讹始辨。其后千七百年，有我棭斋先生。该览博综，夙

凌耆宿。最喜《说文》，绍述公学。自少至老，日读不辍。摘浅人之谬说，为斯学之先觉。由是世知当尚《说文》，学者有所从归。后学兼之等犹读古文，得窥古经之微，寔依公及先生。兹卜吉辰，恭具清酌粢盛，虔荐吾诚。尚飨。

会场中还展出《说文》会会员收藏的"汉字研究所需古书旧籍、篆籀文拓本之类"五百余件。午后，《说文》会讲师高田忠周及主持者重野安绎先后发表演讲。参会者皆获赠狩谷棭斋手书《咏说文》和歌条幅缩印版作为纪念。① 这次由外国人举办的《说文》纪念大会形式特别，在《说文》传播与研究史上可谓绝无仅有。《说文》会借此声势，步入其鼎盛期。

中国学界很早就知道日本有个《说文》会。1900年代访日的吴汝纶、罗振玉都记录过与《说文》会成员高田忠周、河井仙郎、林泰辅等人的交往。② 后来虽然高田、林泰辅等名垂古汉字学术史，但《说文》会却渐渐鲜为人知。1980年代以来介绍日本汉学、汉语言文字学的著述虽然不少，提及《说文》会者却很罕见。除严绍璗介绍《说文》会会员林泰辅时，言及"'《说文》会'是江户时代狩谷棭斋（Kariya Ekisai，1775—1835）发起的中国古文字研究会，以研读《说文》为主"③，似乎很少有著作再提及。董希谦曾指出，"日本还立有'《说文》会'的组织，不断交流研究成果"④，又说，"在东京御茶水女子大学，由赖惟勤教授主持'《说文》会'，主要工作是注释《说文解字注》"，可见其所谓"《说文》会"并不是指近代日本的《说文》会。刘正、陈东辉等虽也都曾谈及日本近代以来的《说文》研究情况，⑤李庆《日本汉学史》⑥也记载了日本近代很多汉学团体，但都未曾提及《说文》会。《说文》会究竟是一个怎样的组织？有哪些成员？留下什么研究业绩？在日本汉语言文字研究史上发挥了什么作用？我国学者现有研究成果还无法回答这些问题。我们在此不揣谫陋，试介绍有关情况。

---

① 大会流程、参加者、祭文内容皆见〔日〕樋口勇夫《〈说文〉会临时大会》，《东京朝日新闻》1908年11月3日。

② （清）吴汝纶著，宋开玉整理《桐城吴先生日记》，河北教育出版社，1999年，上卷《经学》第一第66页、下卷《品藻》第十三第657页、下卷《游览》第十二第637页；罗振玉《扶桑再游记》，见《罗振玉学术论著集》第十一集，上海古籍出版社，2010年，第132、137、138页。

③ 严绍璗《日本中国学史》第一卷，江西人民出版社，1993年，第175页；《日本中国学史稿》，学苑出版社，2009年，第179页。

④ 董希谦《〈说文解字〉的学术价值——纪念〈说文解字〉成书1890年》，《河南大学学报》（社会科学版）1990年第5期，第97页；董希谦《〈说文解字〉一夕谈》，河南人民出版社，1994年，第78页。

⑤ 刘正《海外汉学研究：汉学在20世纪东西方各国研究和发展的历史》，武汉大学出版社，2002年；陈东辉《日本的汉语史研究之历史与现状——兼论中日学术交流对汉语史研究的重要作用》，《东华汉学》2006年第4期，第213—276页；陈东辉《日本的汉语史研究概观》，见王宝平主编《中日文化交流史研究》，上海辞书出版社，2008年，第345—411页；陈东辉《汉语史史料学》，中华书局，2013年，第494—496、516—520页。

⑥ 李庆《日本汉学史》，上海人民出版社，2010年。

二、《说文》会的滥觞

从前文可见，狩谷棭斋被《说文》会会员奉为日本《说文》研究的开山鼻祖。至晚在公元9世纪，《说文》即已传入日本。但日本汉学研究往往是前一时代中国学术研究内容东传的余波，中国《说文》研究尚未兴起之际，日本学者也不重视《说文》。17世纪后半叶，中国清代朴学肇兴。同时，江户幕府后期日本儒学界先后出现"古义学派""古文辞学派""折中学派""考证学派"等与官方所倡朱子学旨趣相异的学派。这些学派都重视通过研究汉语、汉字解读经典，阐发经义。于是，当时日本出现了不少研究汉语、汉字的著作，主要涉及汉语虚词、音韵以及日本通用汉字字形等方面。在艺术方面，篆刻也开始出现，并追求复古。与此学术、艺术形势相应，很多中国小学、金石书籍传入日本，并在日本翻刻。① 但直到19世纪，专门研究《说文》的著作似乎只有井上章伦《说文字母集解》(1738)，涉及六书与古汉字字体演变的著作也只有新井白石《同文通考》(1760)。直到狩谷棭斋，日本《说文》研究方才出现"得彼土乾嘉诸老之说而真研治之者"。②

狩谷棭斋(1775—1835)，名望之，字卿云，号棭斋。日本江户后期著名考证学家。他生于江户富庶书商家庭，自十几岁起，就立志搜访、校读、缮写、刊印和汉古籍。他平生在日本"国学""金石学"和"书志学"(即目录学)等方面著述宏富。在汉语言文字学方面，他著有《说文新附字考》及《转注说》，编有《说文检字篇》，其《倭名类聚抄笺注》等也多征引《说文》，他所批校的钱坫《说文解字斠诠》现藏于日本宫内省图书寮。③

棭斋平生"最喜《说文》"。当时他研读《说文》，采用会读方式，与之同读的松崎复在日记中曾有多处记载。④ 会读者还包括棭斋师友弟子市野光彦、伊泽信恬、小岛知足、涩江全善、冈本保孝、森立之等。这一会读《说文》的团体，就是赫赫有名的《说文》会。关于《说文》会的兴起，日本汉学家三浦叶这样记述：

> 创立特别专门学会之事，可追溯至文化五年(1808)。当时掌管枫山文库图书之近藤重藏，告诉著名考证学者、研究金石《说文》之学的狩谷棭斋，文库中有舶来之段注《说文》。棭斋闻之，请求一览。乃私下借来一二册写之，与门人同志相研

---

① 〔日〕岡井慎吾《日本漢字学史》，明治書院，1940年，第256—314页。

② 〔日〕岡井慎吾《狩谷望之轉註説譯文書後：六書古義》，有七絶堂，1938年，第7页。

③ 〔日〕梅谷文夫《狩谷棭齋・略年譜》，吉川弘文館，1994年，第272—284页。

④ 〔日〕松崎復著、濱野知三郎編《慊堂日曆》，六合館，1929年，第190、241页。

讨。如此乃有《说文》会。①

这一记述可能是参互采纳不同记载编集而成，似较上述传闻细节更为真实。唯谓文化五年(1808)即有段注《说文》东流日本，则有失考之嫌。按，《说文解字注》之初刻段氏经韵楼本，刊成于段氏逝世当年(1815)，流入日本必在此后。棭斋等人读到段注，又必在枫山文库购入该书后。

《说文》会中棭斋以外的会员，也都是日本考证学派名家。逐一简介如下：松崎复(1771—1844)，号慊堂，谥号五经先生。肥后国(今熊本县)人。早年入江户昌平黉从林述斋学习朱子学。中年任挂川(今静冈县挂川市)藩校教授。晚年隐居江户。邃于经义，甚好《说文》，故校定古书、论字画颇为精详。曾审定石经《十三经》《五经文字》，校刊影宋本《尔雅》。② 市野光彦(1765—1826)，号迷庵，江户人。初学朱子学，与林述斋等人游。后与狩谷、松崎交，转向考证学。著有《论语大永本集解札记》《论语正平本集解札记》等。③ 伊泽信恬(1777—1829)，号兰轩，福山藩儒医，棭斋之儒学同门。长于中日两国古医籍之书志学研究。涩江全善、森立之从之学习汉方医学，为"兰门五哲"之二。④ 小岛知足(1796—1862)，号成斋，备后国(今广岛县)人。福山藩士。从棭斋习考证学。著有《五经文字疏证》。⑤ 补正棭斋所著《说文新附字考》。⑥ 围绕棭斋《转注说》，与涩江全善、冈本保孝展开讨论，说皆未刊。⑦ 涩江全善(1805—1858)，号抽斋，江户人。弘前藩儒医。初受业于市野迷庵，后从棭斋习儒学，从伊泽兰轩习医学。与森立之合著《经籍访古志》。⑧ 冈本保孝(1797—1878)，号况斋，江户人。从棭斋习考证学。后任昌平黉教官。明治初，任东京大学博士。平生著述达三百余种，然生前皆未刊行。遗著藏于日本国会图书馆及静嘉堂文库。据整理过这些遗著的冈井慎吾披露，其中关于汉语言文字之著述有十余种，如《〈韵镜〉考》《〈转注说〉存疑》《品字笺》《六书杂考》等。⑨ 森立之(1807—1885)，号枳园、养竹，江户人。医学家、文献学家。先后师从涩江全善、伊泽兰轩。棭斋在世时，曾作为最年少弟子，列《说文》会之末席，从习文字、考证

① 〔日〕三浦叶《漢字漢文教育》，《明治の漢学》第3部，汲古書院，1998年，第398页。笔者译。

② 张文朝编译《江户时代经学者传略及其著作》，万卷楼图书股份有限公司，2014年，第199—200页。

③ 同上，第286页。

④ 誠之館人物誌·伊澤蘭軒，https://wp1.fuchu.jp/~sei-dou/jinmeiroku/izawa-ranken/izawa-ranken.htm。

⑤ 张文朝编译《江户时代经学者传略及其著作》，万卷楼图书股份有限公司，2014年，第205页。

⑥ 〔日〕岡井慎吾《日本漢字学史》，明治書院，1940年，第387页。

⑦ 见《轉註説附録》，与謝野寛等编《日本古典全集》《狩谷棭齋全集第三》，日本古典全集刊行会，1926年，第15页。

⑧ 张文朝编译《江户时代经学者传略及其著作》，万卷楼图书股份有限公司，2014年，第204页。

⑨ 同上，第209页。〔日〕岡井慎吾《日本漢字学史》，明治書院，1940年，第400—406页。

之学。著有大量医籍、经籍、汉语、日语语言文字研究著作，如《本草经考注》《左传考注》《平かな片カナ伊吕波字原考》《说文温知录补遗》。还与涩江全善合著《经籍访古志》。①

关于棭斋时代《说文》会聚会场景的故事，也在《说文》会中代代相传。后来担任《说文》会讲师的高田忠周曾在回忆文章中有所转述：

> 棭斋本为富豪，为学问不厌其费。而所交际之同志实多有福之人。《说文》会之排场奢华非常。每会皆为丰盛之宴饮。会员中某人为旗下之士，此亦有福之人。于聚会之日，此人购置游船，携来购自食肆之酒食。棭斋酒醒之际，叩汤碗盖以当木鱼，咏唱"尔—雅—说文，尔—雅—说文"，如诵经状。②

棭斋以考证为己任之时，幕府正大力推崇朱子学。学者若不在幕府官学昌平黉学习朱子学，则无法出仕于各地大名，从而断绝生路。然而江户、大阪等地从事商业的"町人"，因生计与学术无涉，故其学术立场可免受限制。棭斋考证学之成立，正以此为背景。在其首倡、涩江抽斋等人协力之下，研究古注之学得以提倡。他走向《说文》研究，也是古注之学进一步深入的结果。棭斋虽与主流学界尖锐对立，却犹充满自信，曾作咏《说文》之和歌一首："文字の关まだ越へやらぬ旅人は、道の奥をばいかで知るべき。"（谨译：旅人未越文字之关者，或更能晓大道之奥秘。）此和歌以反讽嘲弄的口吻，说明想要通晓儒学经典之奥秘，文字才是必由之路。这正符合清儒倡导的治学理念。所嘲讽者，正是当时弃实蹈虚的主流学风。棭斋手书此和歌条幅，为其后《说文》会历任讲师代代相传。③

三、《说文》会的发展④

1835年棭斋逝后，《说文》会由小岛成斋、涩江抽斋主持，仍延续之前的宴会形式，在各会员家中每月轮办一次。这一期间的《说文》会会员，既包括棭斋门下之汉学者，也

---

① 誠之館人物誌・森立之，https://wp1.fuchu.jp/~sei-dou/jinmeiroku/mori-kien/mori-kien.htm。

② 〔日〕高田忠周《重野博士と説文会》，《書道》第2卷第1号，第64—66页。笔者译。

③ 同上。

④ 此部分参〔日〕樋口銅牛《百年継続の集会（続）》《東京朝日新聞》，1908年4月26日；高田忠周《重野博士と説文会》，《書道》第2卷第1号，第64—66页。三浦叶《漢字漢文教育》，《明治の漢学》第3部，汲古書院，1998年，第393—489页。

包括一些篆刻家，如三世滨村藏六（1791—1843）、四世滨村藏六（1826—1895）、益田遇所（1797—1860）及其长子益田香远（1836—1921），[①]以及先后师从三世滨村藏六及益田遇所、日后有"印圣"之誉的中井兼之（1831—1909，号敬所）。[②] 小岛成斋殁于1862年。其后《说文》会由森立之主办，在1868年推翻幕府的战乱中，《说文》会宣告休会。此后，又在森立之主持下复会。值得注意的是，1879—1885年间，森氏在大藏省印刷局主持编修货币志书，向印刷局荐购段注《说文》。1884年高田忠周入职印刷局并开始研读《说文》，最初就是借读森氏所荐购者。森立之殁于1885年，町田久成（1838—1897，号石谷）继任《说文》会会长。町田是明治政府中文化部门的高官，担任过大学大丞、帝室博物馆首任馆长等。爱好篆刻。与杨守敬、黎庶昌等赴日访书之中国学人有交。他继任会长后，除每月仍保持开会一次外，其余规则有重大变化。首先，会场确定为东京上野公园不忍池之长酡亭。其次，集会与宴会分开举办。会费由町田氏一人承担。其时除旧会员外，还有不少名流加入其中。如重野安绎、日下部东作（1838—1922，号鸣鹤）、岩谷修（1834—1905，号一六居士。日下部与岩谷为"明治三笔"之二）、盐田重弦、十河定保（1828—1904，号晋斋）、大森惟中及庄原和等。当时会中无固定讲师，四世滨村藏六与十河定保讲说较多。重野安绎（1827—1910），号成斋，萨摩藩人。早年师从松崎复门人盐谷宕阴、安井息轩。中年任职于明治政府太政官正院修史局，主张利用清代考证学之实证方法修史。晚年为东京大学教授，日本学士院会员，元老院议官。著有《支那疆域沿革图》《重野博士史学论文集》等。大森惟中（1844—1908），号解谷，江户人。[③] 精通汉、英、法、德等多种外语，编译出版多种西文美术、博物学著作。在汉文教育方面，与其弟庄原和取中国古代典籍训诂，解释日本最为通行的汉文著作《日本外史》中之熟字，辑为《外史译语》二卷。[④] 大森之弟庄原和（？—1901），通称谦吉，号竹轩，嗣庄原氏，明治后仕宫内省，著《汉语字类》一卷。[⑤]

四、《说文》会的鼎盛

1897年，町田久成病殁，重野成斋继任会长。此时主讲十河定保所言多不切题，自

---

① 四人事迹见黄尝铭编《篆刻年历1051—1911》1791年038则、042则，1826年028则，1836年024则，台湾真微书屋，2001年4月第1版。同步资料见真微印网，2019年3月12日。http://www.sealbank.net/。

② 中井氏事迹见〔日〕郡司楳所《印聖中井敬所先生》，《書道》第3卷第8号，1934年，第74—77页；〔日〕高田忠周《古籀篇徵引目録》"篆丛"条，《古籀篇首卷》，吉川弘文館，明治三十八年（1905）六月再版，第2—3页。

③ 〔日〕植村正義等著、大沼厚辑《下谷吟社詩初编》卷下第三十一页，大沼厚刊本，明治八年（1875）十一月。

④ 〔日〕大森惟中、莊原和編《外史訳語》，千鍾房，明治十年（1877）三月再刻。

⑤ 〔日〕莊原謙吉纂辑《漢語字類》，東京青山堂刊本，明治二年（1868）一月。

1899年，重野乃命庄原和担任讲师。庄原主要讲说《说文》段注，而重野也在会中讲说《尔雅》。重野听闻高田忠周正在编纂《古籀篇》，于是延请入会。

高田忠周(1861—1946)，字士信，号竹山，日本近代著名书道家、汉字学家。童年入私塾学习书道和汉学，结识大森惟中、庄原和、中井兼之等人。18岁独立开设书道私塾，受上述诸人影响，开始立志探究"汉字之根源"。24岁始任职于大藏省印刷局(别名朝阳阁)，负责货币等官方印刷品中的汉字美术设计工作。入职之初，曾受教于森立之，并从森氏购入局中的《说文》段注入手，与庄原和一起研读《说文》。高田不满于清儒和许慎立足于小篆研究汉字，遂另辟蹊径，利用舶来日本的中国金石学著作中载录的先秦两汉文字材料，与《说文》进行对照研究，逐字新释汉字本形本义，以图揭示汉字起源、发展、演变过程。并全力收集中国历代实物汉字资料，计划编纂历代汉字字典，其中先秦古汉字字典就是《古籀篇》。至1902年成为《说文》会主讲，他已收得光绪以前清儒有关著述120余种。同年，其《古籀篇》也四易其稿。他将其中部分内容编为《朝阳阁字鉴》，先行出版。[①]

这一阶段，很多日本近代美术界、学术界名流被吸收入会。据三浦叶记载，1909年，例行出席《说文》会者还包括小牧昌业、横井忠直、寺田望南、中根半岭、冈本椿所、中山久四郎、石井研堂、平户星洲、三浦助一郎、冈本赟男、林泰辅等。间或出席者有横田香苗、石川文庄、中村兰台、田口逸所、藤田颖、市川万庵、森槐南、河井仙郎、黑板胜美、宗重望、星野世恒、绿川幸则、须藤求马、佐久节、鸟居龙藏等。其中东京大学教授中山久四郎、森槐南、黑板胜美之参会，尤其令重野感到快慰。[②] 而河井仙郎也是日后在《说文》会中发挥重要作用的人物。

河井仙郎(1871—1945)，号荃庐，京都人，篆刻家、金石学家、收藏家，被书法史家西川宁称为明治中叶以来第一印人。[③] 他少承篆刻家学，28岁开始与吴昌硕有书信往来。1903年，他随专事收藏中国文物的听冰阁主三井高坚迁居东京，担任鉴定顾问，每年来华收购大量书画、金石书籍、拓本及印谱等。他在东京先后加入《说文》会及其分支吉金文会，并逐渐成为干事，是主讲高田忠周的得力助手。他与高田经常共同研讨古汉字。高田在《古籀篇》等著作中都曾引用过他的意见。而他的收藏更是成为高田编著和增订《古籀篇》所取资的宝库。1945年3月，河井本人及其收藏在美军轰炸中化为灰烬。可惜的是，其藏品及篆刻作品生前披露不多。

---

① 〔日〕高田忠周《成齋重野博士時代の〈説文〉会と研究法》，《斯文》第21编第4号，第28页。
② 〔日〕高田忠周《重野博士と〈説文〉会》，《書道》第2卷第1号，第65页。
③ 〔日〕西川寧《荃廬先生印存》，《書品》第1期，第32页。

1901年,庄原和殁。成斋命高田担任讲师。自次年(1902)1月至1926年,高田主讲《说文》会长达24年。

这一时期会务仍由重野成斋主持。开会时间定于每月第一个周六午后一时至五时,间有片刻茶歇。① 其时参会者与前一阶段基本相同。② 1906年更换会场至上野公园内五条天神社。在此前后,冈田正之、大矢透、饭岛忠夫、盐谷时敏、古城贞吉、樋口勇夫、后藤朝太郎、川合孝太郎、平田盛胤成为会员。这几位新会员中,除樋口勇夫为记者、平田盛胤为神职人员,其余皆为研究汉学、汉语之大学教师。可见《说文》会虽是发源于旧传统的民间汉字研究团体,其影响却已及于现代化的学界。

高田在《说文》会中,虽仍讲授段注《说文》,但实际是以之为纲,以出土古汉字为主要材料,讲解汉字本形本义及形义演变过程,大不同于以往主讲所讲内容。有时为阐释《说文》所载古代事物,还援引不少其他文献,如讲解《艸部》"虄""蓠""苣""虉"等字时,即参考本草类文献中的插图,从而认定其所指即日本家常蔬菜三叶芹。有时会员讲述其亲身经历作为旁证,如讲解《火部》"焠"字涉及中国古代冶炼工艺,当时正有中国古代兵器收藏家与陆军中将在座,二人各言所见古刀剑与现代穿甲弹头之制作工艺。③ 高田在会上讲解六书理论,特别是转注、假借,大森惟中等会员也与之辩难,后来高田收集所讨论的内容,续加研究,成《转注假借说》一卷。④ 这种研究可谓务求甚解,一丝不苟。

高田把每次讲义分别装订成一册加以保存,统为一编,题曰《说文段注辨疏》。1926年他不再担任主讲之际,《说文段注辨疏》已累积到200余册,然而仅覆盖了《说文》全书三分之一的内容。他把这部未完稿及其他著作捐赠东京大学图书馆,从此束之高阁。⑤

除了注重字形字义阐释,《说文》会也不可能对段玉裁等清儒古音研究视而不见。高田就指出:"此正音之研究是《说文》研究上最大的必要科目。"于是每次开会期间,都安排部分时间,由会员大森惟中讲说《韵镜》。然而随着大森去世,其事无人赓续,乃告终止。⑥

可对于收入9 000余字的《说文》而言,每月研读仅一次,且如此深入细致,就显得

---

① 〔日〕高田忠周《成齋重野博士時代の説文会と研究法》,《斯文》第21编第4号,第28页。

② 〔日〕樋口銅牛《百年継続の集会(続)》,《東京朝日新聞》1908年4月26日。

③ 〔日〕高田忠周《成齋重野博士時代の説文会と研究法》,《斯文》第21编第4号,第29页。

④ 〔日〕高田忠周《轉註假借説》,《古籒篇》第一册,台湾大通书局影印1925年古籒篇刊行会印本,1982年,第265—293页。

⑤ 〔日〕高田忠周《重野博士と説文会》,《書道》第2卷第1号,第65页。〔日〕岡井慎吾《日本漢字学史》,明治書院,1940年,第436页。

⑥ 〔日〕高田忠周《説文捷要》,西東書房,1934年,第72页。

效率低下。为了更好地推广《说文》研究，1909 年 2 月，他们开设了旨在简单讲读《说文》的读书会——《说文》素读会，全社会凡有志于汉字研究之人皆可免费参会。①

《说文》会毕竟是以解读《说文》为中心，为了更好地利用出土古汉字材料研究汉字，1907 年 4 月，高田、河井、林泰辅等人发起成立《说文》会分支机构——吉金文会（又称金文会、钦文会），每月第一个周日在《说文》会会场开会。② 参会者与《说文》会参会者大致相同。该会主要研读当时日本不难见到的金石学著作，第一年读完薛尚功《历代钟鼎彝器款识法帖》，次年共同研读阮元《积古斋钟鼎彝器款识》。③ 1909 年夏访日的罗振玉，就在河井引见下，与吉金文会会员相见。④ 在重野、高田等人的共同努力下，《说文》会规模不断壮大，影响不断扩大。1908 年 11 月 1 日该会成立一百周年的纪念大会，正是该会鼎盛的标志。

五、《说文》会的衰落

然而也正是在"百年大会"前后，《说文》会中大森惟中、中井兼之等资深会员先后谢世。1910 年底，重野成斋病逝。一时间，高田忠周既任讲师，又兼庶务，自觉不能胜任，于是河井仙郎、樋口勇夫等先后担任庶务职务。此后，《说文》会也再未设立会长，仅由主讲及干事操持其事。具有传统汉学背景、官员背景的老年参会者逐渐逝去，固然是《说文》会走向现代纯学术团体的契机，但这也造成其社会知名度逐渐降低。不过高田本人却凭借 1910 年代出版的一系列汉字学著作声名鹊起。

1919 年 5 月，高田以《古籀篇》荣获日本"帝国学士院奖"。在由渡边千冬、德川赖伦、服部宇之吉等达官贵族组成的《古籀篇》刊行理事会奔走下，此百余卷巨著终于在 1925 年出版，仅印行 500 部。此 500 部由日本政府出面，寄赠日本及世界各国贵族、政要、日本各大学及公立图书馆、世界著名汉学研究机构。《说文》会也随高田之书名扬四海。

1926 年，年已 66 岁的高田忠周将所藏狩谷棭斋手书《咏说文》和歌条幅传给仅比他小四岁的川合孝太郎，宣布不再担任《说文》会讲师。⑤

川合孝太郎（1865—1940），旧姓田口，号槃山。早年就读于大阪私塾泊园书院。精

① 《〈說文〉会素読会》，《東京朝日新聞》1909 年 2 月 24 日。

② 〔日〕樋口銅牛《說文家高田忠周》，《東京朝日新聞》1907 年 4 月 24 日。

③ 〔日〕樋口銅牛《百年継続の集会（続）》，《東京朝日新聞》1908 年 4 月 26 日。

④ 罗振玉《扶桑再游记》，见罗继祖主编《罗振玉学术论著集》第十一集，上海古籍出版社，2010 年，第 137—138 页。

⑤ 〔日〕高田忠周《重野博士と説文会》，《書道》第 2 卷第 1 号，第 66 页。

通小学及三礼。曾应诸桥辙次之请，在早稻田大学讲授《说文解字注》及《周礼正义》。[①]身后其藏书入藏无穷会图书馆之“槃山文库”。

三浦叶曾记载川合任《说文》会主讲时的一些情况。当时会务由河井、川合操持，而川合临时不能讲演时，则由樋口代讲。讲授内容仍为《说文》段注。[②] 当时，毕生经营汉籍贸易、深通汉学的文求堂书店店主田中庆太郎对东京大学东洋史学科年轻学子的读书治学影响甚大，他推崇《说文》会重视中国传统朴学的精神，在他的引荐下，仁井田陞于 1928 年开始从川合研读段注。日后，他借助在此期间打下的文献学基础，成为中国古代法律文献的研究专家。[③]

六、余论

20 世纪三四十年代，随着《说文》会骨干会员樋口勇夫、川合孝太郎、河井仙郎、高田忠周次第谢世，这一历史悠久的民间学术团体渐无声息。这一派重视利用出土古汉字资料研究《说文》的学者虽然没有学生绍述其学，其研究方法却切合现代史学及语文学的发展方向，流行于 20 世纪以来日本及中国的古汉字学界。而 1910 年代“京都学派”内藤湖南等人所倡导、标举清儒《说文》研究范式的研读课程，[④]则先后培养出仓石武四郎、吉川幸次郎、小川环树等积极赴华学习清代朴学遗风、重视从文献学、音韵学角度研究《说文解字》的新一代学者，他们开启了战后日本中国学界研究《说文解字》的主流风气。1970 年代，仓石武四郎的学生赖惟勤在东京御茶水女子大学所举办以研读、译注《说文解字注》为主要内容的读书会，也命名为“《说文》会”，培养出大桥由美、臼田真佐子、高桥由利子、工藤早惠等研究专家，出版了概述段注内容的《说文入门》一书。纵使赖氏《说文》会与狩谷、高田所代表的《说文》会研究角度不同，但仍不失为一种对日本《说文》研究传统的继承。

日本《说文》研究 200 余年绵延不绝，其间有学者取径于清儒《说文》研究中的金石学方向，有学者取径于音韵学方向，二者都曾得到良好发展，并逐渐融入现代学科体系。这固然离不开排斥汉学的风浪中日本学者的坚持和努力，也必须承认，不断东传的考据学具有强大的生命力和感召力。

---

① 〔日〕原田種成《諸橋轍次》，〔日〕江上波夫编著《近代日本汉学家——东洋学的系谱》第一集，林庆彰译，万卷楼图书股份有限公司，2015 年，第 175 页。

② 〔日〕三浦叶《漢字漢文教育》，《明治の漢学》第 3 部，汲古書院，1998 年，第 475 页。

③ 〔日〕仁井田陞《文求堂とわたくし》，田中壮吉编《日中友好的先驱者——文求堂主人田中庆太郎》，極東物産株式会社，1987 年。

④ 〔日〕三浦叶《漢字漢文教育》，《明治の漢学》第 3 部，汲古書院，1998 年，第 412 页。

朝鲜词汇集辞书诸本之关系及汉语教学价值

——以《老朴集览》和《语录解》6种为例*

陈明娥

（厦门大学人文学院）

摘　要：目前所见朝鲜最早的词汇集辞书即《老朴集览》，稍后是随着朱子学广泛传播而出现的《语录解》诸本。朝鲜词汇集辞书的出现，都是为了更好地推进汉语教育和学习，因此在编纂体例、注音和释义等方面有很多相似之处。我们从词汇角度出发，通过辞书所收录词汇和共有词汇的穷尽分析，探讨了诸本之间的传承关系；这些辞书在词语编排中体现出的"同素类聚"或"同义类聚"特点，反映了早期汉语字本位教学或语素教学法的应用；这些辞书所收录的汉语词汇，不仅反映了近代汉语词汇的普遍特征，还揭示了汉语常用词汇的历史性和稳固性特点，由此也可以看出朝鲜王朝词汇集辞书的实用主义教学意识。

关键词：《老朴集览》 《语录解》 诸本关系 汉语教学

一、引言

朝鲜词汇集辞书，是当时朝鲜汉学家为了更好地学习和使用汉语，对某类特定文献中的词汇特别是口语俗语筛选之后，加以注解而编纂成的词汇册子。或直呼"解""字解""音义"，或称"类聚""语录""集览""辑览"等，名虽不一，其编纂目的却是相同的。《朴通事谚解》(1677)："所谓《辑览》①，即汇二册要语而注解者。"②又南二星本《语录解》(1669)："语录解者即中国之俚语，昔有宋诸贤训诲，后学与书尺往复率多用之，盖欲人

---

* 本文系国家社会科学基金一般项目"日韩珍藏'语录解'类文献语言研究"(项目编号：19BYY206)资助成果。

① 《老朴集览》又作《老朴辑览》。目前韩国东国大学保存下来的铜活字本作"集览"；而奎章阁所藏《四声通解》(1517)、《朴通事谚解》(1677)及《通文馆志》(1708)皆作"辑览"。

② 〔韩〕崔世珍《朴通事谚解·序》，首尔大学奎章阁，2004年，第4页。

之易晓。而顾我东，声音言语谣俗不同，反有难晓者，此解之所以作也。”[①]由此可见，不管是“要语”，还是“俚语”，这些急需注解的汉语词语，都是词汇集辞书的收录对象。

目前朝鲜所见最早的词汇集辞书即《老朴集览》。精通汉语口语和书面语的汉学家崔世珍将高丽王朝以来备受欢迎的汉语教材《老乞大》《朴通事》做了“谚解音义”，并将其中的一些词语汇集成册。当然，据《老朴集览》及引用文献可知，此前朝鲜或已存在《音义》《质问》《译语指南》之类的词汇集，虽然这些著作已亡佚，但当时崔世珍在编纂《老朴集览》时应是参阅了其中的内容。[②] 目前韩国保留下来的《老朴集览》无“序”“跋”等信息，据李丙畴、郑光、竹越孝等学者的观点，[③]其成书或应在《翻译老乞大》《翻译朴通事》之后，《四声通解》(1517)之前。

16世纪以来，随着朱子学在朝鲜半岛的广泛传播，朝鲜朱子学代表李滉、柳希春及其门人为了便于阅读朱子等宋儒文献，编写了解释宋代口语俗语的词汇集。目前保存下来的较早版本是由郑瀁增补、孝宗八年(1657)刊行的《语录解》；显宗十年(1669)，南二星、宋浚吉对郑瀁本加以修订。这两种本子成为后世诸多以“语录解”为题所编词汇集的底本，今韩国弘文阁已将其保留下来的《语录解》(异本六种)加以影印，公之于世。[④]

朝鲜词汇集辞书的出现，都是为了更好地推进汉语教育和学习，因此在编纂体例、注音和释义等方面亦有很多相似之处：词目按字数排列；注音时既使用谚文，也使用中国传统的直音法、反切法；注解时首列汉字词条，然后用双排小字进行谚解。另一方面，作为朝鲜半岛人们学习汉语的重要参考书，这些辞书在汉语教育史上的重要地位也是不言而喻的。姜勇仲、梁伍镇、远藤光晓、郭真荣、竹越孝、汪维辉、李顺美、玄幸子等学者在文献编纂和语言研究方面已经取得了丰富的成果。[⑤] 我们从词汇角度出发，进一步探讨朝鲜词汇集辞书之间的传承关系，并立足于辞书共有词汇，挖掘这些辞书的汉语

---

① 《语录解·跋》，《〈语录解〉(异本六种)和〈儒胥必知〉》，弘文阁，2005年，第154页。

② 《老朴集览·凡例》第5条：“《音义》者即原本所著《音义》也。所释或与《译语指南》不同。今从《音义》之释。《音义》有误者，今亦正之。”

③ 〔韩〕李丙畴《〈老朴集览〉考》，进修堂，1966年，第14页；〔韩〕郑光《〈老朴集览〉和〈老乞大〉〈朴通事〉的旧本》，《震檀学报》2000年第89卷；〔日〕竹越孝《〈老朴集览〉和〈翻译老乞大·朴通事〉的编纂顺序》，《东方语言研究》2006年第1期。

④ 《〈语录解〉(异本六种)和〈儒胥必知〉》，弘文阁，2005年。

⑤ 〔韩〕姜勇仲《朱子〈语录解〉研究》，韩国成均馆大学校硕士学位论文，1996年；〔韩〕梁伍镇《透过〈老朴集览〉看元代语成分》，《中国言语研究》2000年第12期；〔日〕远藤光晓《〈老朴集览〉里的音韵资料》，见《韩国的中国语言学资料研究》，学古房，2005年；〔韩〕郭真荣《〈老朴集览〉的〈单字解〉〈累字解〉研究》，韩国外国语大学硕士学位论文，2004年；〔日〕竹越孝《〈语录解义〉和〈语录解〉》(一字语部)，《神户外大论丛》2010年第61期；〔日〕竹越孝《〈语录解〉与唐话辞典》，《KOTONOHA 百号记念论集》，古代文字资料馆，2011年；汪维辉《〈语录解〉札记》，见《第三届译学书学会国际学术会议论文集》，日本京都大学，2011年(又载《辞书研究》2018年第3期)；〔韩〕李顺美《〈老乞大、朴通事〉常用词汇研究——以〈老朴集览〉为中心》，复旦大学博士学位论文，2011年；〔日〕玄幸子《〈语录解〉研究》，关西大学出版部，2014年。

教学价值。

二、《老朴集览》与《语录解》诸本的编排方式

《老朴集览》正文由“单字解”“累字解”“老乞大集览”“音义”“朴通事集览”构成，其中“音义”部分只有1页，涉及的是有关汉语词汇用法的一些概括性介绍。“单字解”“累字解”分别取自《老乞大》《朴通事》中常用的单音词、复音词，按所收词目的字数排列；[①]“老乞大集览”“朴通事集览”则主要收录其中的俗语或专门词汇，这两部分的词汇大都是按照它们在《老乞大》《朴通事》正文中的出现顺序来编排的。

《语录解》六种以收录宋儒口语俗语词为主，其编排体例也大致相同。所收词目均以汉字的字数进行排列，分“一字类”“二字类”“三字类”“四字类”“五字类”和“六字类”。

表1　朝鲜词汇集辞书文献特征

辞书	年代	主要内容		编排特点	
老朴集览	不详	卷首：凡例	正文：单字解、累字解、老乞大集览、音义、朴通事集览	9行1栏有界 按字数/文献排列	双排小字注释
郑瀁本 （初刊本）	1657	汉语集览字解：二字类 附录：二至四字类 卷末：作者跋文	正文：一至六字类	9行3栏无界 按字数排列	
南二星本 （修订本）	1669	卷首：凡例 卷末：宋浚吉跋文	正文：一至六字类	8行2栏有界 按字数排列	
注解语录总览 （增补本）	1919	卷首：凡例 卷末：宋浚吉跋文	正文：一至六字类 另附：《水浒志语录》等一至四十一字类	12行3栏有界 按字数排列	
写本1	不详		正文：一至六字类	10行3栏无界 按字数排列	
写本2 （增补本）	不详	卷首：凡例、宋浚吉跋文 卷末：郑瀁跋文	正文：一至六字类 另附：汉语集览字解、附录、增补、补遗（一至九字类）	12行1栏无界 按字数排列	
写本3	1921	卷首：凡例 卷末：宋浚吉跋文	正文：一至六字类 另附：六先生画像赞等文	10行2栏无界 按字数排列	

至于每字类内部，词语的编排顺序是比较模糊的。郭真荣、李顺美曾尝试从使用频率、语音、语义或语法等角度来探讨“单字解”和“累字解”的内部编排次序，最终发现其规律并不明显。[②]《语录解》诸本的情况亦是如此，异本六种中只有写本2表现出较为

---

① “累字解”中，也夹杂一些三音词甚至是四音词、五音词。如“不妨事”“干干净净”“打听一打听”等。

② 〔韩〕郭真荣《〈老朴集览〉的〈单字解〉〈累字解〉研究》，韩国外国语大学硕士学位论文，2004年，第16页；李顺美《〈老乞大〉〈朴通事〉常用词汇研究——以〈老朴集览〉为中心》，复旦大学博士学位论文，2011年，第20页。

明显的部首或语义编排次序，其他各本基本无规律可循。我们认为，这种看似杂乱无章的编排也是朝鲜词汇集辞书的普遍特点。一是这些辞书往往经过多次的修订或增补；二是编纂者在词语收录时可能参考了其他材料，如《老朴集览》提到的《音义》《质问》，《语录解》所附的《汉语集览字解》《东俗字略》《左传类聚》等。

从汉语教学的角度看，这种字类编排的方式，自觉地区分了汉语词形式的复杂性，特别是大量“同素词”在编排时前后关照，在一定程度上体现了汉语字本位教学或语素教学法的早期尝试。如《老朴集览》中，从“单字解”的“委”到“累字解”中“委的、委实”连排，从“单字解”的“会”到“累字解”中“理会、省会、知会、知道、知得、说知”连排，再如“这般、这们、那们、那般”类聚，“疾快、疾忙、连忙”类聚，“不妨事、不碍事、碍甚么事、碍甚事、济甚事、济甚么事”类聚，等等。

《语录解》中，“同素词”类聚更为常见。如郑瀁本从一字类的“个”，到二字类的“这个、那个、个中、做个”，再到四字类中的“真个会底”；再如一字类的“夫”，到二字类的“工夫”，三字类的“下工夫、甚工夫”，四字类的“生面工夫”，直到五字类的“更着甚工夫”等；又二字类的“多少、多般、许多”，到三字类的“多少多、几多般、几多时”，再到四字类的“几多般样”等。再如写本2中，“打叠、打空、打破、打酒、打坐、打话、打乖、打围”类聚，“领会、理会、官会、照会、书会、取会”类聚，“合下、直下、眼下、当下”类聚，“大小大、多少多、几多般、多少般”类聚，“行将去、推将去、引将去”类聚，等等。这些“同素”或“同义”词语频繁复现，对于汉语学习者来说，效果是显而易见的。

三、《老朴集览》与《语录解》诸本的收词

我们将《老朴集览》和《语录解》诸本所收录的词语按照字数进行了分类，如下表：

表2 朝鲜词汇集辞书所收录词汇

辞书	一字类	二字类	三字类	四字类	五字类	六字类	合计
老朴集览	180	402	99	81	21	9+8①	800②
郑瀁本《语录解》	183	618	76	54	13	2	946③
南二星本《语录解》	157	737	83	58	13	2	1 050
注解语录总览	193	823	98	64	13	3	1 194
写本1	163	405	67	55	13	1	704
写本2	185	676	77	52	13	2	1 005
写本3	157	737	83	58	13	2	1 050

① 《老朴集览》还收录了六字以上的固定短语和俗语，如“衙门处处向南开”“寻声救苦应念除灾”等。

② 《朴通事集览》上篇第10页残缺，据李丙畴(1972)、金裕范(1997)研究，复原后共有16个条目，故《老朴集览》收录词语总计816条。

③ 郑瀁本卷末所附“汉语集览字解”(64条)和“附录”(172条)未统计在内。

由上表可知，无论是在收词总数还是各字类收词数量上，朝鲜词汇集辞书都保持相当的一致性，特别是《老朴集览》与《语录解》原刊本即郑瀁本具有高度相似性。虽然《老朴集览》以收录朝鲜汉语教材的词语为主，而《语录解》以收录宋儒语录中的词语为主，但它们的编纂目的是相似的，且成书时间也相隔不久，因此，它们所收录的词汇在很大程度上反映了近代汉语词汇的特征。上表中双音词在词汇总量中占明显优势，而三音词的比例也达近 10%，这些都是近代汉语词汇的特点，由此也可以看出这些辞书的实用主义编纂意识。

从汉语教学的角度来看，作为一本针对性较强的词汇集著作，1 000 词左右的词汇总量，涉及了汉语单音词到六字俗语的不同形式，这样的汉语教材无疑是非常有效的。为了更进一步了解这类词汇集类辞书的语言特点，我们将《老朴集览》和《语录解》诸本进行了比较，发现共同收录的词语 122 条，其中单音词 51 个，双音词 69 个，三音词 2 个：

单音词：挨、般、便、才、参、打、担、当、等、底、顿、赶、个、管、还、和、会、将、交、教、尽、来、了、慢、么、没、那、你、恰、却、杀(煞)、撒、少、生、他、讨、头、闲、消、要、也、越、趱、早、怎、这、争、直、着、走、做

双音词[①]：罢罢、标致、不曾、不拣、崭(斩/剗)新、唱喏、打发、底似、丁(叮)嘱、定害、分付(吩咐)、分外、根底、跟(根)前、花押、活计、火(伙)计、疾快、几回、几曾、几会、将就、将息、角头、克减、克落、空便、快活、理会、利害、连忙、那般、那们、盘问、强如、上头、生活、生受、省会、说知、收拾、特地、委的、委实、无赖、一划、一发、一就、一回、一面、一宿、由你、由他、早晚、则管、怎生、照管、照会、照依、这般、这们、着落、知道、知得、知会、知他、嘱咐、自由、自在。

三音词：看一看、济甚事。

从《老朴集览》和《语录解》诸本的共有词汇可以看出辞书编纂者的意图，这些词汇集辞书所收录的共同词语大都是汉语中常用的口语俗语，而且这 122 个共同词语中，有 100 多个仍然活跃在现代汉语中，可见这些词语在汉语史中的重要地位。

朝鲜词汇集辞书除了对汉语常用词的特殊关照外，更多地收录近代汉语特别是唐宋以来新出现的口语俗语，如一字类的“合、们、忒、楞”等，二字类的“捱去、巴鼻、伴当、不成、衬贴、打叠、旮旯、都来、克化、合下、盘缠、恁地、咱们、甚生、渣滓、走作”等，三字类的“担板汉、多少多、不奈何、不碍事、打关节、大拍头、囫囵枣、取灯儿、千里眼、没来由、没巴鼻、朴实头、特故里、闲汩董、下梢头、一绰过、一副当、一霎儿”等，四字类的“横说竖

① 二字类中的“由你”“由他”“知他”等，并非双音词，而是短语。辞书中这类现象亦常见，反映了编者对汉语“词”和“短语”认识的局限性。

说、紧得些子、奈何不下、打成一片、打叠交空、捺生做熟、汉儿人有”等，五字类的“打听一打听、一场大脱空、一味胡走作、元是说甚底、一棒一条痕、痴呆罔两汉”等，这些唐宋以来常见的口语俗语，为近代汉语词汇的研究提供了可靠的语料和有益的借鉴。

四、从词汇的角度看朝鲜汉语词汇集辞书诸本之关系

朝鲜词汇集辞书，特别是《老朴集览》的成书时间与《语录解》原刊本相距不长，而《语录解》在流传过程中又出现了不同的版本和抄本，但这些词汇集之间到底存在怎样的关系，目前尚未见清晰的论述。我们试从词汇的角度挖掘这些词汇集辞书之间的传承关系。

（一）从《语录解》所附“汉语集览字解”可以看出它与《老朴集览》的传承关系

《语录解》异本六种，郑瀁本和写本2正文之后，都附有“汉语集览字解”，收录了一部分二字词。其中，郑瀁本卷末附“汉语集览字解”共64条，除“结配、内讥、下妻、吉徵、名捕”5词之外，其余的59词全部来自《老朴集览》；而写本2“二字类”之后亦附“汉语集览字解”，共59条，除上述5词之外，其中54词亦全部来自《老朴集览》。

其他《语录解》诸本，虽不单列“汉语集览字解”，但事实上已经融入了正文词条中。比如郑瀁本所录的64条，南二星本中有61条，并将这些词语全部编排到了正文中。《注解语录总览》和写本3也延续了这种做法。另外，《老朴集览》与《语录解》共有的69条二字词中，来自“汉语集览字解”的就高达59条，且全部出自《老朴集览》的“累字解”，而“累字解”中二字词总数只有82条，与《语录解》“附录”的相似度竟高达70%多。因此，《语录解》的编纂者当时很有可能参考了《老朴集览》，而郑瀁本与写本2所附的“汉语集览字解”就是从《老朴集览》“累字解”中筛选出来的。当然，也不排除当时有更为完整的词汇集辞书存在，而且对《老朴集览》与《语录解》的编纂者都曾产生过很大影响。

（二）从《语录解》诸本所收录词语的数量和内容可以推测各本之间的传承关系

1. 南二星本是在郑瀁本基础上修订而成的。这一点不但从卷末所附的“跋文”中可以得知，词汇的收录也可以证实二者的传承关系。虽然南二星本将郑瀁本的正文连同“汉语集览字解”和“附录”所录词语编入了正文中，并重新做了编排，表面上看正文内容丰富了，但从总体上看，南二星本主要是在继承的基础上对郑瀁本进行删减，只增加了一条单音词“莽”。

表 3 《语录解》郑瀁本(1657)与南二星本(1669)的传承关系表

	一字类	二字类			三字类		四字类		五字类	六字类
		正文	字解	附录	正文	附录	正文	附录		
郑瀁本	183	618	64	149	76	12	54	11	13	2
南二星本	157	573	58	106	73	10	48	10	13	2
修订	−27/+1	−45	−6	−43	−3	−2	−6	−1	0	0
	183→157	831→737			88→83		65→58		13=13	2=2

2.《注解语录总览》是在继承南二星本的基础上增订而成的,从词目内容到词语编排都保持惊人的一致性。值得注意的是,《注解语录总览》增补的词语多来自郑瀁本。其中一字类增补 36 条,10 条来自郑瀁本;二字类增补 86 条,52 条来自郑瀁本(正文 22,字解 3,附录 27);四字类增补 6 条,4 条来自郑瀁本。而不见于郑瀁本的新增词语则在一定程度上反映了当时官话口语的新特征,比如“昨儿个、皮里抽肉、这么想着、起鬼风疙疸、日头尚午矬了”等,都带有明显的北京官话口语色彩,由此可见,作者在增订时应是参考了当时的汉语实际,体现了实用主义编纂意识。

表 4 《语录解》南二星本(1669)与《注解语录总览》(1919)的传承关系表

	一字类	二字类	三字类	四字类	五字类	六字类
南二星本	157	737	83	58	13	2
总览 修订	+36	+86	−1/+16	+6	+1/−1	+1
	157→193	737→823	83→98	58→64	13→13	2→3

3. 写本 1 是以郑瀁本为底本删减、修订而成的。从内容上看,写本 1 是目前所见《语录解》诸本中收词数量最少,最精简的一个抄本(修订情况参见表 5)。从总体上看,写本 1 主要是在郑瀁本正文的基础上删减而成的,只增补了 25 条新词语,其中 1 条改自郑瀁本正文,有 3 条来自郑瀁本“汉语集览字解”,其他 21 条不见于其他诸本。写本 1 不管是收词还是编排方式,总体上与其他诸本的差异较大,或可推测,此本是以郑瀁本为唯一底本的手抄本。

4. 写本 2 也是在郑瀁本的基础上增补而成的。这是目前所见《语录解》诸本中收词数量最多,内容最丰富的一个抄本。

表 5 《语录解》郑瀁本(1669)与写本 1、写本 2 的传承关系表

	一字类	二字类			三字类		四字类		五字类	六字类
		正文	字解	附录	正文	附录	正文	附录		
郑瀁本	183	618	64	149	76	12	54	11	13	2
写本 1 修订	−25/+5	−227	−61	−149	−9	−12	−4/+5	−11	−1/+1	−1
	183→163	831→405			88→67		65→55		13→13	2→1
写本 2 修订	−1/+3	679	−5	−2	+1	−1	−2	0	0	0
	183→185	831→885			88→88		65→63		13=13	2=2

由上表可以发现，写本1主要对郑瀁本进行删减，写本2则在传承郑瀁本的基础上进行增补。写本2的增补是非常明显的，每字类后都设有“汉语集览字解”“附录”和“增补”，其中前两者所收词语基本全部来自郑瀁本；而其“增补”部分不但新增“七字类、八字类、九字类”，所录词语亦不见于其他诸本。写本2的编排方式也很有特点，各字类内部有一定的部首或语义排列顺序，如“二字类”中，首先列举了大量的叠音词（数量高达109个，只有22个见于郑瀁本），再从“一X”开始列举其他词语，或以首字部首排列，或以末字“同素类聚”，在词语的编排上有意识地考虑到了汉语词汇的类聚性特征。

5.写本3是南二星本的另一抄本。由题签可知，写本3成书于1921年，是较晚出现的抄本。但不管是从收词数量还是内容来看，与南二星本几乎完全相同，因此，该写本是以南二星本为唯一底本抄写而来的。

综上可知，《语录解》诸本之关系，可用下面的简图表示：

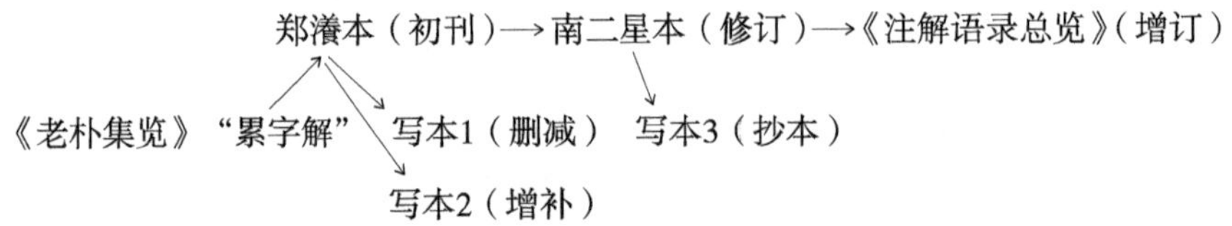

图1　《语录解》诸本关系简图

五、结语

朝鲜出现的汉语词汇集辞书，在编撰体例和内容等方面都有很大的相似性。我们从词汇的角度出发，对这些词汇集辞书进行了深入挖掘，比较清晰地梳理了各本之间的传承关系：郑瀁本和写本2所附“汉语集览字解”与《老朴集览》“累字解”保持高度的一致；《注解语录总览》和写本3是以南二星本为底本修订而成的，其中写本3与南二星本几乎如出一辙；写本1和写本2都是在郑瀁本的基础上出现的手抄本，写本1主要是删减，写本2则主要是增补，而且在编纂体例方面具有更明显的个性特征。

虽然，受编纂水平的限制，这些辞书所收录的词语也存在一定的缺憾，比如非词单位的收录、词目的重复、文字的错讹等等，特别是抄本中，这些错误更加明显，但是不管是从汉语史还是汉语教育史方面看，这些词汇集辞书在世界汉语辞书史上都占有非常重要的地位。竹越孝曾把朝鲜的《语录解》辞书称作“历史上最早的汉语白话词典”。[①]

① 〔日〕竹越孝《〈语录解〉与唐话词典》，《第四届韩汉语言学国际学术研讨会论文集》，台湾中山大学；《KOTONOHA百号记念论集》，古代文字资料馆，2011年。

而由著名汉学家崔世珍编纂的《老朴集览》，释词精当，引证和溯源丰富，则代表了当时朝鲜汉语教学与研究的至高水平。[①] 由此可见，朝鲜半岛出现的这些词汇集辞书文献，集中地收录了近代汉语常见的一些口语俗语词，在很大程度上反映了当时的汉语面貌，是极其珍贵的近代汉语参考语料。另外，朝鲜出现的词汇集辞书，其编纂都是为了更好地学习和使用汉语，带有明显的实用主义特点。而且，这些汉语词汇集辞书为了真实地反映汉语的特点，在不断编撰、修订和增补中日臻完善，其汉语教学价值也是不言而喻的。

① 何茂活《〈老乞大集览〉〈单字解〉训诂方法评介》，《兰州大学学报》(社会科学版)2008年第2期。

北京话的文法特点*

〔日〕太田辰夫 著　王娟 译
（王娟，厦门大学嘉庚学院日本语言与文化学院）

摘　要：本文是日本著名的汉语学家、中国文学家太田辰夫（1916—1999）关于清朝时期北京话音韵特征的重要研究成果之一，原文发表于《中国语文论集（语学·元杂剧篇）》，该论文集于1995年5月29日由日本汲古书院出版发行。本文的目的是将北方语以及北京话的文法与南京官话的文法进行对比，重点总结了名词、数词、量词、形容词、动词、介词、副词和助词的使用特点。这一研究填补了没有对北方语（北京话）和南京官话的实态进行准确描述的空白，全文采用了大量的例句进行考证，不仅对当时的语言状况进行描述，还重点对南北官话混淆得还不严重之前的、比较早期的传统北京话进行了论述，对后续研究来说是一份弥足珍贵的资料。

关键词：太田辰夫　北方语　北京话　南京官话　文法

〇、前言

袁家骅等《汉语方言概要》（1960）将现代汉语方言分为七类：北方话、吴方言、湘方言、赣方言、客家方言、粤方言、闽方言。这里所说的北方话是广义的北方话，即官话，使用地区包括长江以北、长江以南镇江上游和九江下游沿岸地带、湖北（部分东南区域除外）、四川、云南、贵州、广西西北部以及部分湖南西北部地区，占汉语地区的四分之三，汉语使用人口的70%以上。北方话内部，文法基本一致，词汇也大同小异，特别是人称代名词、指示词、疑问词等常用词汇非常一致。北方话根据语音的特征还可分为四个小类：（1）北方方言，即狭义的北方话，也称北方官话，分布在河北、河南、山东、东北三省以及内蒙古。（2）西北方言，即西北官话，分布在山西、陕西、甘肃以及青海、宁夏、内蒙古

* 本文得到福建省社会科学规划项目一般项目“松下大三郎与近现代中日语法体系形成关系之研究”（项目编号：FJ2018B161）的资助。

的部分地区。(3)西南方言,即西南官话,分布在湖北(除东南的部分地区)、四川、云南、贵州以及广西的西北部、湖南西北的部分地区。(4)江淮方言,即下江官话,分布在安徽、江苏长江以北地区(属于北方官话地区的徐州蚌埠一带除外)、长江以南镇江上游的沿岸地带(以上参见原书第22—24页)。

原书作者从广义和狭义两面看北方话比较混乱,本文将广义的北方话称为官话,狭义的北方话称为北方语,江淮方言称为南京官话。北京话虽是北方语的方言之一,但势力强大,且二者之间有许多地方无法明确区分。

如上所述,原书作者认为"官话内部,文法基本一致,词汇也大同小异,特别是人称代名词、指示词、疑问词等常用词汇非常一致",但笔者对此有疑问。本文认为官话文法并非大家认为的那么均一,我们希望能厘清官话内部属于北方语(主要是北京话)的文法特点。严格来说要达到这一目标,我们首先应该弄清楚北京话作为北方语的特点,其次还应该将北方语(或者北京话)分别同其他三小类方言(西北方言、西南方言、南京官话)进行一一对比,然后将这些特点综合在一起才是北方语(或者北京话)的特点。但是因为在三小类方言中南京官话占主要地位,所以我们在对文字记载的资料进行考察时,只要与南京官话进行对比就足够了,并且由于资料不足的客观现实,我们也很难进行全面的考察。因此,本文的目的是将北方语或者北京话的文法主要与南京官话进行对比,总结其特点。其实,以往的研究并没有对北方语(北京话)和南京官话的实态进行准确的描述,无非只是做了推测而已,尤其是民国之后通用语的普及使得这两种语言更加无法区别。希望读者能了解,本文将不仅对现在的语言状况进行描述,还将重点对南北官话混淆得还不严重之前的、比较早期的传统北京话进行论述,但这也不过是初次的尝试,将笔者留意到的点简单记录,并进行大致的讨论而已。

南京官话,明代顾起元《客座赘语》中就有记载,近代朱锦江《金陵方言考》(金陵大学文学院文史丛刊第一种《小学研究》,民国二十五年)中用旧学的方法也有记载。此外,使用新的方法记载的有下列文献:

(1)K. Hemeling, *Die Nanking Kuanhua*, Shanghai, 1902.
赫美玲《南京官话》,上海,1902年。

(2)赵元任《南京音系》,《科学》第13卷第8期,民国十八年。

(3)F. Kühnert, *Syllabar des Nanking-Dialectes*, Wien, 1898.
屈耐特,《南京字汇》,维也纳,1898年。

(4)《江苏省和上海市方言概况》,江苏省和上海市方言调查指导组,1960年。

发音和词汇问题根据上述文献能了解大概，但是无法找到具体的例句。天理图书馆有题为《南京话》的油印本，但实际上只不过是江矜夫《汉口语自佐》汉口日日报社(1921)的部分复印件而已。此外，笔者见过《支那语南部会话——南京方言》(小仓锦太，明治二十八年)，是一本小册子，记忆中内容并不充实，也没有显示出真正南京官话的特色。因此，作为一种直接、方便的办法，笔者只能参考下面两本书。

(5)《官话指南》，九江书会著，九江印书局活字印，1893年。(简称K)

该书没有序言和凡例部分，也不清楚具体修订者是谁。概括地说就是，该书和吴启太、郑永邦合著的《官话指南》(1882年第一版)相同，只是将其中在长江流域地区无法沟通的北京话改成了南京官话。修订部分用小字、两列标示，右列是原文(北京话)，左列是修订的内容(南京官话)。修订的内容虽然没有明确标记是南京官话，但由该书的出版地九江是南京官话地区可以推断出。

(6)Rew. C. W. Mateer, *A Course of Mandarin Lessons Based on Idiom*, 1892年第一版，1898年改版。(简称M)
狄考文《官话类编》，1892年第一版，1898年改版。(简称M)

和上一本书一样，该书的部分内容为两列标示，右列是北方语，左列是南京官话。还有部分内容是三列，中间一列加入的是山东话。但有些地方又没有遵守这个规则，还有错误的地方。笔者没有见过第一版，但是这些格式应该是第一版就有的，该书应该是模仿了第一版。

此外，作为考察北京话或北方语的线索，本文参考了以下文献：黎锦熙《新著国语文法》(1934年，商务印书馆第4版，简称L)；金受申《北京话词汇》(1961年，商务印书馆，简称J)。

笔者参考的文献(大多是得到启发的程度)将用简称的符号标示，但综合多份文献进行思考时比较复杂就省略不标。再有，除了上述资料之外还有不少记载官话的资料，本文无法仔细阅读，将留作将来的修订。

一、名词

(一)北方语不使用名词词头"阿"，南京官话原本也不使用该词头，有使用的是吴方言、粤方言等。

（二）南京官话很少用到北方语的名词词尾“儿”，具体可分为以下几种情况（“→”左边是北方语或北京话，右边是南京官话或其他方言，下文同）：

1. 儿→○

外边儿→外边　地方儿→地方　工夫儿→工夫　四季儿→四季　两样儿→两样

各样儿→各样　花儿→花　瓜子儿→瓜子　俗语儿→俗语　门儿→门

2. 儿→子

猴儿→猴子　桃儿→桃子　枣儿→枣子　杏儿→杏子　盖儿→盖子　影儿→影子

3. 儿（儿个）→天

今儿（今儿个）→今天　明儿（明儿个）→明天　昨儿（昨儿个）→昨天

4. 儿→X

道儿→道路　声儿→声音、声气　价儿→价钱　年头儿→年岁　座儿→座位　当儿→当口

5. 在北方语中，“爷儿们”“娘儿们”“哥儿们”不表示复数，只是一种泛称，类似南京官话中的“男子家”“妇人家”。

6. 北方语中有一些词不分长辈和晚辈，如“爷儿们”“娘儿两个”“哥儿仨”“姐儿四个”。南京官话中没有这种说法，用的是类似“父子两个”“母子两个”“弟兄三个”的说法（M），准确地说和北方语的意思不同。

（三）南京官话等方言使用词尾，但是北方语有时不用。

7. ○→子

车→车子　轿→轿子　柜→柜子　锯→锯子　驴→驴子　耗→耗子

8. X→子

窗户→窗子　妹妹→妹子

9. ○→头

砖→砖头（吴）　墙→墙头（吴）

（四）北方语使用“子”的说法，同时还有其他说法。

10. 子→头

鼻子→鼻头（吴）　镯子→镯头

11. 子→X

婶子→婶婶

二、代名词（代词）

（一）南京官话中第一人称的复数代名词没有除外形（我们）和包括形（咱们）的区别

(KLM)。像“我你”和“你我”在官话中是通用的，但都不属于包括形。

(二)在北方语中，“您”“您哪”(“哪”也写作“纳”，下同)是第二人称的敬称。南京官话也用“您”，但不用“您哪”。与此相对，南京官话用的是“您驾”，有些地方用的是“你家”(KLM)。北方语用“你老”，北京话不用。

(三)北方语第三人称敬语有“您”“您哪”“他哪”的说法，但不常用，南京官话就更不用了，而北方语使用的“他老”北京话中是不用的。

(四)“谁”在北方语中可以用来询问姓，还可以用来询问职业。南京官话虽然并非不用“谁”，但一般问姓时大多用“哪个”“哪一个”，问职业时也用“什么人”等(KM)。用来做定语时，“谁的东西”“哪个的东西”(询问物品的主人)与“哪个东西”(在复数物品中询问具体所指是哪个)意思不同。

(五)北京话中用来表示自称的代名词有“各人”(“各”是阳平)与“自各儿”“自己各儿”(“各”同时还是上声)，但是南京官话中不用这些，说“自己”(KM)。

(六)在河南、山东等部分北方语地区，“俺”“咱”“偺”等被用作第一人称单数或复数，但在北京话中不用。此外，北方语有用“您”来表示复数而不是敬语的用法，这在北京话中也没有。北方语会在这些人称代名词后面再加上“们”“家”等表复数的词尾，使人称代名词变得非常复杂，而这些用法大多在意思上并无区别。但北京话将这些表达简化，变得通俗易懂(M,《河南话与普通话词汇语法比较》等)。

(七)用于询问事物的“什么”不仅北京话使用，其他方言也广泛使用，此外，其他地区还用“啥”或“嘛”(也写作“么”“吗”)。原本北京话有时也用“嘛”，如“干嘛”。

此外，北京话会在名词的后面加上“什么的”表示“等”的意思，但南京官话没有这种用法。

(八)南京官话不用“这儿”“那儿”“哪儿”表示地点，用的是“这里”“那里”“哪里”(KM)，在南京还经常用“此地”来代替“这儿”(M)。

(九)南京官话询问时间时不用“多偺”或“多会儿”，但“多偺子”“多会子”等在其他地区有使用。“几时”比较书面，南京官话里也通用，其他如“几早”“多早”“几喒”“么喒”等说法在南京官话中也有使用(KMN)。

(十)“这程子”在南京官话中也不用，用“这些时”(K)。

下面我们来看看“这么”“那么”“哪么”“怎么”“多么”，这些词虽并非代名词，但属于所谓的代词。

(十一)南京官话中虽然也有“这么”“那么”做状语的用法，但更多的是用“这样”“那样”。此外，南京官话中没有用“往这么来”“往那么去”来表示方向的说法。“这么着”“那么着”没有用来表示“……是像这个样子的”“那样去做”的意思，也没有作为连词表示“由此”意思的用法。总之,“这么”“那么”的后面不跟“着”,跟的是“的”或“样”(KM)。

这么说→这样说

你别这么着→你莫这么样

这么着我就回来了→这么的我就回来了

还有,“那么”作为连词用来表示结束话题之意的“那么”“那就”是南北官话共有的。

(十二)我们推测“哪么”原本是部分北方语地区的用法,后来进入了北京话,在北京话中用于询问方向,在询问状态方法时多和“这么”“那么”一起使用。这或许是因为这个词作为北京话还没有固定下来,但无论怎样都不是一个被广泛使用的词。

(十三)“怎么”在南京官话中也有使用,但不会加上“着”变成谓语。

到底是怎么着呢→到底是怎么的呢

还有,这个词做名词定语时,北京话必须加上“个”等量词,如“怎么回事”“怎么个缘故”。但南京官话中不用量词,说“怎么样的事”或“什么事”等(K)。

(十四)表示疑问、感叹的“多么”在南京官话中不用(K)。

这个东西有多么重→这个东西有几多重

打这儿走多么方便→从此地走几多方便

(十五)南京官话中虽然也用“多少”表示疑问,但“几多”的说法比较常见。询问金额时南京官话没有“多儿钱”的说法,说“几多钱”等。据说南京官话中也有将“多”用于形容词之前表示疑问的用法(如“多大”),但并不常见,大多用的是“几”。

多大工夫→多少工夫

这个人多大了→这个人几多了

有多远→有几远

总之,南京官话中的“多”也有表示疑问的功能,但没有北方语强大。

三、数词·量词

(一)北方语说“二百”,不说“两百”,南京官话或许是受到吴方言的影响也说“两百”。

(二)南京官话中没有诸如“俩”“仨”等数词和量词合并的词语,只说“两个”“三个”。但是,也有不用“个”说“两人”的,相当于北方语的“俩人”“两个人”(KM)。

(三)在官话中描述兄弟姐妹的顺序时说“老大”“老二”,这种说法在纯正的北京话中是不用的。

(四)南方不大用北方语的“一点儿”“点儿”,多用“些”。

额外多要一点儿→额外多要一些

这面儿还光滑一点儿→这面子还光滑一些

(五)北方语会在“这些”“那些”“好些”“些”的后面加上“个”,说“这些个”,但南京官话一般不用“个”,而是在后面加“的”,有例如“这些的人”的说法,北方语没有加“的”的说法。“好些”在南京官话中也有使用,此外也说“老些”“一大些”等。“些个”在南京官话中也常说成“一些”,“那么些个”在南京官话中说成“那么一些”或“那些”。

(六)这里举一些关于量词不同用法的例子。南京官话并非完全不用北方语的说法,也有通用的情况(KM)。

一辆车→一部车子、一挂车子

一口猪→一只猪

一副药→一剂药

一顶轿→一乘轿子

一棵葱→一根葱

坐一会儿→坐一下子

住一宿→住一夜

一架机器→一部机器

一头牛→一只牛

一头驴→一匹驴子

一块墨→一锭墨

一粒米→一颗米

去一趟→去一回

(七)表示不定数时,北方语用“来”表示,如“十来个”,南京官话中有类似“上十个”的说法(K)。还有,北京话通常是将“整”置于数词的前面,但南京官话也有放在数词后面的用法(K)。

整六十岁→六十岁整

四、形容词

(一)在表达“A 比 B……得多”的意思时，原本北京话是在形容词的后面加上“……多了”，部分北方语和南方语是用“……得多”，所以《红楼梦》和《儿女英雄传》里只用“……多了”。J. Edkins 已经注意到这一现象(*Mandarin Grammar*，P. 152)，但是现在人们大多已经不大关注这两种用法的区别了吧。

这个比那个好多了→这个比那个好得多

(二)用“更”“还”等副词表示比较时，南京官话通常需要在副词的后面加上“要”，北京话则不用。

上海比南京还热闹→上海比南京还要热闹

(三)在表达自己的看法或建议时，北方语的说法例如“还是自己去好”，南方则说“还是自己去的好”。

(四)北方语在表示日复一日的变化时，有例如“一天比一天大”的说法，而南方大多不这么说，说“一天大似一天”(王力《中国现代语法》31 节)。

五、动词

(一)表示动作正在进行时，北方语不会在动词的前面加上“在”“正在”，原本南京官话中是否有这样的说法无法确定，或许是受到吴语的影响，由书面语逐渐变成了口语。

(二)北方语表示花费时间或金钱时说“得”(北京话读 děi，北方语读 dé)，南京官话不用这个字，说“要”。

买这本书得三块钱→买这本书要三块钱

“得”也可用来表示“必须”的意思，也常常说“总得”“必得”，南京官话此时会说“要”或“该”。

我得去→我要去

你总得想法子才好→你总要想法子才好

北方语说“非得去一趟不可”，也有省略的说法，如“非得去一趟”，这时“非得”相当于“必须”的意思。这些说法南京官话里没有，南京官话一般用如下的说法(L)：

非得去一趟不可→非去一次不可

非得去一趟→必须去一回

(三)“不能”在北方语中也用于表示“不会”(不可能)的意思，但南京官话里没有这样的用法(L)。

他不能这么早回去→他不会这么早回去

(四)北方语中的“待要”，以及部分北方语只说一个字的“待”，南京官话中不说，说“要”。

(五)北方语在表示“经常……”的意思时用“爱”，比如说“爱下雨”，但南京官话中没有这样的说法。

(六)动词“没有”在北方语中可以只说“没”一个字，但是南京官话只有在后面跟上宾语时才用“没”，其他时候不用。

茶叶没了→茶叶没有了

表达副词“未”的意思，北京话过去说“没”，不说“没有”，南京官话用“没有”(M)。《儿女英雄传》中的“没”绝大多数是表示“未”的意思，而《红楼梦》中则是“没”和“没有”并用。

昨儿我没去→昨天我没有去

我还没吃晚饭→我还没有吃夜饭

他没在家→他没有在家

(七)北方语将“没的”(也写作“没得”)置于动词的前面，表示“没有用于……的东西”，相当于书面语的“无所”，像这样的表达方式在南京官话中是看不到的。下面的例句可以译成“没有吃的”，当然这种说法在北方语中也是很常用的(K)。

要吃没的吃，要穿没的穿→要吃没有吃的，要穿没有穿的

(八)表示可能不可能的意思，南京官话一般不用复合动词“……得了”“……不了”(两个“了”都读作 liǎo)，一般是用“……得掉”“……不掉”等其他词语(KLM)。

使不了→用不掉

忘不了→忘记不掉

谁也制不了他→那个也制不得他

坏不了→不得坏

死不了→不得死(或说“死不掉”)

治不了→不得治

(九)表示可能不可能意思的复合动词之后出现宾语时，北方语一般不把动词拆开，但南方会把动词拆开(K)。

打不过他→打他不过

说不过他→说他不过

(十)表示“完成”的意思时，南京官话不用“……得了”(dé · le)，用的是“……起来了”“……好了”“……成功了”等说法(K)。

我的衣裳做得了没有？→我的衣裳做起来了没有？

(十一)北方语有将 da(写作“搭、达、打”等)作为动词词尾的用法，如“扭搭”“抽搭”“溜达”等，但南京官话里没有这种用法。

(十二)跟在部分表示心理、感觉的动词后面表示程度的“……得慌”在南京官话中不用，必须说“……得很”(K)。

闷得慌→闷得很

（十三）表示“给与”的意思，北方语说“给”，长江流域则大多说“把”，尤其是虚词化的“给”在南京官话中的用法是不一样的，跟在动词后面的“……给”南京官话说“……把”“……与”（KM）。

借给你→借把你

交给他→交与他

说给我听→讲与我听

（十四）南京官话中没有使用“……上来”表示接近完成状态的用法，如果硬要翻译的话就成了下面这样，但意思是不同的（K）。

天黑上来了→天黑了

茶叶完上来了→茶叶眼见就完了

（十五）表示“赶上、来得及”的意思，北方语用的是年代较早的方言“……迭”“……迭当”，南京官话用的是“……及”（M）。

躲不迭→躲不及

（十六）“不知道”在北方部分地区说“知不道”，“不记得”在南京官话中说“记不得”（M）。

他巧了提过，我可不记得→他或者提过，我却记不得

（十七）北方语常用“让”，但南方却很少用。“让”单纯作为动词有使役的功能，有时也进一步演变为允许、被动的意思（K）。

让他到客厅里坐→请他到客厅里坐

我没让他吃饭→我没有招呼他吃饭

母亲不让他上街→母亲不许他上街

那个贼让巡警逮去了→那个贼被巡警捕去了

（十八）北方语中“叫”可用于表示使役和被动，在南方用“给”来表示。北方虽然也有用“给”表示被动的用法，但意思不明确。

你要细细的告诉他，叫他放心→……给他放心（使役）

我叫他打了→我给他打了（被动）

（十九）使用“来”“去”的连动句（大多是表示目的），南方和北方在语序上有如下的差异（K）。

请安去→去请安

买去→去买

望看您去→去奉看您

有什么法子，你使去罢→……你去使罢

给老弟送行去→去送老弟的行

需要注意的是最后一个例子不说“替老弟去送行”，像“去请安去”这样使用两个“去”（或“来”）是南北混合的说法，特别是河北部分地区常用。

（二十）反复疑问句如果有宾语，北方语是将宾语置于肯定和否定的中间，或者是宾语与肯定、否定一起出现两次，而南方则是放在最后（M）。

这个是你的不是→这个是不是你的

你在中国服水土不服→你在中国服不服水土

你想家不想家→你想不想家

六、介词

（一）南方不用“起”“解”来表示起点的意思，也很少用“打”，南京官话用“从”“由”（KM）。

（二）南方多用“到”或者“往”来替代“上”表示目的地（K）。

上张先生那儿去→到张先生那里去

你上哪儿去→你往哪里去

（三）用“冲”“冲着”表示方向的也是北方语的说法，南方不用，而且这个词有很多特殊的用法，但无论哪种用法使用范围都比较小（L）。

冲着太阳站着→向着太阳立着

冲着我的面子饶恕他罢→看我的面子……

（四）南方不用“赶”表示时间的终点，用“等”或“到”（K）。

赶您租妥之后，再想办法→等您租妥之后……

赶预备得了再说罢→等预备好了再讲罢

（五）介词“给”在南京官话中也不用，用“替”“和”等（KM）。

给我拿开水来→替我拿开水来

我给您拜年→我同您拜年

我过几天给你拿来罢→我过几天和你拿来罢

（六）南方几乎不用“跟”（L）。

跟你说几句话→对你讲几句话

跟掌柜的借点儿钱→问老板借一些钱

就剩下他跟我了→只剩下他和我了

（七）官话在表示从某人处借东西或得到东西时会用“问”，但北京话不用这个词（上面的第2个例子）。

（八）用来表示材料和工具的“使”似乎也是北方语独特的用法，南方不用（KM），官话中也说“用”或“拿”，但北方语中没有“把”的用法。

使木头盖房子→把木头盖房子

（九）南方几乎不用“按”来表示依据的意思，用“照”“据”（K）。

那么，就按着那么办就是了→……就照着那么办就是了

(十)用“管”表示“对”的意思也是北方语的用法，还有命名时北方语说“管……叫……”，但南方不用这种说法(L)。

我管他说过→我对他说过

七、副词

副词的地域差异非常大，下文对部分主要差异进行描述。

(一)“顶”和“挺”的意思不同，“顶”表示“最……”，“挺”表示“非常……”，但“顶”往往也只是表示程度的严重，这种情况下实际上两个词的意思是相同的。也有人说“顶”是北方的用法，“挺”是南方的用法(M)，但实际上正相反，“挺”是北方语，“顶”是南方的用法。还有，南京官话不用“大”来表示程度，即使是北京话也并非随意使用。

他的病大好了→他的病全好了

(二)南京官话不用“老”来表示时间长的意思，只用“总”(KLM)。

老没见了→总没有见了
他老不听我的话→他总不听我的话

“且”在北京话中也表示时间很长，南方似乎没有哪个词能和其准确对应上。

他们且说不完呢

用“直”表示“频繁”“没完没了”的意思也是北方语的用法，南方不这么用(KL)。

他看着我直笑→他看着我尽笑

北方表示“接下来马上”的意思时说“这就”，但南方没有这样的说法(L)，长江流域有些地方说“将就”。

我这就去→我就去

“赶紧的”也多是北方的用法(K)。

赶紧的到家里→赶急的到家里

“乍”也是北方语(K)。

我乍来→我初来
乍冷乍热→忽冷忽热

“再三”是北方的用法,“再四”是南京官话的用法(M)。再有,北方语中有一些独特的时间副词,如“跟手儿”(接着马上,L)和“冷不防”“冷孤丁”“抽冷子”以及“忽刺巴”(特别是山东,M)(以上全是“忽然”的意思)(KLM)。“动不动”也是北方语的用法(LJ),河南以及南京官话等方言中说“好不好”(M),但“动不动”的使用范围比较广,这或许是一个文学用语。

他动不动拿着死吓人→他好不好拿着死吓人

“压根儿”(L)、“底根儿”(根本、本来)等副词也是北京话。

(三)“光”用来表示“只”的意思是北京话的用法(L),与南方的“寡”相当(M),但北方也并非不用“寡”字。用“就”表示“只”的意思也是北京话的用法(L)。

就有一个姐姐→只有一个姐姐
他就会花钱→他只会花钱

“所”用来表示“完全”“全(没)……”的意思也是北京话的用法,南京官话中似乎没有与这种语气相当的词(K)。

脸上所带了烟气了→脸上已带了烟气了
各处找了会子,所没有→……都没有
客人是所不答应→客人是定不答应

南方没有用“都”表示特指疑问(K)。

您都是做过什么买卖→您做过什么买卖
老兄都是荣任过什么地方→老兄荣任过什么地方
都谁辩证过他八十二中状元说的错误

“都”在北京话中可用来表示“已经”的意思，但并不普遍。

都九点钟了，你还不起来吗？→已经九点钟了……

(四)“准”作为副词用来表示“的确、一定”的意思是北方语的用法，在南方似乎没有与此相对应的词(K)。

我准知道他们二人并无冤仇→我深知道他们二人并无冤仇
咱们过两天准见→我们过两天相会

“管保”是北方的用法，“保管”是南方的用法(M)。

管保你不知道→保管你不晓得

“敢情”“敢自”是北方语，在南方没有与之准确对应的词(KLMJ)。

他拿回家去细看一看，敢情是个假的→……那晓得是个假的
大家都说来了贵客，敢情是你呀→……原来是你呀
那敢自很好了→那竟是很好了

“尽自”表示“频繁、胡乱”的意思是北方语的用法(K)，也写作“紧自”(J)。

他涎皮赖脸的尽自来→他涎皮赖脸的直是来

北方语中“横竖”也说成“左不过”(L)，也有说法认为“横竖”是北京话，对此笔者表示怀疑，这应该不局限于北京话，但是“横竖”的说法应该不仅仅是北方的吧。

“可”(但是……)在南京官话中多用“却”来表示(KM)。

可有一件事→却有一件事

“白”用来表示“稍微、试试”的意思也是北京话的用法(K)。

我白问一问→我不过问一问

像“也许”“行许”等用“许”表示推测也是北方语的用法(M),北京话用“也许”,“行许”是河南一带用的多,南方用的是“想是”“或者”“敢是”等。

也许有这个事→或者有这个事

“巧了”在北京话中也是用来表示推测的意思,但使用不广(KM),也可能还有“恰巧”的意思。

他巧了提过,我可不记得→他或者提过,我却记不得
他和人打官司,巧了就是这件事→……恰巧就是为这件事

(五)“别”也是北方语,南京官话说“莫”,“甭”虽然也是北京话,但使用并不广泛。

你别忘了→你莫忘记了

八、助词

(一)南京官话表示类似的意思时说“……一般”“……一样”,不说“……似的”(KM)。

好像小孩子的话似的→好像小孩子的话一样

(二)北京话不用“哩”。
(三)北京话用“来着”表示过去的回忆,但南京官话说“来”,有时还会加上助词“的”

或“呢”(KLM)。

我才刚问他来着→我刚才问他来的

(四)如果只是表示确定,北京话不在句末加“的”,但部分官话地区会加“的”。

是不是?(答)是→是的
你要不要?(答)要→要的

(五)“……得了”在北方语中有时用于句末,但南京官话不用。

你只照应外边就得了→你只照应外边就好了

同样,“……就结了”“……就有了”也是北方语特有的说法。

(六)较早期的北京话有一些独特的助词,其中有写作“不则”“罢咱”等的,意思和“罢”相同。现在偶尔有人使用发音像[bude]的助词,或许是其变音,该助词虽是北京话却无人关注,故记录之以为参考。

(七)北京话使用词尾“咖”(・jia 或・jie),这个词尾没有任何意思,只是起到调整语气的作用,如“不咖”(否定的意思)、“别咖”(不行的意思)。近代,“家”(也写作“价”)这个字被用来作为数词、副词的词尾,不知是否与上述的“咖”起源相同。现在北方语还有少量使用,也会变音成 ji,这是南方所没有的。

整天家→整天的

附记

南京官话的资料还有明治初年出版的《汉语跬步》,所收录的词几乎全是词一级单位,只收有少数词组,作为分析语法的资料没有太大价值。再有,本文原本打算加入历史部分的考察,但因为篇幅的关系略去。Mateer 的著作借阅自尾崎宽君,在此表示感谢。

(1964.7.20)

(《久重福三郎先生坂本一郎先生花甲纪念中国研究》1964)

后记

关于应该如何看待北京话文法特点的问题，笔者在《清朝的北京话》(《中国语学》34号，昭和二十五年(1950)三月，90页)一文中阐述了自己最初的看法。

本文略微修改了方法，并扩大了范围，此后笔者在《近代汉语》(《中国语学新辞典》，昭和四十四年(1969)十月)一文中发表了概括为七项的第三方案，推荐该方案。

比尔·范帕滕等主编《第二语言习得理论导论》(第三版)出版

比尔·范帕滕、格雷戈里·D.基廷、斯蒂芬妮·伍尔夫主编，鹿士义、蒋思艺主译《第二语言习得理论导论》(第三版)近日由商务印书馆出版。

本书是为二语习得领域的初学者编写的一本浅显易懂的入门教材。以语言学、心理语言学和认知语言学为关注重点，全面系统地介绍了二语习得领域受到广泛关注的重要理论，包括：普遍语法理论，以概念为中心的理论，基于使用的二语习得研究，技能习得理论，输入加工理论，陈述性/程序性模型，可加工性理论，输入、互动和输出假说，社会文化理论，复杂动态系统理论，等等。这些理论的基本构念和原则是什么？它们是如何发展出来的？它们之间有什么关系？不同理论对同一问题的认识有什么异同？对同一现象，不同理论的解释有什么差别？理论本质是什么，有什么作用？教师和研究者对理论的期待有什么不同？读完此书，对这些问题以及关于二语习得的整个的理论体系架构，将会获得完整、清晰的认识。

《中国语文法研究号》刊行与日本“黎氏文法”谱系*

杨杏红

（闽南师范大学文学院）

摘　要:文章介绍了1940年日本近代最为重要的汉语教学杂志《中国语》发行的增刊《中国语文法研究号》,该增刊收录了当时9位汉语语法学者的14篇汉语语法论文。文章指出了增刊刊行的目的和意义,分析了增刊中相关文章的研究内容和研究方法,在此基础上,整理和归纳了日本“黎氏文法”谱系的所有文献,分析了总体呈现方式和发展方向,认为《中国语文法研究号》及《中国语》杂志刊发的相关内容是日本“黎氏文法”谱系的重要代表,从而进一步论证了近代中日汉语语法研究的交流和互动。

关键词:《中国语文法研究号》　日本　语法学史　黎锦熙

日本在1945年之前有一本发行时间较长的汉语教学杂志,初刊名为《初级中国语》,月刊,1932年9月创刊,1933年1月第2卷第1号更名为《中国语》,1939年终刊,共8卷,由东京外语学院出版部出版,宫越健太郎主编,主要目的是汉语教育和学习,内容包括汉语语音、文字、词汇、语法等各种相关内容。1940年12月5日该杂志临时增刊了《中国语文法研究号》,正文87页,扉页、目录以及卷尾的书讯、广告、版权页共9页,总计96页,全部纵书写式。① 这是日本汉语语法研究史上第一次以专刊的形式集中进行汉语语法问题研究。

期刊主编宫越健太郎1929年曾在北京向黎锦熙学习汉语语法,回国后翻译了授课讲义,从1932年至1938年连载于《中国语》杂志上。可见,该杂志从创刊之日起,就已经是黎氏语法思想在日本传播的重要阵地,八年间刊出了大量或引用、或利用《新著国

---

* 本文是福建省社会科学基金一般项目“文化交涉学视域下近代中日汉语语法学理论的互动研究”(项目编号:FJ2019B154)和国家社科基金冷门绝学研究专项学术团队项目“东亚汉语音韵学史文献发掘与研究”(项目编号:21VJXT014)的部分研究成果。

① 本文资料来自日本关西大学东西学术研究所藏本,感谢关西大学提供访学机会,感谢沈国威、内田庆市两位学者分享大量日本汉语语法文献为研究所用。

语文法》内容的汉语语法研究成果，增刊的发行是这一创刊理念的集中总结。目前学界基本理清黎锦熙《新著国语文法》在日本的传播和影响线索，但一些具体的内容还有缺漏之处，《中国语文法研究号》的内容目前国内学术界还很少有人注意到。本文将分析增刊所刊论文的主要内容和研究方法，并对相关问题进行论述，以期进一步补充近代中日汉语语法研究交流和互动的事实。

一、《中国语文法研究号》语法研究的主要内容

《中国语文法研究号》正文包括9位作者的14篇论文和编辑部整理的汉语语法著作汇编，从内容上看分为三个部分：

其一，前面2篇是总评式的论文，分别是宫越健太郎的《新体制与中国语文法》和杉武夫的《中国文法的诸问题》，主要分析了当时日本汉语语法研究的基本情况，呼吁改变语法研究的形式，并介绍增刊刊行的目的和意义。具体内容包括以下几点：

1. 提出应该加强汉语语法研究。宫越健太郎在文中对日本当时的汉语研究状况做了整体的评价，认为"目前汉语研究中，文字、音韵、发音等研究已经达到了相当的水准，词汇、形态、词义等形式和意义两方面都通过辞书编纂的形式逐渐趋于彻底化，唯独语法的研究，在我国汉语界还处于基础起步的阶段，未达到充分的程度"。

2. 指出汉语语法研究较弱的症结。文章认为造成汉语语法研究困难的主要原因是"汉语文法十分难解，因而被轻视"，文中特别提到词类连写的问题，认为这一问题是正确分析语法问题的归结。

3. 认为汉语语法研究应该转变方向。杉武夫认为日本的汉语语法研究必须尽快结束"品词论"步入"文章论"，借此建立日本的汉语语法学研究体系。

4. 从实用功能的角度说明语法研究的重要性。文中认为加强语法研究的另一目的在于通过语法的学习了解使用这一语言的人的真实姿态，增刊的9位作者中有4位是日本陆军学校的汉语教师，可见当时汉语语法教学研究的政治和军事目的还是较为明晰的。

其二，主体12篇论文，都是基于黎氏语法思想选择了汉语语法中一些常见问题进行分析，分别是杉武夫的《跟单数助动词"上、下"和重助动词"上来、上去、下来、下去"相关的问题》《终止助动词'了'的意义和用法》和《形容词的构文法则》，香坂顺一的《中国文法再吟味》和《关于"来"》，藤木敦实的《"就"的用法》，田中清一郎的《关于"在"》，田村龙雄的《白话口语中的结尾词"子""儿""头"》，麻喜正吾的《中国语中强意表现的诸形式》，钟江信光的《中国语文法的时制》，福代惟男的《单句的构成》，最后1篇《文法余谈》包括了

8个与汉语语法相关的小问题，其中杉武夫7个、麻喜正吾1个。主要内容包括：

1. 与词语运用相关的词法研究。大部分文章都是选择汉语语法学习过程中较容易出现错误的虚词进行探讨，如副词“就”、介词“在”、助词“了”等，另外一些用法比较复杂的实词，如趋向动词“来”等也是研究的内容。这些论文的作者大多仔细地观察汉语语言事实，注重分析研究对象在句子中的位置以及前后连接的不同成分，以此找到不同句式中词语的语义变化和不同句式的语感差异，并进行一定的解释说明。

2. 跟单句成分分析相关的句法研究。一部分文章着力描述汉语的句法结构，如福代惟男《单句的构成》认为汉语的基本句法格式为“主语 + 内动词/外动词 + 宾语/同动词 + 补足语”，其中“主语和述语是主要成分，宾语和补足语是连带成分”；作者还分析了“主语 + 外动词 + 宾语”句式中，根据搭配的不同“外动词”分为三类：主语 + 外动词 + 宾语；主语 + 外动词 + 次宾语 + 正宾语；主语 + 外动词 + 宾语 + 补足语。另外，钟江信光的《中国语文法的时制》在分析汉语的时体特征时也归纳出相关句式的构成特点。这些研究都体现了“句本位”的基本特点。

3. 谈了一些语法研究之外的问题。这类问题主要集中在《文法余谈》中，如“手势语”的分类和作用，基本词汇的选择需要使用客观词频的调查方法，让学生学好汉语语法的教学方法，等等。

其三，在论文之后整理了当时重要的汉语语法书。中国出版的汉语语法书一共收录了25本，其中21本介绍了作者、出版社、出版时间以及每部著作的章节。① 日本出版的汉语语法著作11本，只刊录作者、书名和出版社、出版时间。②

二、“黎氏文法”日本谱系图式的全景：数量和方式

李无未曾提出日本汉语语法研究中的“黎氏文法”谱系这一概念，③李逊、李无未提

① 主要有：陈浚介《白话文文法纲要》、江山李直《语体文法》、王应伟《实用国语文法》、杨树达《中国语法纲要》、马继桢《国语典》、孙俍工《中国语法讲义》、戴渭清《国语虚字用法》、徐觉《国语法》、黎锦熙《新著国语文法》和《国语文法纲要六讲》、邹昌炽《国语文法概要》和《国语文法向导》、汪震《国语文法》、黄洁如《文法与作文》、刘复《中国文法讲话》、宋文翰《虚字使用法》、孙怒潮/宋文翰《国文法表解》、黎明《国语文法》、杨伯峻《中国文法语文通解》、周善培《言文一贯虚词使用法》、谭正璧《国语文法与国文文法》。另外4本未刊录章节内容，仅存目录，分别是许地山《语体文法大纲》、尔槑《国语文法讲义》、易作霖《国语文法四讲》、蔡晓舟《国语组织法》等。

② 主要有：大槻文彦解《中国文典》、张廷彦《官话文法》、宫锦舒《最新言文一致中国语文典》、米田祐太郎《中国语文法研究》、何盛三《北京官话文法》、杉武夫《最新中国语讲座第三、四卷文法篇》和《春阳堂中国语讲座第二卷文法篇》、ザイデル（Saidel A.）《简易中国语文典》（奥平定世译）、宫越健太郎《中国语讲座文法及作文篇》、仓石武四郎《中国语语法篇》和《中国语入门》。

③ 李无未《仓石武四郎对黎锦熙〈新著国语文法〉编译的意义——读1938年版〈中国语语法篇〉》，见刁晏斌编《黎锦熙先生诞辰120周年纪念暨学术思想研讨会论文集》，中华书局，2011年，第440—453页。

出了判断该谱系的四个基本原则，[①]基于这些原则结合上面的内容分析，我们认为《中国语文法研究号》应该是“黎氏文法”在日本传播的重要内容。

《新著国语文法》在日本有四个译本。[②] 1942年日本学者野村瑞峰首次提到了受“黎氏文法”影响的17部文献，1989年牛岛德次对相关的内容进行了转述，指出“粗略统计，著作大约有三十多种”[③]。李逊、李无未补充了两本：内藤尧佳《中国语构成法》（东京：外语学院出版社，1941），该书编译的是黎氏的《国语文法纲要六讲》；中国学者李颠尘在日本出版的《实用中国语文法》（东京：文求堂，1944）。这两本著作的出现，拓宽了“黎氏文法”谱系，内容上注意到了黎锦熙其他著作的编译，时间上注意到了1942年之后陆续出版的文献，而《中国语文法研究号》的发现，则是注意到了呈现方式的不同。

“黎式”谱系的文献适用对象也有一些差异。本文提到的《中国语文法研究号》应该算是一本论文集，适用于汉语教师或者专门的研究者阅读。仓石武四郎《中国语入门》、陈白秋《中国语讲座》等著作则更像是汉语语法教材，书中有对话课文也有课后的练习，可作为教学用书适用于一般的汉语学习者。而香坂顺一《中国语文法详解》、吴主惠《中国言语组织论》等则是研究著作，过于繁杂艰涩，仅适用于研究者阅读参考。可见，这些著作虽然都是为了汉语教学服务，但有一定的差异性，在分析“黎氏文法”谱系时应注意区分。

《中国语》杂志是当时“黎氏文法”在日本宣传的重要阵地，除了《中国语文法研究号》增刊之外，该杂志自创刊起还刊登了多篇与“黎氏文法”思想相关的汉语语法教学文章。[④] 1945年之前日本汉语语法研究的目的主要是服务汉语教学，因此期刊杂志上发表的有时并不是形式完整的论文，为了大众学习者的方便，一个问题的论述会以连载的

---

① 李逊、李无未《“黎氏文法”系谱：日本〈实用中国语文法〉(1944)承袭与改造的意义》，《苏州大学学报》(哲学社会科学版)2018年第4期，第170—180页。

② 杨杏红、王娟《黎锦熙〈新著国语文法〉在日本的传播和影响》，《国际汉学》2021年第2期，第155—159、205—206页。

③ 牛島德次著《日本における中国語文法研究史》，東方書店，1989年，第116页。

④ 主要有：宫越健太郎《中国语文法的再吟味》(第二卷第三号)、《中国语词类连书的提倡》(第二卷第六号)和《中国的特殊语》(第二卷第十号)；松村尧佳《中国语的表时法》(第三卷第四号)、《中国语文章的种类》(第三卷五、六、九号)和《“叫”的用法》(第三卷第十一号)；田中清一郎《关于中国语的文法》(第三卷第八号)、《有关复合语》(第五卷第二号)、《语法漫谈：表现的不同》(第五卷第四号)、《文法研究资料：略谈量词》(第五卷第十二号)、《语法漫谈：语序与直译》(第六卷第七号)；岩井武男《以动词“喝”为中心的简单句型》(第四卷第一号)、《形容词“好”的用法》(第四卷第二号)、《自动词“去”为中心的简单句型》(第四卷第三号)和《以“给”为中心的简单句型》；真砂子《学习所感：初学文法》(第四卷第四号)；钟江信光《白话语词用法》(第四卷第七、十一、十二号)(第五卷第一、二、三、四号)；《语乐：“子”和“儿”》(第六卷第一号)、渡会贞辅《感叹助词小解》(第四卷第九、十、十一、十二号)(第五卷第二号)；期刊编辑部《白话与文言的关系》(第四卷十一号)；高本銈铺《关于标准汉语的语调》(第五卷四、五、六号)；神谷横平《中国的标准语和特征》(第五卷第十号)；武田宁信《复合动词考》(第五卷第十号)(第六卷第一、四号)；北浦藤郎《文语法的各种各样》(第七卷第七、八号)；日向午郎《关于汉语的疑问句》(第八卷第一号)；杉武夫《关于“给”的若干考察》(第八卷第四号)。

方式出现在期刊中，每一期的内容大概两三页。这种以杂志连载作为第二语言学习材料的方式为大众汉语学习提供了方便，在日本也极为盛行，可以说是日本汉语语法学史和汉语教育史研究的重要资料，不可忽视。

虽然很难严格区分“黎氏文法”在日本的译稿、教材、论文、专著，但四个部分的内容的大概轮廓还是可以寻迹的，增刊的发行无疑更让我们从论文的角度认识了“图式”，也使“黎氏文法”谱系的日本图式更为完整。

三、“黎氏文法”日本谱系图式的特点：发展与融合

一种研究思想的发展一般遵循两种路线：一种是向纵深方向发展，一种是吸取其他的成果进行融合，“黎氏文法”在日本的发展图式，也基本上体现了这一规律。《中国语》杂志一直是“黎氏文法”的主阵地，八年间杂志中关于语法的文章能清晰地体现整个发展的脉络。

其一，日本“黎氏文法”谱系对《新著国语文法》的内容进行了选取和发展，主要表现在以下几个方面：

1. 对一些具体的语法现象进行更为细微地分析。增刊中的词法研究论文大都选择较小的语法点，研究也就更为细致。如对汉语句末“了”的认识，《新著国语文法》认为“了”是语气完结助词，可以分为五类：助判定事理的完结语气，兼代感叹语气；助时制完结的语气，包括过去完成时、现在完成时、未来完成时三种情况；助“预期”或“不定”的完结语气，用在假设复句中，表虚拟原因或虚拟结构的完结语气；助救助或劝助的完结语气等。杉武夫《终止助动词“了”的意义和用法》则分析了“了”的九种不同意义：表示请求、要求、阻止、禁止、制止、命令等语义；实现预期的事实的语气；直接接在形容词后面，使形容词动词化；表示判断、判定、批判、决断的语气；位于述语“多”后，表示指定、判定、断定的语义；附在副词修饰形容词结构的句尾，表示决定、断定、指定的语义；出现在句尾，使语气柔和并表示亲爱尊敬的感情；表示现在结束了的语调；表示条件、假设的语气。在每一种意义类型下都例举了大量的例句，并做了进一步的解释和说明。这种极致性的分析虽然略显烦琐，但也可以发现汉语语法的细微差异，让学习者对某一具体的语法现象有更为全面的认识。

细致入微的分析方法，从大量的语言事实而来，往往要求研究者具有较强的汉语语感，与宏观的语法理论研究有着很大的区别，这是日本汉语语法研究的特色之一。这一模式对20世纪50年代以后日本明清汉语语法词汇的研究有很大的影响，此次增刊的作者香坂顺一就是明清语言研究会代表人物，50年代后日本近代汉语语法（如太田辰

夫《中国语历史文法》)的研究风格在此时已经基本可见端倪。

2.简化了汉语句法层级系统。《新著国语文法》第四章到第十六章详细介绍了汉语句子的各层级单位，从句法成分、词类句法使用、单句附加成分、复句分析四个方面入手，用了相当多的篇幅建立了一个系统较为完整的汉语语法体系。但一些日本学者对黎氏的"句本位"系统进行了简化和改编，如：熊野正平《现代中国语法入门》，该书分为概说、单句、复句三章，用了九成篇幅介绍单句，把单句构成分为主要成分(主语和述语)、连带成分(宾语和补足语)、附加成分(形容词附加语和副词附加语)、关系词成分(介词)、同格语或反复成分、情态词成分等八节，每一节下面再介绍相关的内容，按从大到小四个等级逐层论述。以主要成分为例，在谈到主语时，论及主语的构成、位置和省略三项，再举例说明名词、代名词、形容名词、动词及动词短语、形容词、名词短语、名词句充当主语的情况，遇到较为复杂的词类再进行下位分类，如代名词的下位分为人称代名词、指示代名词和疑问代名词进行说明，有特殊用法的词再逐个进行考察。熊野正平《现代中国语法入门》受黎氏语法影响很深，该书犹如一个倒装的金字塔，从大到小层层细化，逻辑线索极为清晰，层级体系也很完整。全书140多页，只是描写了汉语语法体系的整体概貌，作者在序言中也谈到，此书是为了帮助刚刚入门学习汉语的学习者，希望他们能够意识到汉语语法体系和英语的差异，词语的学习必须与句法关系的学习结合起来。

3.主要从补充和纠正两方面入手，对一些语法现象提出了一些自己的意见。如《关于"来"》，分析了"来"的10种用法：动词，宾语前置标志(我手拿鞭子将你来打)，表示不定数(三百来人)，"来着"表示过去的持续，助词"何苦来"，表经过的时态"越来越好"，作为句首发语"来，练习一个"，连词"我拿着本书来教你"，有连词性的"来""你一言来我一语"，代动词等。作者认为黎锦熙的汉语分析中有代名词一类，但还应有"代动词"一类，如"偶然一动，头发来个大口子"这一句中的"来"应该是代动词。可见当时的日本汉语语法研究者，并不是盲目的以黎氏语法为标准，而是在学习的过程中，从不同的角度进行了重新的分析和探讨，有些分析十分合理。这当中成就最高的是香坂顺一，有关"黎氏文法"相关问题的再思考主要体现在后来出版的《中国语文法详解》一书中。

不论是个别语法现象的细致分析、重新思考，还是层级体系的重新建构，其目的主要还是能够更好地服务当时日本的汉语教育和学习，这就使得"黎氏文法"的日本谱系和当时中国的"黎派"①语法著作在内容选择上有一些差异。从研究的深度和广度看，

① 《所谓"黎派"语法诸书的评介》，该文是黎锦熙在《新著国语文法》发表四十周年时写成的初稿，1966年订补，1972年重校，1984年刊于《语言教学与研究》第4期第4—18页，由其子黎泽渝整理而成。

同时期其他域外国家和地区的汉语语法研究很难达到这个水平，当时一些日本学者在观察语言现象时的仔细和深入不逊于中国学者，而且有些语言现象的分析在今天看来还有一定价值。

其二，日本“黎氏文法”谱系融合借鉴了多方面的研究成果。主要可以从以下三点看出：

1. 日本学者在“句本位”基本思想的框架下，并没有全盘接受黎氏语法的各种观点，而是博采众家之长，选择最为合适的内容和方式，这不仅是作者自己的独立思考的体现，也更符合当时汉语教学的要求。除了黎氏语法，最受日本语法学者关注的是刘复的语法著作，如《文法余谈》就谈到了刘复《中国文法通论》和《言语的起源和他的发展》两部著作，而田中清一郎《关于“在”》则直接引用了刘复《中国文法通论》里的图式来分析“在”的使用情况。另外，多部“黎氏文法”日本谱系中的著作都明确提出参考其他语法学者成果，如吴主惠《中国言语组织论》谈到除了参考《新著国语文法》之外，还参考了陈浚介《白话文文法纲要》、邹昌炽《国语文法讲义》、王应伟《实用国语文法》、王力《中国语文概论》、易作霖《国音学讲义》等著作。香坂顺一《中国语文法详解》参阅了当时中国或日本出版的五十多本汉语语法学著作，他明确指出此中最为优秀的应该是已经颇受肯定的两部书，一部是黎锦熙《新著国语文法》，另一部是周有光《白话文法讲义》，所以该书词论部分以黎锦熙的学术观点为基础，句论部分则以周有光的学术思想为基础。

2. 域外汉语语法学家使用比较语言学方法研究汉语语法具有天然的优势，这一角度能有效分析出汉语中相同格式的不同内涵。国内“黎氏文法”在这方面是比较欠缺的，但日本“黎氏文法”谱系中则较多使用了这一方法，主要表现为两种形式：首先是汉语和日语比较，例如杉武夫《汉语文法的诸问题》中比较了“我试一试”和“你看一看”，认为前者表示尝试，后者具有命令形态，但这种命令形态与一般的命令并不一样，而是和依赖、乞求等意思相互交织在一起，文章认为后者“一看”应该看作“动词状名词”，而“一”是日语“一寸”的副词用法，此句可以翻译为“君は一寸見て見給へ”。其次是汉语与英语比较。如杉武夫在分析汉语的定冠词时认为，不同的语言的外在表现形态可能不一样，不同的形态之间可能用法存有一致性，英语中“一个”有不定冠词的用法，是用“a”表示不定冠词，汉语中省略“一”之后，仅仅有“个”则数的观念没有了，如“我有个事”“他写个字”“他骑个驴”，这时的“个”也就类似于不定冠词的用法。

从方法论上，这种分析的思路是可取的，而且能够发现许多母语者不能发现的问题，日本的汉语学者的研究一般都有一种源于日中对照研究的类型学的潜意识，从这一点来看，20 世纪 30 年代的日本汉语语法研究已经充分意识到这一方法。

3. 尝试引入不同语言学流派的分析方法，进行汉语语法描述和解释。在《中国语文法研究号》中，一些日本学者也开始使用变换分析的替换、省略、添加、句式转换等方法描述汉语语法的特点。如田中清一郎在《关于“在”》一文就使用变换分析法来分析“在”的不同用法，文中指出，A式“我在草地上坐，我坐在草地上”都可说，但B式“我在草地上跳舞，我跳舞在草地上”后者使用受限制，而C式“我在箱子里放衣服，我放衣服在箱子里”在使用的时候都有所限制，作者还谈到C式可以使用“把”字来替换，但是B式不能替换。美国描写主义是结构主义的重要分支，20世纪40年代中国学者吕叔湘《中国文法要略》(1942)使用了变换分析方法研究汉语语法，而几乎是同一时期甚至更早一些，日本的汉语语法学者也使用相关方法研究汉语。不论是有意识还是无意识，得益于当时日本语言学界对西方语言学研究方法的学习，日本汉语语法研究的方法更新的速度也是极快的。从上面的分析可以看出，在《中国语文法研究号》中，已经有一些更为科学的语法分析方法的萌芽，开始尝试解释汉语语法差异的原因，以便更好地明确汉语语法的特点。

另外，日本学者不仅关注不同句法结构的语义表达，还注意到语用功能的差异，以及韵律对语法的影响，初步具有功能语言学派的特点，也是比较有意思的地方。

四、余论

20世纪30年代刊行的《中国语》主要是为汉语教学服务的杂志，但是在停刊两年之后，却增刊了研究性极强的语法专刊，此次专刊刊行并不是为了普通人的汉语学习，而是为了当时的汉语语法研究，专业性极强，是近代日本汉语语法研究史上唯一一次专项探讨，在域外汉语语法研究史上也是极少有的情况。这之后日本纯粹的汉语研究杂志就比较少见了，直至1947年中国语学研究会刊行了《中国语学研究会会报》(即《中国语学》前身)，才可算是真正意义上的汉语研究学术杂志。

我们在上文中谈到的日本“黎氏文法”谱系，主要指受黎锦熙语法思想影响的在日本刊行的译稿、著作、教材和论文。如果要谈及学习过相关文法思想的人，就不胜枚举了，牛岛德次也谈到“那个时候，对中国语法持有兴趣的我，从一些学者意见必须读黎锦熙的《新著国语文法》”，这里的“那个时候”已经是20世纪50年代以后的事情了。

《燕京妇语》女性化语言特征研究*

孟广洁
（厦门大学汉语国际推广南方基地）

摘　要：从成书时间和编写背景来看，《燕京妇语》是清末供来华日本人，特别是日本教习的太太们学习汉语，从而以"太太外交"策略实现文化侵略的目的；作为专门适用于女性的汉语教科书，其从语气词的使用、女性专用词以及句式和寒暄方式的选择上，都呈现出女性化语言特征，是研究性别语言的重要语料；《燕京妇语》记录了清末北京话口语的使用情况，其用词、用句以及会话内容，都从女性视角再现清末北京的生活场景，是研究清末北京口语语言面貌、风俗习惯的重要文献。

关键词：《燕京妇语》　女性化语言特征　清末

一、引言

《燕京妇语》是一部立足于女性视角编写的汉语教科书，鳟泽彰夫认为该教科书是为女性创造中文教材的开端。① 作为较早的专门为女性编写的汉语教材，其并未引起学术界的足够重视，研究成果②不多。江蓝生着重分析了《燕京妇语》所反映的清末北京话特色。③ 刘一之就《燕京妇语》的具体问题，如用词用句以及校勘等进行了

---

* 本文是国家社科基金冷门绝学研究专项学术团队项目"东亚汉语音韵学史文献发掘与研究"（项目编号：21VJXT014）成果之一。

① 〔日〕鳟泽彰夫《新しい時期区分による明治以降中国語教育史の研究》，早稻田大学博士学位论文，2018年。

② 主要研究成果有：江蓝生《〈燕京妇语〉所反映的清末北京话特色》（上、下），《语文研究》1994年第4期、1995年第1期；〔日〕鳟泽彰夫《燕京婦語・解説》，日本好文出版社，1992年；刘一之《〈燕京妇语〉研究》，《岐阜圣德学园教育大学纪要》第31卷，1996年；周远富《红楼梦与清代官话》，《赣南师范学院学报》1998年第5期；吴继章《魏县方言的"着"——与汉语普通话及其他相关方言、近代汉语等的比较研究》，《燕赵学术》2007年秋之卷；吴迪《从唐话到妇语——简析日本近代汉语教材〈燕京妇语〉》，见姚小平主编《海外汉语探索四百年管窥》，外语教学与研究出版社，2008年；张丹星《清末民初北京话选择问句和反复问句研究》，新加坡国立大学、北京大学双学位硕士毕业论文，2013年；王琬嫣《〈燕京妇语〉的话题研究》，四川师范大学硕士学位论文，2017年；窦玮婷《〈燕京妇语〉中的寒暄语》，《汉字文化》2020年第6期。

③ 江蓝生《〈燕京妇语〉所反映的清末北京话特色》（上、下），《语文研究》1994年第4期、1995年第1期。

研究。[1] 鳟泽彰夫围绕《燕京妇语》的研究最为全面，他考证了该书的版本、作者，并分析了成书背景以及全书特色等。据现有研究成果显示，《燕京妇语》是研究清末北京话口语的珍贵语言材料，但我们也应该看到，作为专门针对女性编写的教材，其用词用句、会话模式体现了女性特征，从性别语言研究的角度来看，这部教材同样具有重要的研究价值。

二、《燕京妇语》结构框架及适用范围

《燕京妇语》分上下两册，上册12课，下册10课，共22课。每课根据内容的长短和情节的难易再分小节，前三课不分节，最多分为14小节。以小节来划分的话，上、下都是50小节。每课涉及的人物角色不等，最少的2人，最多的19人，大部分3—6人。上下两册教学内容体量相当，从教学的角度来看，这样的安排方式还是比较合理的。

从适用范围来看，上下册适用的交际场合的界限是相当清晰的：上册主要适用于与达官显贵交际应酬的场景，像"王爷"等，在会话中反复出现，共出现11次[2]；下册主要适用于与普通人交际应酬的场景。在上册中，称呼对方时，使用人称代词"您"376次，"你"只出现了9次；而在下册，"你"出现了114次，"您"出现了319次。"您"和"你"在上下册使用上的差别，刘一之推测，上下册不是同一个人写的。在上册中，所有的对话都是客客气气的，"读上册的时候，你的脑海中能浮现出这样的画面：说话人一个个脸上挂着笑，和和气气，谦恭有礼。而下册则不然……无论是太太、姨太大，还是姑娘，甚至仆妇，对裁缝、卖花人和首饰匠都用'你'"[3]。刘一之认为："上册的作者应该是旗人，而且是贵族，有和外国人打交道的机会。下册的作者可能不是旗人，甚至不是地道的北京人，不过一定在北京住了很长时间，所以能说比较流利的北京话，但还不能把握北京话的细微之处。"[4]笔者认为，这样的认识可能不太准确，下册在很多场合也用到了"您"，数量也不少，与上册相差并不大。倒是"你"在上下册出现的次数相差很大(9∶114)。上下册适用场合的不同决定了其在用词上的差异，这种差异并非是由于上下册作者不同。"您"和"你"在上下册使用上的差异，恰恰说明了教材编写者对教材适用范围的准确考量，既有针对上等人的交际用语，也有针对普通人的交际用语，满足汉语学习者在不同场合的交际需求。

---

① 刘一之《〈燕京妇语〉研究》，《岐阜圣德学园教育大学纪要》第31卷，1996年。

② 受技术条件和文本的限制，全文涉及的词频均依靠人工校核。

③ 刘一之《〈燕京妇语〉研究》，《岐阜圣德学园教育大学纪要》第31卷，1996年。

④ 同上。

三、《燕京妇语》的女性化语言特征

《燕京妇语》作为研究清末北京话的重要语言材料，学术界对其语言特征已经做了深入研究。《燕京妇语》是一部专门针对女性群体的汉语教材，那么其在语言表达上必然呈现一定的女性化特征，下文将对此进行详细论述。

（一）《燕京妇语》含有种类丰富、用法多样的语气词

有研究发现在语气词的使用上，尤其是在祈使句和疑问句中，女性使用语气词的频率比男性使用语气词的频率更高。曹志赟通过对张辛欣、桑晔的口述实录文学《北京人》中的10篇话语材料进行统计分析，认为：男女性使用语气词，在陈述句、感叹句中不相上下，在疑问句、祈使句中有较大差别。在疑问句中，“吗、呢、吧、啊”等语气词，女性使用者使用频率大大高于男性。在女性82句中语气词出现59次，平均为72%（最少为30%，最多为94%）；在男性141句中语气词出现46次，平均为33%（最少为21%，最多为38%）。这种差异说明，女性喜欢使用委婉、柔和的语气，而男性经常使用直爽、刚硬的语气。[①] 张广州、陈鑫通过对《雷雨》台词感叹句中语气词使用情况的调查，发现女生使用“啊、啦、呀、的、哪、了、吧”的频率高于男性。在共计四幕的台词中，上述语气词女性使用了26次，男性使用了20次，尤其在“呀、哪”的使用上，女性明显高于男性，女性分别用了6次和8次，而男性都只各用了1次。[②] 就“罢”的使用情况来看，据谢元春以明清小说为语料所做的统计分析的结果来看，女性使用“罢”的频率明显高于男性，“明清语料中女性祈使句中‘罢’的出现频次最高，男女使用频次的差距最大”[③]。

这些成果与笔者所调查的《燕京妇语》中语气词的使用情况是一致的。在《燕京妇语》中出现的语气词有“了、罢、哇、啊、着、哪、么、呀、哦、呢、喳、唉”，出现频率最高的是“了”（366次），其次是“罢”（242次），然后是“哇”（198次），“啊”（197次），“哪”（148次），“么”（135次），“呀”（119次），“哦”（111次），“呢”（108次）。整部《燕语妇语》不仅使用了丰富的语气词，而且语气词所表达的语气也是十分丰富的。例如：

哇：(1)姥姥您好哇？（第五课第一节）

---

① 曹志赟《语气词运用的性别差异》，《语文研究》1987年第3期。

② 张广州、陈鑫《〈雷雨〉台词感叹句中语气词使用的性别差异》，《现代语文》（语言研究版）2014年第12期。

③ 谢元春《女性修辞研究》，复旦大学博士学位论文，2011年。

(2)二姐，您瞧这个天儿有多好哇！（第六课第一节）

(3)对了。您再喝一点儿酒哇。（第七课第四节）

么：(1)哈，那不叫人笑话么，要是不懂得就别言语，装糊涂就结了。（第十一课第六节）

(2)可不是么，来了不少人了。你瞧着点儿衣裳。（第十二课第七节）

(3)这是好的么？（第十四课第五节）

“哇”(1)表示问候语气，“哇”(2)表示感叹语气，“哇”(3)表示劝说语气。“么”(1)表示反问语气，“么”(2)表示肯定认可语气，“么”(3)表示疑问语气。这些语气词生动鲜活地反映了会话人之间亲疏远近的关系，说话人的态度、好恶等情绪，使得全篇课文被赋予女性气息。

尽管语气词会让会话交际变得生动形象，但是这一类词往往不会收录进当时的会话辞典里，比如在铃木畅幸编纂的《日华会话辞典》(1906，富山房)中，上文所提及的语气词除了“喳”和“呢”单独列为词头外，其余语气词都是在句子中体现出来的。为了进一步证明语气词的使用体现了女性特征，笔者调查了同时代的北京话口语教材《中国话》①中语气词的使用情况。在《中国话》中，出现频率较高的语气词有“了、哪、喳、么、着”，数量和用法都不如《燕京妇语》。两部教材语气词的使用情况对比如下：

表1　《燕京妇语》与《中国话》语气词比较

语气词	《燕京妇语》(次)	《中国话》(次)
了	366	177
罢	242	27
哇	198	2
啊	197	0
着	149	30
哪	148	113
么	135	54
呀	119	6
哦	111	0
呢	108	1

通过对比可以看出，《燕京妇语》中的语气词明显多于《中国话》，这说明女性在交际表达中，更倾向于选择不同的语气词以表达自己不同的情感和态度，并以此来增强交际

① 《中国话》同样也是手抄的北京话课本，也是会话体口语课本，由宫岛大八抄录，成书时间在1894年前后。全书大约14 000字，比《燕京妇语》略少。从会话涉及的内容来看，基本与《燕京妇语》一致。

效果。当然,在《中国话》中也有个别语气词的使用多于《燕京妇语》,比如“喳”,《中国话》中出现67次,《燕京妇语》中出现51次。在《燕京妇语》中,“喳”作为应答语气词,均为男性使用,主要是男仆使用,所以出现的频率并不是很高。赵蓉晖指出:“语言学家普遍认为,女性言语的感情色彩重于男性言语。在世界上的许多文化中,多愁善感、感情外露一向被看作是女人的天性,而男人却应当谨慎言行,不轻易表露内心的感受。因此,女性在言语交际中常常带有浓厚的感情色彩,她们较男性更多地使用语气词、感叹词。”[①]《燕京妇语》大量使用语气词来完成会话,恰好证明了这一点,这也足以使这部针对女性的教材与其他的汉语教材相区别,在语言使用上形成独特的女性化特征。

(二)《燕京妇语》包含大量与女性生活密切相关的词语

《燕京妇语》作为专门适用于女性的汉语教材,设定了女性需要经常参与的一些情景。伴随着这些情景的出现,一些独具女性特征的词语也随之出现,成为《燕京妇语》又一女性化语言特征。

1. 满足女性审美需求的颜色词。罗宾·莱考夫(Robin Lakoff)在《语言与女性的社会地位》一书中明确提出了“女性的语言”这个概念。莱考夫列举了“女性的语言”一些相关特征,其中一条就是“女人使用有细微区别的色彩词”。[②] 比如:

作蓝宁绸面儿青回子绒四镶的。(第三课)

您把那个大红洋呢的幛子拿出来瞧瞧。(第十二课第二节)

是顶好的。您瞧有多厚哇!颜色儿是足青,也不透黄。(第十四课第六节)

你把那个大红顶凤指甲草儿,带他二三百钱的来,明儿你就种,他们姑娘们都爱使那个染指甲。(第十六课第三节)

这个水红颜色儿深点儿。(第十八课第二节)

奶奶,再配上这个红灰竹叶梅的这两道边儿好不好?(第十八课第二节)

你给我作一双雪青洋绸单套裤。(第十八课第三节)

我要青缎子边儿,一道蓝的儿红花儿绦子,一道青的儿金万字儿绦子。(第十八课第三节)

在上述举例中,出现的颜色词有“蓝”“青”“足青”“黄”“大红”“水红”“红灰”“雪青”

---

① 赵蓉晖《语言与性别:口语的社会语言学研究》,上海外语教育出版社,2003年,第152页。

② 〔日〕中村桃子《语言与性别》,浙江工商大学出版社,2017年,第8页。

"金",红色范畴下就细分了"大红""水红""红灰"三种,青色范畴下有"青""足青""雪青"三种,可见当时的女性对于颜色有着细致的认知,同一范畴下的颜色用不同的词语进行精确区分。除了"大红""水红""青"三个颜色词外,其余的颜色词在其他教材和辞典中基本未见。除了具体的能够表现细微差别的颜色词,《燕京妇语》还有一些用于形容颜色词的词,例如:

深一点儿好,颜色浅就显着糙了。(第十二课第二节)
奶奶,这个颜色儿太深,不要这个。
那么你再把那颜色儿浅点儿的拿来。
这是顶好的颜色儿,这个禁洗,再浅,一洗就白了。(第十四课第五节)

这里虽然没有关于各种颜色的词,但是用"深""浅""糙""顶好"等词来说明不同颜色之间的差异,表达了说话者对于颜色的具体要求。这些关于颜色的表达,形容词、动词、不定量词"点儿"的交替使用反映女性更加关注色彩的细微变化,这是女性所独有的。

2. 指称女性专有物品的名物词。除了上述颜色词能够体现《燕京妇语》在词汇选择和使用上的女性特征,还有一些词,特别是名物词,也能够体现其语言上的女性特征。《燕京妇语》中还有大量的和女性有关的词语,例如在第十四课《买布裁衣》第十节中,有"托领""贴俏""领条儿""钮襻儿""条子""边子"等专有名词。根据点校版的解释:"托领"指的是领圈,衬在领口周围的环形布。"贴俏"指的是缝合领口、袖口时,加上相应布条以隐藏毛边、提供支撑,又叫"贴边"。"领条儿"指的是用于衣服领子部位的布条。"钮襻儿"指的是用布做的扣住纽扣的套。① 再如在第十九课《召首饰匠制簪钏》第二节中,出现了一些和首饰有关的词语,"活筒儿二龙戏珠"花样儿的镯子,"洋錾海棠花儿"样儿的"扁方儿"等。"洋錾"指的是西洋雕刻。"扁方儿"指的是满族妇女梳旗头时横插在发髻上的扁平一字形发簪,像尺子一样。② 这些词语主要指称女性的衣服和首饰,在同时代其他课本和辞典中是很难找到的,是具有女性化特征的专有名词。

3. 指称女性亲属关系及其社交网络的称谓词。称谓词也能够体现《燕京妇语》词语使用上的女性化特征。在这部教材中,女性称谓词占大多数。用于称谓女性的称谓词有:"太太"(122次,其中"老太太"6次、"二太太"3次、"姨太太"2次),"姑娘"(56次),"奶奶"(38次,其中"姑奶奶"12次、"二奶奶"8次、"少奶奶"1次)、"外甥女儿"(9次),

---

① 〔日〕北边白血等编著《〈燕京妇语〉等八种》,陈颖、翟赟校注,北京大学出版社,2018年,第61页。
② 同上,第75页。

“妹妹”(20次,其中“大妹妹”13次、“二妹妹”3次),“嫂子”(15次,其中“二嫂子”9次),“阿妈”(7次),“福晋”(7次),“姥姥”(6次),“张妈”(6次),“李妈”(2次),“刘妈”(14次),“韩妈”(2次)。全书共计出现了23个女性称谓词,总计频次为304次。

用于称谓男性的称谓语有:与“哥哥”有关的出现16次,包括“二哥”“三哥”“四哥”;与“爷”有关的出现69次,包括“二大爷”“爷爷”“二爷”“老爷”“大少爷”“二少爷”“姥爷”“王爷”“姑爷”“大姑爷”;与“弟弟”有关的出现36次,包括“大兄弟”“兄弟”“愚弟”“二兄弟”;还有仆人“刘升”“刘二”“陈二”等。全书共计出现了20个男性称谓词,总计频次为111次。

在男性称谓词中,只有少部分如“老爷”“王爷”“二兄弟”等参与了会话,其余都是在女性会话中被提及的对象。这些以女性为主的称谓词系统,为整部教材搭建起一个个女性日常生活情景,并且使得这些情景具有了情节化、故事化的特点。当今汉语教学实践已经证明,在故事情节中学习汉语要比单独学习汉语的词句有效得多。

4. 与女性日常劳作密切相关的动词“作”。在《燕京妇语》中,还有一个出现频率很高的词,就是动词“作”,出现了101次,其固定搭配“作活(儿)”出现了16次。“作”或“作活(儿)”与女性的日常生活密切相关。“作”为动词,即做,“作活”即干活。例如:

上衙门克了。我妹妹作活呢么?(第二课)

这两天我老没作活,给我奶奶作汗褟儿哪。(第三课)

作活哪。他倒不笨,我教给他,倒作的顶好的。(第四课第三节)

“作活”在《燕京妇语》特指女人日常做的家务活儿,包括做衣服等。全书设定的生活场景都是和女性有关的,而“作活”是女性生活的一部分,活儿做得好能够证明这个女性是勤俭持家的贤妻良母,这与当时日本国内对女性“贤妻良母”式的教育观念是一致的。所以在这部教材中,“作”和“作活”被反复提及,这也是其女性化语言特征的表现之一。

(三)《燕京妇语》富含具有女性特征的句类及会话策略

从句式和会话策略上,可见《燕京妇语》女性化语言特征,比如多使用问句组织会话,问候寒暄用语比较多。《燕京妇语》以单句为主,复杂复句很少,从教学的角度来看,单句更容易被学习和记忆。在这些以单句构成的会话中,多以问句来提起,以回答来结束。每段会话的话轮由4—12个构成。

1. 多使用问句。“询问(Questions),女人提问的总数是男人的三倍。在费什曼看来，女人需要引出男人的回应，她们询问对方感兴趣的问题完全是为了参与交流。"①一方面，频繁使用问句可以表现出女性对话题的兴趣和认可，是鼓励会话参与者进行有效交流的手段；另一方面，频繁使用问句也是会话策略的有效方式，通过发问获得共同的信息点，从而可以进行话轮转换。在一问一答中，女性比男性更加适应会话中的"合作准则"。在全书中，问句一共有 449 条，占总句数的 27%，这些问句是每节会话的核心。例如：

外：大少爷当差呢么？
中：当差哪。
外：在那儿当差呀？
中：在外务部当翻译官。
外：啊，他会说那一国的话呀？
中：会说英国话。
外：二少爷还没当差哪？
中：没当差哪，念书哪。
外：在那儿念书呢？
中：在译书馆学日本话哪。
外：啊，很好。如今贵国和敝国更显着亲睦了，学日本话也是要紧的。
中：对了，是要紧的。

（第四课第三节）

在上述对话中，外国妇人是发话者，中国妇人是听话者，这中间涉及 5 个问句，且都是有疑而问。这 5 个问句，层层深入，表现出说话者对于听话者的关心，以此鼓励听话者参与会话。在《燕京妇语》中，除了有疑而问的问句外，还有否定问句的形式，如"大兄弟没该班儿么？""您那儿还没弄早饭呢？"这样的否定发问，也带有一定的语气，是女性在交际表达中惯用的交际策略。还有一些问句，不是为了得到某种答案，只用作寒暄，如"我姥爷他这一程子倒硬朗啊？""谁说不是呢？""怎么您又给送东西来呀？"这些问句其实并不是为了求得回答，只是表达说话者的一种关心或者客气的态度。因此，从某种程度上来说，发问不仅是女性在交际中习惯使用的会话策略，同时也是寒暄客套的有效手段。

---

① 〔英〕玛丽塔尔博特《语言与社会性别导论》，艾晓明等译，华中师范大学出版社，2004 年，第 88 页。

丙：外甥女儿这几天作活呢么？

甲：作活呢。

丙：作甚么呢？

甲：给我阿妈作鞋呢。

丙：啊，作甚么鞋呢？

甲：给她作一双回子绒双脸儿鞋。

丙：好哇，回子绒的结实。

甲：是结实。

乙：您姥爷也爱穿回子绒鞋。

甲：啊，他穿的是我舅母给作的？

乙：是您舅母给作的。

（第五课第四节）

在上述会话中，根据前文可知甲到丙和乙家做客，甲是外甥女儿，丙是舅母，乙是外祖母。丙先发问，通过三个问题“外甥女儿这几天作活呢么？”“作甚么呢？”“作甚么鞋呢？”进而使会话听话者之一，即乙，从答案中找到共同点，进而用“您姥爷也爱穿回子绒鞋”将话轮进行转换。由此可见，问句具有转换话轮的功能，而女性更容易从问话中找到感兴趣的答案，从而转移话轮，推动会话的展开。

2.寒暄客套语。《燕京妇语》除前三课没有分小节外，其余课文都按内容和交际情节的发展，分出不同的小节，其中第十二课《亲友男妇贺寿》的小节最多，从准备贺寿到贺寿结束，共分为14小节，这足以看出《燕京妇语》所设定的会话场景和组织的会话过程都是相当完整的。每一课都从拜访或偶遇的寒暄入手，然后进入会话，最后以告别寒暄语结束会话。赵蓉晖认为：“两性在言语交际中遵从礼貌准则的情况是不完全相同的。总的看来，女性言语比男性的更符合礼貌准则的要求。她们本身对礼貌的要求比较高，对礼貌的维护也就比男性更加自觉。”[①]也就是说，在会话中，女性更加注重“礼貌准则”。在《燕京妇语》中，上册中出现的寒暄用语比较多，下册由于会话双方身份和地位的不平等，寒暄用语比较少，指令性用语比较多。这些寒暄用语体现了女性对于“礼貌准则”的追求。在《燕京妇语》所使用的寒暄用语中，根据交际场合，可以分拜访寒暄语、偶遇寒暄语以及告别寒暄语。

(1)拜访寒暄语。拜访寒暄语适用于上门做客拜访的场合，常用的有问好式寒暄和

① 赵蓉晖《语言与性别：口语的社会语言学研究》，上海外语教育出版社，2003年，第206页。

带有特殊目的的寒暄两种。

第一，问好式寒暄。通过向对方问好进行寒暄，一般用作交际会话的开场白，以问好引起下文，例如：

> 甲：王爷好哇？
> 乙：好哇。您好哇？
> 甲：好哇。
> 丙：王爷好哇？
> 乙：好哇。太太好哇？
> 丙：好哇。　　（第十课第一节）

全书一共有80条诸如此类的寒暄方式。这类寒暄方式适用范围很广，既可以用于熟人之间，也可以用于陌生人初次见面。这类寒暄语都包含有“好哇”的形式，通过问候拉近距离。孙锡信通过对近代语气词的历史考察，发现“哇”作为“啊”的变体，是清代后期也就是19世纪后半叶才开始使用的。“哇”用于以“u”“ao”“ou”“iao”“iu”为韵母的音节之后，即用于u收音之后。[①] 用“哇”表达问候的语气是《燕京妇语》里最常用的寒暄方式。

第二，带有特殊目的的寒暄。这种寒暄方式主要适用于一些怀有特殊目的登门拜访的场合，不用客套问好，可以直入主题。例如：

> 中：您贵姓？
> 外：贱姓川岛。
> 中：您贵国？
> 外：敝国日本。
> 中：您府上在那儿啊？
> 外：舍下在安定门里头分司厅儿胡同。
> （第四课第一节）
>
> 甲：大舅母，您大喜了！
> 乙：外甥女儿不喜么？
> 甲：舅母您请啊。

① 孙锡信《近代汉语语气词——汉语语气词的历史考察》，语文出版社，1999年，第174页。

乙：外甥女儿请罢。

（第十三课第一节）

这类寒暄方式在《燕京妇语》中并不常见，第四课的场景是“中外妇女初会”，那么作为陌生人，第一次见面，在进行寒暄客气之前，首先应该自我介绍，所以这一类初次会面的寒暄用语是从询问姓氏、家庭住址等信息开始的。第十三课的场景是向升官的亲属致贺，因为是喜事，所以上门拜访时直接表达祝贺是最直接的问候形式，所以第十三章的开场白用了“您大喜了。”这样的句子。

(2)偶遇寒暄语。偶遇寒暄语在《燕京妇语》中是最常见的，而且形式也比较多样，根据偶遇的时间地点等采用不同的寒暄方式。具体有以下几种：

第一，关心日常生活式的寒暄。这类寒暄主要从听话者的日常生活出发，围绕衣食住行等生活所需组织寒暄的开场白。例如：

甲：二姐，您喝了茶了？

乙：喝了。大妹々喝了？

（第一课）

甲：三叔，您吃了饭了？

乙：吃了。二奶奶吃了么？

（第二课）

甲：姑娘吃了饭了？

乙：吃了。二太太吃了么？

（第三课）

第一课描写的场景是“早遇”，那对于老北京人来说，邻居偶遇寒暄不会问“吃了吗您呐？”“好哇，您呐？”，而是会问“您喝了茶了？”“您喝了么？”。老北京人早起首先要做的就是喝茶，所以根据听话者的习惯和遇到的时间，第一课使用的寒暄语就是“您喝了茶了？”。第二课和第三课的场景分别是“午遇”和“晚遇”，那么对于老北京人来说，中午和晚上的头等大事就是吃饭，因此，在这里用了“吃了饭了？”作为偶遇后的寒暄语。

第二，谈论天气式的寒暄。

甲：二姐，您瞧这个天儿有多好哇！

乙：真是的，一点儿风儿也没有，又不冷，够多好哇！

（第六课第一节）

这类寒暄方式在《燕京妇语》中不常见，因为整部书只设定了这一个游玩时偶遇的场景，但是这种寒暄方式在中国人的生活中却是比较常见的。会话双方是在游玩的过程中相遇的，用谈论天气的方式开启会话是最为有效、最容易的寒暄方式。

(3)告别寒暄语。在《燕京妇语》中，常见的告别寒暄语主要有邀约式、挽留式以及挽留与邀约相结合式。

第一，邀约式。指的是在告别时，邀请对方再来做客或邀约下次见面。例如：

甲：姑娘上我们这儿坐着来呀。

乙：赶明儿克。

（第三课）

上述会话仅用一个话轮完成告别，告别的方式很简单，就是简单邀约，邀请再来做客，这基本覆盖了《燕京妇语》中一切会话的告别方式，哪怕用再多的话轮完成告别，但最终还是会以邀约做客来结束会话。

第二，挽留式。这种告别方式通过挽留对方，从而表达不想和对方告别的心意。例如：

外：我有工夫儿到您府上给您请安去。

中：哦，不敢当啊。我还要到太太府上望看々々，给太太请安克。

外：不敢当。太太有工夫儿再说话儿罢。

中：哦，有工夫儿再说话儿。

（第四课第三节）

第四课在告别寒暄语中增加“想要登门拜访”这个寒暄内容，用两个话轮完成告别。说话者先提出拜访之意，听话者寒暄婉拒后再次挽留说话者。

第三，挽留与邀约相结合。这类告别寒暄方式比较复杂，往往需要几个话轮才能结束告别，例如：

丁：您喝茶呀。

甲：我不喝了。天不早了，我要走了。

丙：外甥女儿再坐坐儿，等着吃完了饭再走罢。

甲：我不坐着了。

乙：您忙甚么的，多坐坐儿，咱们娘儿几个再说会子话儿。

甲：等底下我有工夫儿来，我在您这儿吃饭。

丙：那赶情好，您再来，您挨这儿住几天。

甲：真是的，姥姥和舅母别送，您请回罢。

乙丙：哦，您慢慢儿的罢。

乙：到家里替我问您阿妈和您奶奶好。

甲：哦，替您说。

丙：您都替我请安问好。

甲：都替您说。舅母您多会儿上我们那儿去呀？

丙：哦，有工夫儿克。

（甲为外甥女儿，乙为外祖母，丙为舅母，丁为仆妇）

（第五课第六节）

这也是一个比较常见的告别寒暄方式，从提出告别，到挽留、到委托问候再到邀约，一共经历了六个话轮的转换才完成告别，使告别变得隆重。首先，说话者表达要离开的意思，然后听话者进行挽留，在挽留遭到拒绝后，再一次进行挽留，两次挽留的内容不同，第一次是留下告别者吃饭，第二次是让告别者再多坐坐，再聊聊天儿。在两次挽留失败后，告别者为了缓和语气，提出会再次拜访并留下吃饭的意愿，然后离开。在离开的过程中，还有相送，代问好，最后以说话者的邀约结束此次告别。告别要比打招呼的开场白隆重很多，要尽可能地展现出主人的热情好客。

四、结语

《燕京妇语》作为清末北京话口语的女性汉语教科书，在语言表达上，具有明显的女性化语言特征。尽管受到编写理论及语言学理论的制约有其历史局限性，但是这部教材的学术价值是不应被忽视的。李无未提出了关于日本明治时期北京官话教科书研究的十个基本问题，指出现有研究存在"没有能够从教材体现的编写'类别'特点出发认识其价值""很少从语言学习者的角度观察教材的实用性特点以及教学效果"等问题。①笔者在研究《燕京妇语》时试图去解释李无未提出的这些问题，特别是对《燕京妇语》女

① 李无未《日本明治时期北京官话教科书研究的基本问题》，《吉林师范大学学报》（人文社会科学版）2007年第1期。

性化语言特征进行分析，试图从教材所体现的“类别”特点出发来客观认识和评价这部教材在语言学研究和汉语教育史研究中的价值。《燕京妇语》作为专门针对女性的汉语教材，在世界汉语教育史上是很独特的，围绕这部教材还有许多值得进一步挖掘的内容。比如“罢”作为这部教材出现频率极高的语气词，全文只有“罢”没有“吧”。孙锡信指出，祈使语气词“罢”使用了很长时期，清代时出现了代替“罢”的新形声字“吧”，20世纪初以北京话写成的社会小说《小额》(1908)中“吧”的运用已十分平常。[①] 但是在《燕京妇语》中“吧”没有出现，使用的始终都是“罢”，至于原因还需要进一步解释，也许是“罢”和“吧”在表达不同的语气上分工不同，其使用是互补的。再比如在《燕京妇语》中，有两个“么”的繁体字，一个是“庅”，另一个是“麽”，而根据词典的解释，“庅”是“麽”的古字，但是二者在《燕京妇语》中的使用情况基本上是互补的，与“这”“那”“什”复合成“这么”“那么”“什么”时，基本都用“麽”，而单独做句尾语气词时用“庅”。这是作者按日文汉字书写还是“庅”“麽”作为一组异体字在当时意义上本就是分化的，还需要进一步研究。

从国际汉语教材编写的角度来看，随着汉语教育事业的发展，汉语教材的编写越来越成熟，但是专门针对女性的教材并不多见，《燕京妇语》可以为当代编写女性教材提供借鉴。从记录清末北京民俗的角度来看，其史学研究价值值得重视。葛兆光曾经这样评价过《燕京妇语》：“我读这部语言教材，仿佛在慢慢地看一出旧时的戏。当然，场景是虚拟的，不过，这里说的安定门里头分司厅儿胡同，东四牌楼二条胡同，倒是实有的地儿；事情也是虚构的，不过，这里头提到各种北京人，倒都是真正的老北京才有的角色，什么王爷、福晋的；说的话也是虚拟的，这部书可能是给日本驻北京的侨民女眷学北京话用的，编书的人想象这是一个日本女子在各种场合与中国人的对话，所以他把北京的风土人情，都串在了里头，倒像是从一个女性眼中看百年前的北京。”[②]比如在《燕京妇语》里有“吃烟”“抽烟”“吃大烟”“水烟台”“水烟袋”等与吸烟文化有关的词，有些词典将“吃烟”解释为“吸食鸦片烟”，显然不对，在《燕京妇语》中，“吃大烟”才是吸食鸦片烟。“烟”在清末北京贵族的女性生活中，是非常重要的部分，反映了清末北京妇女的生活现状，很值得研究。

---

① 孙锡信《近代汉语语气词——汉语语气词的历史考察》，语文出版社，1999年，第163—164页。

② 葛兆光《1906年北京妇女的生活和说话》，《光明日报》1999年7月8日。

从实体户外教学加入远距教学的虚拟混成写作法之研究

陈贵麟

（台北中国科技大学通识教育中心）

摘　要：本文从户外教学的角度，研究如何引起全班大多数学生的写作学习动机，以线上教学的虚拟形式达到“真实生活的直接体验”的效果。写作课的基础就是“胸罗万卷书”，然而“读万卷书，不如行万里路”，这是古代教育家强调现场观察的重要性；地图搜寻引擎推出之后，“行万里路，不如看万页网”，这是现代资讯广泛分享的成果。远距线上教学在实际应用层面仍有许多障碍，因此如何弥补其缺点是本文研究的重点。本文采取广义的定义，只要是脱离“在教室学习教科书”的教学模式，都可以包含在户外教学法之中。经由教学实践的成果，笔者发现搭配远距教学的户外教学法的效果很好，本文谓之“虚拟的户外教学法”。在方法上采取“混成”(blending)的翻转教学模式——传统教室面授加上非同步远距学习，教师先将写作相关教材放在远距教学平台，提前开放学生浏览；学生在远距学习过程中可实际参访某地，或是利用网络地图搜寻引擎，自行决定故事主题和地点，撷取卫星空照图和街道图，然后模拟实体的户外教学程序，写成一份报告并上传至教学平台。

关键词：中文写作　户外教学　数位教材　非同步远距教学　虚拟混成

一、弁言

通识教育是一种理念、精神与核心素养教育，它必须融入实体课程中（专业通识）去实践。当前教育思潮由教师本位转为学生本位，因此中文教育的模式也应该与时俱进，教师整体教学的设计理念来自于“学生想学什么、学生如何学、学生学不会怎么办”。本文从解决教学现场的问题出发，所驱动的一连串系统性反省、批判与建构的历程，最后结果再回馈给教学现场。

本文从汉语教育史的角度，以写作课的教学法为研究对象，发现写作教学主要症结在于传统教室的课文讲解和测验练习很难引起全班大多数学生的学习动机。以往文言文范本教学侧重词语的解释和句子的翻译，而许多大学生沉溺在网络游戏中，除非教科书里的修辞技巧或范文编排很有创意，否则很难引起多数学生的兴趣。近来网络教学兴起，笔者比较网络教学与传统教室内教学，发现：①

（一）网络教学的优点是：5G 高速网络时代的来临，所谓“不受时空限制的学习环境”有可能从理想层面逐步在现实世界中落实。教师将影音和文字教材置于网络上，既环保又生动；学生浏览下载均感便利，学生的意见及资料亦可张贴或上传，达到资源共享。传统教室内教学的优点是：板书具有逐步揭示性的效果，同时可根据现场大多数学生的反应立即调整书写顺序或讲解方式。

（二）网络教学的缺点是：某些学生预知课程重点之后，一知半解却误以为可以完全不用跟教师交流；某些家境清寒的学生并未具备网络学习的环境，若将网络教学完全用于正式的评量，往往顾此失彼，引发怨言。传统教室内教学的缺点是：板书占去若干授课时间，且粉笔灰易引起教师和前排学生呼吸系统方面的疾病；大部分的学生已不愿埋首抄写笔记。

笔者曾有执行教学卓越计划的经验，实体方式的户外教学如“湖口老街文化产业调查访问”(F020207)，学生在听完当地导览老师介绍之后实际采访居民的意见或需求，反思学习单上处处看到学生自己的想法和心得，活动非常成功。从学生的纸本问卷结果来看，户外教学活动比在教室里学习要有趣，唯一的缺点就是相关的公文作业令教师感到非常疲惫。

写作课的基础就是“胸罗万卷书”，然而“读万卷书，不如行万里路”，这是古代教育家强调现场观察的重要性；地图搜寻引擎推出之后，“行万里路，不如看万页网”，这是现

---

① 读者可详阅笔者相关研究：陈贵麟《语文网路辅助教学课程资源之制作成果说明与检讨》，《国文天地》第232期，第87—90页，2004.9；陈贵麟《语文线上教学实务工作的难点与对策》，第四届全球华文网络教育研讨会，2005.6.3—5，台湾师范大学；陈贵麟《国文科数位学习教材的制作（演讲稿）》，台北中国科技大学，2008.3；陈贵麟《数位学习教材之教案设计——以中国文学欣赏为例（校内教师简报）》，台北中国科技大学数位学习访视研习会，2009.5；陈贵麟《“庖丁解牛”——心智图数位软体教学心得报告（校内教师演讲稿》，台北中国科技大学教师成长研习营，2009.5；陈贵麟《科技教室班级经营（校内教师演讲稿）》，台北中国科技大学教材培训讲座，2010.11；陈贵麟《“A多元课程发展—在地书写人文演讲”（台北、湖口校区）结案报告》，台北中国科技大学100年度教学卓越计划(2011.5.6，F020203)，2011.5；陈贵麟《数位学院ICAN平台经验分享（校内教师演讲稿）》，台北中国科技大学教材培训讲座，2011.8；陈贵麟《数位教材示范教学与数位学习课程认证经验谈（演讲稿）》，台北中国科技大学通识中心教师研习会，2011.9；陈贵麟《谈思维与写作的绾合（校内教师演讲稿）》，台北中国科技大学通识教育中心教师专业成长计划研讨会（教学卓越B0201)，2011.9；陈贵麟《“中文写作与思维”结案报告》，台北中国科技大学100年度教学卓越计划线上教学课程，2012.7；陈贵麟《“真爱故乡情——湖口老街文化产业资源调查”结案报告》，台北中国科技大学100年度教学卓越计划(2011.9.15—22，F020207)，2012.9；陈贵麟《“应用文”结案报告》，台北中国科技大学100年度教学卓越计划线上教学课程，2012.12；陈贵麟《国文领域数位学习教材的编制与实施之研究》，《2014年大学远距教学成果专书》，2014.8。

代资讯广泛分享的成果。实体方式的户外教学牵动的行政公文程序非常烦琐，诸如学生家长同意书、交通工具、平安保险与个人资料同意书、校内签、校外函、核销单据与公文等等，为了两小时的活动，教师要另外花费至少 40 个工作小时。相对来讲，虚拟方式的户外教学就单纯多了。只要具有网络环境的电脑教室或智能手机，教师便可以进行合作式教学，设定参访主题或地点，学生在规定时间内填写反思学习单并且上传相关资讯到学校数位教学平台的作业区。整个学期下来，学生写作的成果就很丰富而多样了。

在教学现场中，要考虑"教学活动、学习活动、学习脉络、学习经验"，举例来讲，笔者在中文写作与思维这门课程中实施的线上教学，依照本校所订的六大基本能力七点制指标，以语文运用、科技运用能力的关联程度最高，其次是文化欣赏、逻辑推理、生涯发展等能力，再其次是公民参与能力。教学对象是大一新生，任务是通过课程设计，引导对思维与写作明确的了解；训练分析、判断、推理等思维模式，能清晰表达论点和目的；能运用学到的语文能力，针对不同需求而写出合宜的文章。思维意指一种有秩序的意识活动，其中形象思维比较容易在数位教材中引起学生学习的动机。例如我用 Presenter 软体制作了一个《山居秋暝》的多媒体教材，先展示这首诗的图像，然后提问这首诗动静交错的意境，最后是吟咏的歌声。这样就可以带领学生进行高层次思考的学习。通过"旅游"这个主题，教师便可以采用融入式教学，在电脑教室进行虚拟的户外教学活动。

以目前的大学语文教学而言，写作课的困难点不在于批改作业而在于如何引发学习动机。本文的目的正是从户外教学法的观点出发，研究如何提升学生学习兴趣，以线上教学的虚拟形式达到"真实生活的直接体验"的效果。

二、写作课的困境与突破

以往中文写作课都是"夫子传道、授业、解惑"，有一定的教学规范和授课大纲。如今面临的困境有以下几点：(1)学生对写作没兴趣；(2)学生并不清楚自己的写作能力和程度；(3)学生认为网络资源丰富，不必自己写作；(4)学生认为毕业后用不着；(5)学生认为机械式的训练没有效果。

根据以上所列的五大难点，笔者认为唯有釜底抽薪，才能突破困境。从"教什么"到"学什么"，重点就是从学生的需求和问题出发。目前众人熟知的教学模式包括：合作教学、问题导向学习(PBL)、个案讨论、探究教学、角色扮演、实验操作、校外参观、校外实习等等，从比较抽象的概念来看，它们都是脱离"在教室学习教科书"的教学模式。更相近的词汇，如户外教育(outdoor education)、户外学习(outdoor learning)、户外教学

(outdoor pedagogy)、课室外学习(out of classroom learning)、田野调查(fieldtrip)、场馆参访(visit)、远游(expedition)等，这些教学方式各有不同的教学重点和操作方式，国外也有教育文献将这类的教学方式统称为校外方案(out-of-school program)。[①]为了方便称呼这样的抽象概念，笔者借用“户外教学”一词，并赋予较为新颖而宽广的内涵。所谓“户外教学”，意指户外教育的教与学的模式，分为实体和虚拟两大类：(1)实体户外教学，意指教师带领学生踏出学校，利用校外的自然与社会资源以从事教学活动，协助学生由真实生活的直接体验去了解学科、环境与人之间的相互关系，并促进其认知、情意、技能的发展。户外教学有其哲学、心理学、社会学等理论基础，若从学校角度观之，其最大的特点是“在校外学习与学科有关的知识与能力”。(2)虚拟户外教学，意指教师引导学生利用网络搜寻引擎以从事教学活动。具体来讲，就是使学生跳脱教室和教科书的限制，在接近真实生活的直接体验中，建构学科的核心知识，并促进其认知、情意、技能的发展。[②]

笔者觉察到许多大学生不喜欢待在普通的教室，教师唯有经由点名和考试才能留住学生。只是这个办法留住学生的人，并没有留住学生的心。学生们或是打瞌睡，或是讲话聊天儿，或是玩手机，或是用平板电脑看影片，等等。目前许多优秀的教师运用各种教学方法，宛如八仙过海，各显神通。笔者不揣谫陋，经由多年教学实践的经验，野人献曝，分享个人的心得。

以“中文写作与思维”这门课为例，当老师念文言文的课文和范例时，多数学生可能就会玩手机、聊天儿或是“出恭”。如果采取线上教学的模式，或许可以减缓教室相处时的焦虑。经由多年的摸索和改进，笔者发现教学成功的关键因素就是：在正式施教之前，教师必须先掌握学生的需求；学生的需求要由教师先进行问卷调查或经由数位平台调研。跟学生需求相关的议题必能引起学生的兴趣；教师围绕这个议题设置教学情境，

---

① 在英语系国家，与在户外环境学习相关的名词很多元，若从学校角度观之，其最大的共同特点是“在校外学习与学科有关的知识与能力”。因此，国外也有教育文献将这类教学方式统称为校外方案(out-of-school program)。但不论如何，户外教育(outdoor education)仍是最常见且内涵最广的，因为若从一般大众皆可理解的角度，又要能容纳各种学习目标和教育哲理、且能允许最多样的学习者参与教学等特点，户外教育是最能包含所有运用户外及课室外环境进行教学的最佳名词。国内对户外教育的看法主要从学校教育的观点，视其为辅助正式课程的一种教学活动。但国外视户外教育为一个教育领域，包括活动或教学单元以外的规划、准备与评鉴工作。因此使用“户外教育”一词会较“校外教学”更注重教和学的内涵，而非仅关注于活动安排。2020年9月24日取自https://outdoor.moe.edu.tw/home/about/faq.php；谢鸿儒《户外教学初探》，2006年7月2日。取自http://host.tmps.tyc.edu.tw/~tmps036/doc/951101/95-7-2.doc。

② 陈贵麟《语文网路辅助教学课程资源之制作成果说明与检讨》，《国文天地》第232期，2004.9；陈贵麟《语文线上教学实务工作的难点与对策》，第四届全球华文网络教育研讨会，2005.6.3—5；陈贵麟《国文领域数位学习教材的编制与实施之研究》，《2014年大学远距教学成果专书》，2014.8。

便能事半功倍。

这门课叫“中文写作与思维”,思维是一种有秩序的意识活动,也就是按一定操作程序去描述和解释思维客体的规律和秩序。举例来说,我从教科书中选取若干精彩的文章片段,进行传统的课堂教学,同时搭配影片等数位教材引起学生的学习动机。以《秦晋殽之战》这一课为例,教学策略就是影片结合课文进行反思教学。我找到一套现成的影集《东周列国志》,配合线上教学的多媒体教材和简报,提出若干问题;通过“反思学习单”,让学生自己评估在反思五层次的位置,从而进行角色扮演,写出适合自己水平的心得习作。

在写作的教学策略上,我刻意跳过“审题”,运用了“采集、构思、表述”三个阶段的活动。在采集阶段,学生先认识自己的学习情境,自由发言与写作;在构思阶段,学生填写学习档案自我评估表;在表述阶段,学生填写学习档案互评表或是伙伴、家人、教师评论表。至于评分准则,以“条理分明、想象力、创意成分”为主要项目。

笔者曾经执行的数位教学模式有两类:其一是远距线上教学,其二是互动教室录影教学。前者是虚拟教室,后者是八张圆桌的讨论教室。这两种模式跟传统教学相同的地方就是:教师都想尽办法符合学生的期望,学生期望的学习是什么呢?归纳起来就是:不难、容易学、容易懂、新奇、有趣、富吸引力、有挑战性、有成就感等。不同的地方是:采用数位教学的模式,教师在补救教学时让师生都感到省力、方便、有效果。例如课程互动和作业测验这两项,电脑平台可以自动统计和评分,学生马上知道成绩,具有回馈性。运用科技辅助教学,在效能上还可以立刻评估学生概念的理解程度,营造课堂上的娱乐性氛围或友善的竞争环境。

数位教学与传统教学的不同点在于多媒体教材的运用。所谓多媒体是结合各种媒体(文字、图形、声音、动画、影像等)来传达信息,形成一种新的数位学习模式。这种数位学习模式以排山倒海的姿态冲击着传统学习模式,其中影响较大的是人文方面的学科。传统教学容易受课堂中的人的影响,例如教师身体有恙、学生吵闹或打瞌睡等,教师必须分神进行教室秩序的管理和维持。数位教学可以克服这方面的缺点,同时在补救教学方面让教师和学生都能降低焦虑感。

2020年因新冠肺炎疫情严重,整学期实施远距教学,笔者承担一门课程。在每次同步或非同步的连线上课当中,笔者跟学生在线上讨论区互动良好。笔者成功吸引学生上线的关键,除了策略性的点名之外,就是布置类似户外教学的情境。另一方面,没有教室现场的同侪,学生更能专注阅读线上教材和线上提问。通过数位教学模式,教师引导学生利用网络搜索引擎,以从事教学活动。具体来讲,就是使学生跳脱教室和教科书的限制,在接近真实生活的直接体验中建构学科核心知识,并促进其认知、情意、技能的发展。简单来讲,学生在大自然或网络世界看到不懂的事物,翻翻课本寻找答案,或是请教老师答案背后的道理,这样的习得历程其实就是户外教育的教与学的模式。这个模式便是突破困境的有效教学方法。

三、实体户外教学法举隅

关于实体户外教学,"教学影带网站"提供了若干经典的范例,例如:有一部影片,名为"自导式户外学习"(国民中小学社会学习领域教师专业成长影集)。自导式户外学习是教师运用环境资源,引导学生在空间中主动探查与发现的学习历程。教学活动概分为规划课程、户外学习、回馈分享三个部分,教学流程又细分为教师备课规划、教师户外探查、教学活动设计、班级课堂教学、学生户外学习活动、学习手册归纳讨论、学生学习成果发表、教学经验分享与省思等步骤。

写作课的基础就是"胸罗万卷书",然而"读万卷书,不如行万里路","行万里路,不如看万页网"。实体户外教学效果非常棒,缺点就是教师的负担太重,工作量太大,学生风险也大,行政流程牵动学生家长同意书、交通工具、平安保险与个人资料同意书、校内签、校外函、核销单据与公文等等琐务,为了两小时的活动,教师要另外花费至少 40 个工作小时。只要承办过的老师,大概都能领会其"不足为外人道也"的辛苦。

笔者曾经实施过一次实体户外教学,教学活动和流程跟自导式户外学习十分类似,但仍有若干区别之处,简述如下:

1. 计划提报。笔者为执行户外教学活动,填写 2011—2012 年教学卓越计划执行规划表,于 2011 年 8 月 11 日上签准备实施。公文的主旨是"通识教育中心陈贵麟老师为办理教学卓越计划'湖口老街文化产业资源调查'服务活动,拟支用教学卓越计划经费,陈请核示"。预计的实施计划是"为提升同学写作能力,拓展人文关怀与视野,通识教育中心陈贵麟教授结合新竹校区周边环境,于 2011 年 9 月 15 日邀请湖镜村村长于湖口老街文建会讲堂介绍当地民情风俗,然后分两组人马,一组由天主堂走向三元宫,另一组由三元宫走向天主堂。同学们手持相关资料和问卷造访湖口老街商家或住户,进行问卷调查,并宣传本校可提供社区服务之科系或社团等资源"。

公文核可之后,接着就是联络湖口老街的村长,协调导览讲解等活动事宜。其次就是洽谈交通工具游览车的租借费用和契约,连带的文件包括学生家长同意书、平安保险与个人资料同意书,必须在开学第一周向学生们说明并于第二周前收齐。虽然工作时限和工作量都需要耗费大量的心力,但总算准备就绪,只盼活动之日天公作美,不要下雨。

2. 计划实施。或许得到老天的垂怜，活动当天只下了短暂小雨就放晴了。2011 年 9 月 15 日笔者带领将近 50 位学生搭乘游览车到湖口老街。湖镜村村长罗美摇亲自接待，于湖口老街文建会讲堂介绍当地民情风俗。罗村长从湖口老街的沿革谈起，旁及文化产业的经营等。

简报完毕之后，罗村长特别找来二位导览老师，将学生分成两队，一队由天主堂走向三元宫，另一队则由三元宫走向天主堂。同学们现场热烈提问，如女儿墙、亭仔脚、满思谦神父、三元宫门神和福醮等，学习到不少课本以外的知识。导览之后，同学们拿着调查表进行实际访问工作，从访谈记录可见，学生确实挖掘出湖口老街居民的实际需求，如打通连接湖口国小的街道、增加公厕和观光指标等。除了进行问卷调查，同学们宣传本校可提供社区服务之科系或社团等资源。笔者于 9 月 22 日课堂上让学生撰写心得，并收回满意度调查表。同学们颇能配合相关规定，并殷切盼望还有类似的校外教学活动。

3. 计划结案。访察活动结束后，笔者立刻检附单据上签核销，并将结案报告投稿至本校教学卓越办公室的电子报“卓越双周快讯”。后来登在卓越双周快讯第 45 期(2011 年 10 月 3 日)，详见 http://www.cute.edu.tw/sc/paper/paper45.htm#a5。

四、虚拟户外教学法举隅

(一)虚拟户外教学法的实施观念与步骤

笔者在《国文天地》(232 期，2004)有一篇文章《语文网络辅助教学课程资源之制作成果说明与检讨》，在第四届全球华文网路教育研讨会(ICICE 4，2005)发表《语文线上教学实务工作的难点与对策》，从“c”转换到“e”的实际经验，到现在已超过 15 年了。从实务教学经验中，笔者体会到“万事起头难”这句话的意涵，譬如说 15 年前的教学平台和数位制播工具并不理想，制作一份合格的数位教材，对许多老师来说是非常困难的。因此，第一关要通过学校主管的审核时，就可能被刷下来。主管的想法是教师先有传统教室教学的坚强实力，才有资格转换到远距同步或非同步的数位教学。笔者当时能够符合以上重重规定，不但实施远距线上教学，并获得数位学习两门课程认证，因此有信心分享虚拟式的户外教学法。以下具体举例说明实施的步骤和要点。

1. 预备阶段。首先，利用相关软体调查学生的职涯方向和能力优势所在。如果学生不上网自我测试，那么请学生自行购买或影印有兴趣的杂志，以此为题材填写 SWOT(优势劣势机会威胁)表。其次，教导学生思考未来的工作内容，如执业资格、证照、做哪些事、要有哪些能力、相近工作及未来发展。这一步很重要，然而不少教师都做不到。其实化解困难的秘诀就是“有趣的分组”，例如“水果分组法、动物分组法”等等，通过合作学习的方式，教师很快地就能了解全班学生的需求和兴趣。

2. 实施阶段。教师提供制作精良的多媒体教材，请学生自行利用课余时间浏览。如果学生已经觉察自己有兴趣的议题，便可以协助他制订一个具体的主题，然后发展他的基本能力。教师就像领航员一样，指导学生在特定主题下，跟教科书的课文或是教师提供的补充教材比较，在没有考试压力的前提下，培养语文、科技的运用能力；其他的能力指标则由学生自主学习，依状况指导。

3. 检讨阶段。前些年流行一句话“教得愈少，学得更多”，许多教学认真的老师不敢苟同，认为“教不严，师之惰”才是至理名言。其实二者在内涵意义上并不冲突。所谓“教得愈少，学得更多”，是说所教的课文都是来自“离开大自然的教科书”，因此课文教得愈少，直接到户外参访，于是脉络学习和经验学习就会愈多。所谓“教不严，师之惰”，在现代教育的定义下，是指“如果没有根据学生特质严格筛选教育的方法，那么就是教师的怠惰”。因此，一位严师在检讨自己的教学策略和方法时，绝对不是用考试分数的高低衡量学生的成就，更不能退步或不及格就要打板子。

（二）虚拟户外教学法举例

虚拟户外教学模式十分简单，只要具有网络环境的电脑教室，教师便可以进行合作式教学，设定参访主题或地点，学生在规定时间内填写反思学习单并且上传相关信息到学校数位教学平台的作业区。尽管教学模式十分简单，整个学期下来，学生写作的成果却丰富而多样。笔者以王维《山居秋暝》这首诗为例，说明如何实施虚拟户外教学。

1. 预备阶段。请学生通过相关软件测评自己的职涯方向和能力优势所在，或是自行购买有兴趣的杂志，以此为题材填写 SWOT（优势劣势机会威胁）表。笔者曾带领全班学生进行测评，以某学生测评报表为例，他偏好“个人及社会服务、休闲与观光旅游、法律、公共安全”，结合他的个人兴趣“爬山”，于是笔者请他思考将来的工作跟“山”的关系，请他运用网络搜寻引擎，自行选取一座山。由近而远，由低而高，如：台湾的山、中国的山、亚洲的山、世界的山、外星球的山；虎头山、玉山、喜马拉雅山。请他搜集有关这座山的四季图片以及相关文章，上传到教学平台的作业区；同时下载反思学习单，事先准备课堂教学时写作练习的素材；假想自己是一位志工，模拟户外教学的程序。这位同学选择了玉山，于是笔者向他提问：如果王维想在玉山种竹子，他会怎么做？如果你想要在玉山公园洗衣服，你会怎么做？这两个看起来很古怪的问题，其实都跟《山居秋暝》这首诗有关。不管学生的想法是什么，一定是个具有创意的答案。

2. 实施阶段。教师教导学生“早学会”跟“晚学会”并没有分别，重点在于下了课，在没有压力的情况下，还有机会“学会”。请同学自行利用课余时间浏览教师所提供的精良的多媒体教材，提升自己的素养。以“中文写作与思维”这门课为例，对象是大一新生，任务是通过课程设计，引导对思维与写作明确的了解；训练分析、判断、推理等思维模式，能清晰表达论点和目的；能运用学到的语文能力，针对不同需求而写出合宜的文章。思维意指一种有秩序的意识活动，其中形象思维比较容易在数位教材中引起学生学习的动机。例如笔者用 Presenter 软体制作了一个《山居秋暝》的多媒体教材，先展示这首诗的图像，然后提问这首诗动静交错的意境，最后是吟咏的歌声。这样就可以带领学生进行高层次思考的学习。通过“旅游”这个主题，教师便可以采用融入式教学，利用电脑或智慧型手机进行虚拟的户外教学活动。

3. 检讨阶段。教师根据学生特质严格筛选教育的方法，也就是为每一位学生量身订做一套完美的教材和教法。在家教班和小型写作班，可以要求教师达到这样的标准；然而写作课的学生人数超过 15 人时，如果没有贴心的教学助理，其实没有任何教师有把握在两节课内照顾到每一个学生。笔者曾经在人数众多的班级教学过程中受过挫折，学期结束之后找学生私下访谈，发现并非教材不够精良，也非教师不够热心，而是教学方法不适合部分的同学。因此，笔者在期中考之后增加检讨会议，以便及时调整或补强自己的教学步调和方法。例如延续《山居秋暝》所描写的时间，黄昏之后就是晚上了，于是朱自清的《荷塘月色》就可以作为延伸教材；教科书里面收录了徐志摩在意大利佛罗伦萨（翡冷翠）所写的《山居闲话》，笔者制作一份过关猜谜的 flash 教材，名为“山中寻宝”，属于虚拟户外教学，也能引起同学们的讨论兴趣。

从教学成果来看，教师鼓励学生“不争第一，只做唯一”。学生彼此间的主题和讨论题目都不一样，无法抄袭。因此，在沟通表达、持续学习、人际互动、团队合作、问题解决、创新、工作责任及纪律、资讯科技应用等方面都有成长和进步。

从基本能力的指标来看，如语文运用、科技运用、逻辑推理、文化欣赏、生涯发展、公民参与等方面，学生可以通过虚拟的户外教学模式，自由选择学习的主题和指标，教师顺势指导，自然事半功倍。

以目前的大学语文教学而言，写作课的困难点不在于批改作业而在于如何引发学习动机。如果加入户外教学的活动，那么就能为沉闷的教室气氛注入新鲜的活水。笔者经由实际的教学经验，认为教师的负荷能力有限，每学期的实体户外教学最多一次，但虚拟户外教学可以不限次数，而且多多益善，因为网络最大的优点就是缩短信息传送的距离及所需时间。

户外教学容易发展适性化学习与合作式学习的环境，其价值与可行性均可弥补远距教学的缺点。远距教学的挑战性和互动感可以补强户外教学的盲点，对学生而言，学习伙伴彼此看不到对方，会刺激探索的兴趣，进而演变为共同学习的兴趣。将教材制作为数位档案，十分有助于展示与传播；如果加入以大自然为主题的过关游戏，更能提高挑战性和成就感。笔者在线上讨论区布置类似户外教学的情境，恰好表现本文所谓的虚拟户外教学，适当引导学生进入讨论主题的范围，避免学生迷失在庞大的信息中。

五、结语

教育的目的应该是发展“心智的自由”。本文举例说明实体户外教学，如“湖口老街文化产业调查访问”，学生在听完当地导览老师介绍之后实际采访居民的意见或需求，在反思学习单上处处看到学生自己的想法和心得，活动非常成功。本文也举例说明虚拟户外教学在真正远距离的情况如何实施。从学生的问卷结果来看，这种类型的教学活动比在教室里学习教科书的内容要有趣。无论是实体或虚拟的户外教学，都比在教室学习教科书更加吸引学生。

从比较抽象的概念来看，只要是脱离“在教室学习教科书”的教学模式，都可以包含在户外教学法之中。笔者经由教学实践的经验，并参考多种教学模式，发现虚拟户外教学法可以跟传统的“教室教学”结合，形成“混成”(blending)的教学法，比较符合现代大学生的需求，同时又不会过多增加教师的工作量。笔者在2020年执行远距教学数位学习课程，因新冠肺炎疫情严重，整学期实施线上教学活动，互动良好。笔者成功吸引学生上线的关键，除了策略性的点名，就是布置类似户外教学的情境。

以目前的大学语文教学而言，写作课的困难点不在于批改作业而在于如何引发学习动机。如果加入户外教学的设计概念，那么就能为沉闷的教室气氛注入新鲜的活水。笔者认为每学期的实体户外教学最多一次，但虚拟户外教学可以不限次数，而且多多益善。将创意教材制作为数位档案，十分有助于展示与传播；如果加入类似户外主题的过关游戏或故事小书，更能提高挑战性和成就感。5G网络时代的来临，势必为户外教学带来革命性的崭新模式，例如虚拟实境(VR)、扩增实境(AR)等等，这也是笔者自我期许要达到的下一个目标。

世界其他语言推广机构与孔子学院外派人员选拔、培训、派出、管理制度对比研究

李逊

（厦门大学国际中文学院/汉语国际推广南方基地）

摘　要：虽然遭受疫情影响，但中国孔子学院依然是国际中文教育的主力军。孔子学院师资的选派工作则是孔子学院工作的重中之重，直接影响到国际中文教学的质量。本文旨在分析英国文化委员会、法国法语联盟、西班牙塞万提斯学院、德国歌德学院以及美国关键语言教师项目的师资选拔、师资培训模式、教师派出以及师资管理考核模式，对改善和健全孔子学院的外派教师选拔、培训、派出、管理模式提供参考、借鉴。

关键词：孔子学院　世界语言教学机构　汉语教师　选培派管

世界上其他国家也有与孔子学院相同或类似性质的语言推广机构或项目。这些机构或项目中以英国文化委员会、法国法语联盟、西班牙塞万提斯学院以及德国歌德学院四家以及美国关键语言教师项目影响力较大。本文对这些机构或项目进行调查，旨在分析它们师资选拔、师资培训模式、教师派出以及师资管理考核模式，对改善和健全孔子学院的外派教师选拔、培训、派出、管理模式提供参考、借鉴。

一、四所机构以及美国关键语言项目外派人员情况

英国文化委员会（British Council）成立于1934年，是一个在英国注册的非营利性组织，主要致力于提供教育机会和加强文化关系，促进英国与世界各国的教育和文化交流。现在全球有7 500多名员工负责英国文化委员会的教学和文化推广工作。

法国法语联盟（Alliance France）是一个创建于1883年的非营利性语言文化推广机构，目前分布于133个国家，旨在传播法语和法国以及法语国家的文化，鼓励世界各国与法语世界之间的文化、学术和艺术交流。

西班牙塞万提斯学院（Institute Cervantes）创办于1991年，隶属于西班牙外交部

的非营利性官方公共机构。其宗旨是与以西班牙语为官方语言的二十几个国家合作，共同推动全世界的西班牙语教学和西班牙其他官方语言的教学，传播西班牙语文化。

德国歌德学院(Goethe Institute)始建于1951年，是德国在世界范围内致力于传播德国语言及文化的机构，其官方领导部门为德国外交部文教司。通过设立德国文化传播项目，提供德语语言课程，实现推广德语、传播德国文化以及提供有关德国最新资讯的目的。

美国关键语言教师项目(The Teachers of Critical Language Program，TCLP)是由美国国务院教育文化事务局主办，由美国国际教育委员会负责实施的项目。该项目旨在促进美国各学校学习和掌握中、俄、阿、朝等重要语言，为美国培养符合要求的外语人才。

二、五所机构以及美国关键语言项目师资遴选模式

表1 五所机构及美国关键语言项目的语言师资遴选模式①

	招聘人员构成	简历遴选阶段内容及评价标准	笔试阶段内容及评价标准	面试阶段内容及评价标准	试讲阶段内容及评价标准
英国文化委员会	外派教师和本土教师	英语为母语，了解英国，教学技巧、教师资格、教学经历、考官资格等方面	无笔试环节	根据申请人在英国本土或者海外等实际情况，制订相应的面试计划	本土申请人无试讲环节；特殊情况安排试讲(例如派驻地临时教师)
法国法语联盟	外派教师和本土教师	各地分支机构根据不同需求，遴选出最符合当地实际情况的教师。主要标准为教师与当地需求岗位的匹配度	无笔试环节	主要参考教学经验，其次是面试时的临场表现	无试讲环节
西班牙塞万提斯学院	外派教师和本土临时教师	常驻教师：学历、教学和培训经验、派驻国语言能力、无解职记录 临时教师：学历、教学和培训经验、教材编写、派驻国语言和国情	临时教师：教学推广相关话题论述；教学工作实务考核	临时教师：创新精神、组织能力、工作意愿、技术知识、工作经验、语言能力及应聘者个人能力	无试讲环节

① 参考：英国文化委员会《英国文化委员会教师选拔18项遴选核心标准》，2018年；西班牙塞万提斯学院《西班牙塞万提斯学院教师选拔录取条件》，2018年；德国歌德学院《歌德学院教师培训选拔条件》，2018年；美国国务院《关键语言项目选拔培训大纲》，2019年；法国法语联盟《法语联盟教师培训选拔条件》，2018年。

续表

	招聘人员构成	简历遴选阶段内容及评价标准	笔试阶段内容及评价标准	面试阶段内容及评价标准	试讲阶段内容及评价标准
德国歌德学院	外派教师和本土教师	个人能力以及岗位匹配度	无笔试环节	面试时的临场表现	试讲德语国际推广课程，根据试讲实际情况进行评分
美国关键语言教师项目	国外教师	教育背景、职业经历和成果	无笔试环节	领导潜力，灵活成熟且具有参与国际学术交流能力，能清楚有效地表达想法，对教师职业忠诚投入，有在美国联合教学的意愿，能够促进发展两国教育机构的联系	无试讲环节
中国孔子学院	外派教师和本土教师	学历、教学经验、职称等	无笔试环节	动机态度、汉语教学与课堂管理能力、跨文化交际适应能力、中华文化传播能力、组织管理能力、沟通表达能力、仪表举止、个性特征，试讲发挥	无独立试讲环节，试讲环节包括在面试环节当中

在招聘环节上，国外机构或项目和孔子学院相差不大，区别只在于是否有笔试或者试讲环节。

其中在简历审核阶段，英国文化委员会、西班牙塞万提斯学院和美国关键语言教师项目与孔子学院更加相像，比较偏重于岗位申请人的学历、教学能力以及文化素养。法国法语联盟和德国歌德学院则更多地考量申请人与岗位的契合度，相对更加细致。

在面试阶段，法国法语联盟以及西班牙塞万提斯学院的面试内容和中国孔子学院的面试内容大致相同，都着重于教学能力、文化交流能力等完成教学所需的基本能力；英国文化委员会则较为特殊，会根据申请人自身的情况量身打造不同的面试环节；美国关键语言教师项目除了教学能力以外，更重视面试者的领导力以及跨文化交际的能力；德国歌德学院则更重视面试临场表现。英国文化委员会和西班牙塞万提斯学院的标准更加严格。英国文化委员会有细致明确的 18 项遴选核心标准，而西班牙塞万提斯学院则明确列出了 7 项必备录取条件和 4 项优先录取条件。

在面试考官方面，经了解，美国关键语言教师项目的考官主要是学校的校长、有经验的教师、教育厅的督学，特别是在一线工作的教师，以选出最适合的教师。

三、五所机构以及两个项目师资培训模式

表2 五所机构及两个项目的师资培训模式①

	培训时间	培训目标	培训内容	培训手段
英国文化委员会②	无培训，偶尔因为特殊情况有针对性地临时聘用当地非英语母语教师的培训	无	无	无
法国法语联盟	岗前培训； 不定期专家巡回讲座； 在岗不定期短期培训	提高教师对岗位的了解，提高教师教学水平，丰富教学方法	教学法培训、新教材推广	总部综合培训； 专家巡回讲座
西班牙塞万提斯学院③	岗前培训； 总部不定时集体培训； 教师个人申请自发培训	解决教学、当地文化交流等方面出现的特定问题	学院的工作目的、各项管理制度、劳工法、网络应用等工作实务以及教师个人选择的培训内容	总部综合培训； 教师个人选择的各种培训形式
德国歌德学院	岗前培训	保障教学效果，确保个人素质和业务能力，促使教师达到德国对外德语教学证书水平	教学方法、语法传授、教材分析、技能训练、水平测试、自主学习、语言习得、德语语言、国情知识、教学法、教材试用与使用、德语考试	研讨、模拟、听课、个人辅导等培训形式
美国关键语言教师项目	岗前培训、岗中培训	岗前培训：让教师了解美国教育的结构和当前状况、提高跨文化交际能力，了解项目的目标、期望、机会等； 岗中培训：分享工作经验，解决工作中遇到的问题	岗前培训：美国教育体制、第二语言教学法、制定预算、跨文化交际能力、融入学校和社区能力； 岗中培训：分享微格教学法、基于项目的教学、课堂管理和文化交流	岗前培训：听课、专家讲座、研讨会、课堂实践、实地观摩、工作坊； 岗中培训：教学展示、经验分享、讨论会

① 参考：英国文化委员会《英国文化委员会教师选拔18项遴选核心标准》，2018年；西班牙塞万提斯学院《西班牙塞万提斯学院教师选拔录取条件》，2018年；德国歌德学院《歌德学院教师培训选拔条件》，2018年；美国国务院《关键语言项目选拔培训大纲》，2019年；法国法语联盟《法语联盟教师培训选拔条件》，2018年。

② 英国文化委员会一般不会提供对聘用教师的岗前培训，因为如申请人不符合教师遴选核心标准的必备条件，根本不会获得聘用。而已经获得聘用的教师必然已经具有英语国际推广的基本资格，完全没有必要对其开展岗前培训。

③ 西班牙塞万提斯学院的常驻教师同上，不符合教师遴选核心标准的必备条件，根本不会获得聘用。同时，其储备人员也完全具备完成相应教学工作的基本个人能力。因此其教师培训的重点不在教师教学水平与专业素养方面，而是围绕一些特定的问题开展。

续表

	培训时间	培训目标	培训内容	培训手段
国际Tesol课程证书培训	岗前培训	提高语言水平、掌握教学技巧、了解海外教育背景、应对文化差异、适应海外生活	教学技巧、语言能力、教学理念、教学评估能力、海外教学现状、教育心理学、跨文化交际能力、教学资源、心理建设、求职指导以及旅行注意事项	听课、专家讲座、教学实践、文化体验、工作坊
中国孔子学院	岗前培训	提升汉语教学能力、加强跨文化交际能力、在外适应能力、强化赴任国教材的熟悉度以及加强敬业精神，了解法律法规	语言本体、对外汉语教学法、文化传播能力、敬业精神（三感三情）、赴任国国情以及一些其他事宜（例如教师平台使用、派出流程以及外派纪律等）	听课、试讲与点评、才艺学习、专家讲座、研讨、答疑

在培训时间上，除了英国文化委员会，其他机构或项目均设岗前培训，法国法语联盟和西班牙塞万提斯学院设在岗培训以及不定期岗中培训。

培训目标方面，几所机构和两个项目的培训重点都是提高教学水平和文化推广能力，但是法国法语联盟更注重结合教师的岗位匹配度进行培训，美国关键语言教师项目更重视提高教师对项目和美国当地教育机构及教育体系的了解，西班牙塞万提斯学院则致力于解决一些教师赴任时可能遇到的其他问题，而国际 Tesol 培训课程更重视提升教师对语言本体能力的理解，以及帮助教师进行外派前的准备和心理建设。

培训内容方面，除了西班牙塞万提斯学院和英国文化委员会以外，其他机构认为语言本体能力和语言教学能力是培训中最重要的内容；美国关键语言教师项目和国际 Tesol 课程培训更重视教师的社区融入能力和跨文化交际能力；西班牙塞万提斯学院则不进行语言教学能力的培训，主要进行网络应用、劳务法等问题的培训。

培训手段方面，大多是综合性培训（上课、专家讲座、课堂模拟等），但是西班牙塞万提斯学院和法国法语联盟的老师可以自由选择在岗培训的内容和方式，国际 Tesol 课程培训在语言本体课程中使用了课堂游戏、绕口令、二语教学歌曲等活泼的方式，美国关键语言教师项目的教师可以参加岗中培训但不能自由选择培训项目。

培训材料方面，据可收集到的资料，歌德学院以及美国关键语言项目均有纸质版培训教材，其他机构或项目未知。

四、五所机构及美国关键语言项目师资管理和考核模式

表3　五所机构及美国关键语言项目的师资管理和考核模式

	教师派出年限	管理人员构成	经费来源	薪酬发放模式	考核方法
英国文化委员会	常驻外派教师一般为两年；临时教师根据当地需求，时长不确定	中心主任（专职管理）、教学主管（80%管理+20%教务）、各项目负责人	来源于机构自身创收，无官方资助	取决于不同地区的消费薪资水平，一般为当地较高水准，也取决于教师考核结果	学生问卷调查、不同层级管理人员随机听课以及教师培训进修情况考评等
法国法语联盟	外派教师派出年限根据当地需求而定	设立理事会，由法方指派的管理人员与派驻国合作高校指派人员构成，人数根据当地实际情况而定	来源于机构自身创收，无官方资助	按课时计算薪酬，按照课程等级的不同加以区别	理事会听课以及听取学生对教师的评价
西班牙塞万提斯学院	常驻外派教师需要先通过6个月的试用期，然后根据当地不同需求确定赴任年限	院长1名，行政官员1名，图书馆馆长1名，文化办公室负责人1名，教育事务负责人1名（以上均为西班牙人），助理若干（西班牙人和当地人均可）	大部分来源于学院总部拨款，少部分来源于在当地举办文化活动创收	按课时计算薪酬	向学生发放调查问卷，内容包括对教师的教学满意度以及对教材、教学辅助材料，学院开展的文化活动等项目的满意度
德国歌德学院	各分支机构自行招募，根据需求确定年限，且不限于德国境内和德国人	一般设院长1名（德国人），副院长1名（当地人），分管文化教学等事务助理若干（德国人和当地人皆可）	国内分院主要通过语言课、考试及远程教学的收费创收； 国外分院则来源于自身创收及财政拨款	长期合同制教师按月领取薪酬，依学历、年龄、教龄及考核确定薪酬； 临时教师按课时计算薪酬	主要通过学生反馈的形式。每个班级毕业后均要填写对歌德学院教师的课堂教学、学院提供的硬件及软件等的反馈意见
美国关键语言教师项目	每年定额从中国和埃及招募20人左右	不设管理人员，各位教师被分派到各个学校	美国国务院教育文化局（ECA）出资	每年约30 000美元补助，400美元的职业发展津贴	由教师被派驻的每所学校的管理人员进行考核

续表

	教师派出年限	管理人员构成	经费来源	薪酬发放模式	考核方法
中国孔子学院	汉语教师志愿者一般任期为1年；公派教师和孔院教师一般任期为2年；本土教师一般任期为1年	孔子学院派驻中方院长1名（中国人），派驻国设外方院长1名（派驻国当地人）；助理若干（当地人）	大部分来源于学院总部拨款，少部分来源于机构自身创收和当地合作单位拨款	志愿者教师薪酬固定（地区不同会有不同程度的补贴）；孔院教师和公派教师按职称确定薪酬（地区不同会有不同程度的补贴）；本土教师按当地大学助教水平发放	由中外方院长根据教师的表现以及学生反馈意见确定教师的考核意见

教师派出年限方面，英国文化委员会、美国关键语言教师项目以及中国孔子学院有固定任期，其他三所机构的外派教师都没有固定的任期，任期需视当地实际情况而定。

管理人员构成方面，与其他四所机构相比，中国孔子学院管理人员构成大不相同。中国孔子学院除了中方院长外，基本不会外派其他管理人员，而其他四所机构除了主要管理人员（院长、中心主任）外，还派遣了大量的其他行政管理人员，包括文化推广人员和图书管理人员等，分工更加细致。美国关键语言教师项目的管理人员为教师派驻学校的管理人员。

教师薪酬发放方式方面，英国文化委员会与德国歌德学院的薪酬发放形式与中国孔子学院相类似，综合了教师的学历、教龄等个人因素，以及派驻地的平均薪酬情况、当地的消费水平等环境因素，最终根据实际情况确定教师的薪资；美国关键语言教师项目的教师薪酬每年固定为30 000美元；法国法语联盟和西班牙塞万提斯学院则是按照课时计算薪酬。

教师考核方面，四所机构所采取的考核办法都是听取学生反馈，而中国孔子学院的学生反馈只是参考，主要听取院长和使馆的意见。美国关键语言教师项目的考核则由教师所驻学校进行，每所学校的考核方式不同。而学生的反馈内容上，其他四所机构的学生反馈基本针对教师的教学质量，只有德国歌德学院的学生反馈还针对学院的硬件软件和管理。

综上所述，在师资管理和考核方面，四所机构与中国孔子学院大不相同，尤其是管理人员构成和经费来源方面，相同点甚少。而在教师考核方面，虽然中国孔子学院和四所机构都有学员反馈制度，但是中国孔子学院的最终考核权还是在中外方院长以及总部，与四所机构完全依赖学生反馈进行考核的制度差别较大。

五、中国孔子学院未来师资选培派管工作所需的改进

(一)人员选拔模式方面

1. 对汉语国际教育相关专业毕业的汉语教师可借鉴英国文化委员会以及西班牙塞万提斯学院选拔阶段的严格标准,建立人才库与教师档案袋,以这种标准选出的人选能保证质量,减短岗前培训,节省资源。

2. 明确教师岗位信息。可借鉴法国法语联盟和德国歌德学院"岗位匹配度"保证教师能力、经历能够与其申请的岗位相匹配。

3. 遴选教师前要明确工作岗位需求(教学为主或文化活动为主)、学生成分(年龄、汉语水平、学习需求)等。

(二)培训方面

1. 中国孔子学院的岗前培训方式与德国歌德学院最为相似,比法国法语联盟更加细致。但是希望孔子学院能够像西班牙塞万提斯学院一样,增设当地劳工法、网络应用以及一些可能在工作中发生的其他问题的培训,使培训内容更加全面并更有针对性。

2. 建立完善在岗培训制度。对于已经外派的教师,组织大规模的培训费时费财,可以建立教师自愿网上培训制度,让需要进行在岗培训的教师申请上网培训,在网络上听课、完成任务等,而认为自己不需要培训的教师则不予强迫培训。

3. 对于孔子学院专职教师队伍,可以定期进行一次集中培训,培训内容包括世界前沿汉语教学技术和理念、教学法工作坊、学术交流等。

4. 增加岗前培训课程中的跨文化交际能力以及心理调节、心理建设能力比重,以保证教师能够在陌生文化环境中交流顺利和保障身心健康。

5. 国际 Tesol 课程培训的培训手段丰富多彩,使用了课堂游戏、绕口令、二语教学歌曲等方式加深了学员对英语本体和教学法的理解,我们在培训中可以借鉴。

6. 扩大培训课程的教师和专家选择范围,可以建立孔子学院培训专家与其他几所机构培训专家的定期交流制度,提高培训专家的培训水平。

中国师资培训可以做出如下改进:增加在岗培训,一周班形式或网上培训;培训目标和培训重点更有针对性,能够根据外派教师本身特点、赴任国家实际情况以及即将赴任岗位的实际情况来制订培训计划。在岗培训内容和课时方面,改进如下:

表 4 在岗培训内容和课时①

模块	增加内容	增加内容课时
模块一： 理想信念和师德教育	涉外敏感问题和案例（海外常见反华势力、敏感问题的应对、媒体采访的应答等，以案例的形式说明）	5 课时
模块二： 汉语教学	汉语基础（针对非中文专业、国际汉语教育专业的教师，中文专业和国际汉语教育专业的教师可以不修或选修）	10 课时
模块三： 教学组织与课堂管理	针对不同背景学生的教学法（根据教师所赴任孔子学院或教学点的学生的背景，采取不同教学手段。例如：针对幼儿园学生的教学法、针对大学生的教学法等）	10 课时
模块四： 中华文化传播与跨文化交际	中华文化活动策划与实施（如何成功策划不同类型的中华文化推广活动） 最新中华文化传播成功案例（以案例的形式说明什么样的中华文化传播方式比较成功）	10 课时
模块五： 孔子学院总部重点推介项目	无	无
模块六： 涉外教育、赴任指南和安全教育	海外常见心理问题及调节办法（以教师所赴任的具体国别为例，以及心理调节方法，例如积极心理学等）	5 课时
模块七： 培训实习	无	无

培训形式增加由培训专家提出具体问题、培训学员进行小组讨论解决问题的形式；增加文化活动工作坊，让培训学员亲自上手进行剪纸、包饺子等文化活动；在分组试讲中应该根据试讲学员所赴任国家的教育体系、课堂特点以及该岗位的学生背景，模拟课堂环境。在培训成果与考核方面，增加更有针对性的研修报告，包括赴任国国情、当地教育体系和课堂特点、所在岗位的情况、赴任孔子学院的学生背景、根据孔子学院实际情况所设计的教学计划等。由于 2020 年新冠疫情的流行，全球孔子学院都受到了一定影响，针对疫情的艰巨性和常态化，需要在培训中加强教师的心理素质和应急反应培训，以应对因为疫情防控和疫情导致的社会动荡等不利因素；同时，由于疫情的常态化，很多国家都由面授改为了网授，那么如何适应新形势下的网络国际中文教学，也是培训的重点之一。

（三）外派人员的派遣和管理模式方面

1. 相比其他几所语言推广机构无固定任期或者 6 个月试用期的模式，孔子学院有

① 孔子学院总部《孔子学院师资培训大纲》，2019 年。

固定任期相对更加合理，无须调整。

2. 孔子学院可以借鉴西班牙塞万提斯学院和法国法语联盟的经验，除了中方院长外，再向派驻国派遣一些行政人员，专门负责文化推广或者课程规划的工作。

3. 在考核方面，孔子学院可以借鉴其他几所机构或项目，建立一套更为科学的考核体系。例如院长随机听课、学生反馈、管理人员评价等方面各占不同的考核分数百分比，综合得出教师的考核最终分数。同时，对于派驻当地的管理人员，也要建立一套同样的考核制度，综合教师意见、学生反馈（针对管理人员行政工作，例如课程安排时间、分班是否合理、软硬件是否满意等）、外方意见等得出对管理人员的考核意见，避免出现因为管理人员的片面意见而导致考核的不公平。

施春宏等著《汉语教学理论探索》出版

北京语言大学施春宏教授新著《汉语教学理论探索》近日由商务印书馆出版。

本书为“国际中文教育理论与实践”丛书的第一本。全书共九章，从理论探索的角度系统论述了汉语国际教育的基本问题，如教学本位观问题、教师知识结构问题、教材建设问题、教学知识体系问题、教学资源问题、汉语国际教育当地化问题，等等。其中既有语言观、本位观等二语教学的根本问题，也有语言教师的论感、语法体系创新和汉语教学当地化等前沿课题，讨论以“教师专业发展”这一论题为核心，是汉语教学基础理论的积极探索，对影响汉语作为第二语言教学全局的一些重大问题进行了“别开生面的理论探索和高屋建瓴般的学理阐释”（李泉序），对国际中文教育领域的从业者和研究者都有重要的参考价值。

征稿启事

《国际汉语教育史研究》是由世界汉语教育史研究学会于2020年正式创办的以世界各国的汉语教育史研究为主题的学术辑刊，旨在进一步推动世界范围内的各国汉语教育史之文献发掘、整理和研究，开辟一个展示本领域研究动态与最新成果的学术阵地。该刊目前设立历史研究、文献整理、教材研究、语法研究、词汇研究、汉字研究、语音研究、词典研究、国别汉语教育史研究等栏目，计划每年出版两辑。学刊编辑部设在学会中方秘书处北京外国语大学国际中国文化研究院。

本刊实行双向匿名评审制度，评审结果将在三个月内通知作者，谢绝一稿多投。投稿邮箱：hyjysyj@126.com，来稿字数以不超过15 000字为宜，并请提供两份电子文档。

文档一，包括两个部分：

(1)正稿，依次为题目、作者及工作单位、摘要、关键词、正文、注释及参考文献。

(2)附页，依次为作者信息（姓名、工作单位及职称、通信地址及电子邮箱）和文稿信息（题目、摘要、关键词及以上项目的英文翻译）。

文档二：依次为题目、摘要、关键词、正文、注释及参考文献，不可署名。

稿件请用微软简体中文版WORD编辑。体例如下：

1. 字体、字号、行距

中文题目：正题小二号宋体。附题小二号仿宋体，另占一行，前加破折号。题注以附题末右上角加星号（*）标注，题注注文排当页下，脚注形式，小五号宋体，起行空两格，回行不空，前加星号做注码。

作者署名及单位：署名四号仿宋体。单位括注在署名下方，五号楷体，必须且仅包括一级单位和二级单位。

摘要、关键词、正文：五号宋体。其中"摘要""关键词"本身五号黑体。关键词各词之间空1字空。全文行距为1.5倍。不需写英文题目、摘要、关键词。

2. 标题

正文第一级标题用小四号楷体，左右居中，上下各空一行。标题序号用"一、二、三、……"。第二级标题五号黑体，左对齐，上下各空一行，标题序号用"(一)、(二)、(三)、……"。以下小标题用五号宋体加粗，左对齐，上下不用空行。序号："1.2.3. ……"

“(1)、(2)、(3)、……”“1)、2)、3)、……”余类推。

3. 图表

文中若有图表，请在表上方或图下方用小五号黑体字注明序号及名称，如：图1……，表1……。全文图、表分别连续编号。表头加粗，表内宋体；图内楷体。为保持图表的准确性，所有图表请另附图片(1M以上)或EXCEL文件。

4. 例句

例句独立列出者，用仿宋体，上下各空一行。

有序码例句：用“(1)、(2)、(3)、……”排序，起行空4字空，回行空2字空。

无序码例句：起行空4字空，回行空2字空。原则上一排到底，中间用2字空隔开。

5. 引文

引文独立列出者，用仿宋体，上下各空一行。起行空4字空，回行空2字空。

6. 注释及参考文献

注释及参考文献采用脚注呈现。脚注编号用带圈阿拉伯数字右上标，每节重新编号。同一个脚注下列举多项时用句号分隔，原则上依出版年排序。

中文文献或文献用中文著录的情况，需用六角括号标注外国作者国籍。文献用外文原文著录的情况，作者姓名正常顺序，西文作者姓不需提前。著作方式(如“著”“译”等)相同的责任者有两人或两人以上时，以顿号分隔，不同著作方式之间以逗号分隔。各类型著作方式都需要清楚注明。

具体格式如下：

(1)专著，包括论文集、会议录等，书写顺序为：作者、书名号标注专著名、逗号、出版社、逗号、出版年、逗号、引文页码、句号。

(2)专著(包括论文集、会议录等)中析出的文献，书写顺序为：作者、冒号、书名号标注文章名、逗号、书名号标注专著名、逗号、出版社、逗号、出版年、句号。

(3)期刊中析出的文献，书写顺序为：作者、冒号、书名号标注文章名、逗号、书名号标注期刊名、出版年、期数、句号。

(4)报纸中析出的文献，书写顺序为：作者、冒号、书名号标注文章名、逗号、书名号标注报纸名、出版年月日、句号。

(5)学位论文，书写顺序为：作者、冒号、书名号标注文章名、逗号、学校以及硕博士信息、逗号、出版年、句号。

(6)外文参考文献等书写顺序原则上同中文，标点符号依相应外文体例。西文文章名正体，首词首字母大写，其余小写；书名斜体，各词首字母原则上大写。

敬请各国学者和研究同道向《国际汉语教育史研究》赐稿！

图书在版编目(CIP)数据

国际汉语教育史研究. 第3辑/张西平主编. —北京：商务印书馆,2022
ISBN 978-7-100-20567-2

Ⅰ.①国… Ⅱ.①张… Ⅲ.①汉语—对外汉语教学—教育史—研究 Ⅳ.①H195

中国版本图书馆 CIP 数据核字(2021)第271999号

国际汉语教育史研究

第3辑

张西平 主编

商务印书馆出版

(北京王府井大街36号 邮政编码100710)

商务印书馆发行

北京虎彩文化传播有限公司印刷

ISBN 978-7-100-20567-2

2022年3月第1版 开本 787×1092 1/16

2022年3月北京第1次印刷 印张 12¾

定价：78.00元